成功 IPO

屠博 —— 著

全面注册制
企业上市实战

机械工业出版社
CHINA MACHINE PRESS

本书是作者十余年一线投行经验的总结和系统性梳理，共分为五章，详细介绍注册制下企业 IPO 的实战经验。

第一章从基础概念和流程着手，介绍全面注册制下的 IPO 全景图；第二章基于统计数据及实战案例，分析企业 IPO 所需的各项条件和能力；第三章介绍券商执业逻辑，帮助企业从对等性、专业性及稳定性维度选聘券商；第四章介绍与 IPO 有关的其他中介机构；第五章介绍企业在全面注册制下把握 IPO 推进节奏的具体方法。

本书从国内资本市场发展的历史观维度着眼，结合大量 IPO 实战案例，对企业在 IPO 制度发展不同阶段所采取的应对措施进行了总结梳理。本书既有对成功经验的整理，又有对失败教训的反思，旨在探讨在不确定的条件下提高 IPO 成功率的实战方法，是企业家、公司高管、投行等中介机构从业人员以及对 IPO 相关知识有兴趣的读者迅速了解 IPO 全貌的必备工具书。

图书在版编目（CIP）数据

成功 IPO：全面注册制企业上市实战 / 屠博著 . —北京：机械工业出版社，2023.8

ISBN 978-7-111-73881-7

I. ①成… II. ①屠… III. ①投资银行 – 银行业务 – 研究 – 中国 ②上市公司 – 企业管理 – 研究 – 中国 IV. ① F832.33 ② F279.246

中国国家版本馆 CIP 数据核字（2023）第 179228 号

机械工业出版社（北京市百万庄大街 22 号　邮政编码 100037）
策划编辑：石美华　　　　　　　责任编辑：石美华　牛汉原
责任校对：曹若菲　梁　静　　　责任印制：邹　敏
三河市宏达印刷有限公司印制
2024 年 1 月第 1 版第 1 次印刷
170mm×230mm・17.5 印张・1 插页・267 千字
标准书号：ISBN 978-7-111-73881-7
定价：89.00 元

电话服务　　　　　　　　网络服务
客服电话：010-88361066　　机　工　官　网：www.cmpbook.com
　　　　　010-88379833　　机　工　官　博：weibo.com/cmp1952
　　　　　010-68326294　　金　书　网：www.golden-book.com
封底无防伪标均为盗版　　　机工教育服务网：www.cmpedu.com

推荐序一

实践出真知，一本来自投行一线的工具书

本书的作者屠博是深耕投资银行业务的专业人士，这本书是他多年一线投行经验的总结和分享，能够给准备在 A 股完成 IPO 的企业家以及从业者一些参考，帮助大家少走弯路。

我与屠博在北京大学国家发展研究院求学期间交流颇多。2020 年 8 月 24 日深交所组织创业板注册制首批企业上市，捷强装备有幸成为首批"十八罗汉"之一，同时也是核化生安全领域的首家上市公司。

2023 年 2 月 17 日，中国证监会发布全面实行股票发行注册制相关制度规则，全面注册制的时代正式到来，也正是这个时候，我收到了屠博的邀请，让我这个注册制改革的亲历者为他的这本书作序。

全面注册制改革是我国资本市场发展的重要节点，在一步一步地稳扎稳打之后终于落地。制度设计涵盖了发行、上市、再融资、并购重组、退市、监管执法等各个环节的全部流程，切实诠释了"全面"二字。

对于许多市场参与者而言，面对一个新时代的来临，大量的信息扑面而来，如何做信息筛选成为难题，比如哪些信息是当下有用的，哪些

信息是未来有用的；又或者哪些信息是必修课，哪些信息是选修课，这些都是市场参与者需要尽快做出判断的。屠博的这本书从构建"知识体系"的视角出发，能够让读者聚焦在企业成功IPO这一件事上，并迅速地构建逻辑流畅的知识体系。这一点十分特别和难得，只有切实经受过实践考验的行业专家才能够做出这样的总结。

在这本书的主体部分，作者引用了大量案例对其观点进行佐证，其所引用的案例信息都是从公开渠道查询得到的。也就是说，无论作者的观点和关注点落在哪里，他的分析过程、信息来源都明明白白地展示给读者了，读者自然可以将类似的分析方法用到自己关注的案例中，这或许是屠博这本书"授人以渔"的更大价值所在。

企业上市是天时、地利、人和共同作用的结果，这本书也是从这三个维度出发的，比较有特点的是作者将地利概括为企业自身的规范运作，将做好自己作为起点，而后多方通力协作，最后在合适的时间窗口完成IPO。书中的整个企业上市过程完全是基于IPO实战来叙述的，因此在漫长的IPO筹备过程中，企业需要提前知悉的许多事都可以在这本书中找到答案或提示，例如有哪些需要完成的工作任务，如何寻找适合的中介机构，怎样识别潜在的风险，如何避免"踩坑"等。

在实行全面注册制到来之时，作者将其多年的一线经验整理出来，可谓恰逢其时。这本书将企业上市过程中必然面临的各项要素娓娓道来，干货满满，是一本值得精读、细读的企业上市工具书。

潘峰
天津捷强动力装备股份有限公司董事长兼总经理

推荐序二

企业成功上市是"知"与"行"并重的结果

我与屠博是在中介机构中坚持"做专业"的一批人。

多年前的一个夏天,我们二人在一个IPO前期尽职调查项目上有过合作,经过论证,我们认为这个项目在短期内是不适合启动IPO的,最终这家公司被一家上市公司收购,或许已经是最好的归宿了。

在这个项目结束后,我们之间的交流就越来越多了,大多数交流都聚焦在具体的财务问题、法律问题,以及如何分析解决这些问题。当年讨论的业务类型极其广泛,从公司债券、中期票据到并购重组和IPO,不同业务所涉及的法律法规以及实务案例都是海量的,有的问题能够讨论出结果,有的问题则因过于复杂而无法及时得出结论。虽说不同的业务之间总有类似的脉络可寻,但屠博能够从复杂多变的各类问题中总结出如此多的"公式",并系统性地整理成书,是我没有想到的。毕竟,与IPO有关的问题和解决方案实在太多了。

2023年,屠博仍在企业上市及投融资领域奋斗,而我已是拟上市企业的财务总监和董事会秘书。对于IPO这件事到底该如何做,屠博将方法论写到了书里，希望能够帮助更多的企业家、企业高管及证券服务机构从业人员；而我则将所知、所学应用到了具体的企业管理工作中，落笔之时，我所在企业的 IPO 申请刚刚通过创业板上市委会议审议。

屠博写作本书的过程也正值我所在企业的 IPO 筹备期，我们因此也时常讨论最新的证券市场政策以及典型案例。现在看来，似乎符合了"知"与"行"应当并重的道理。2023 年 2 月，全面注册制改革的落地是关系到各行各业的大事件，屠博的这本书得以在全面注册制落地之后出版，可谓正当其时。

最后，衷心希望本书能够为更多的企业 IPO 实践提供思路和参考！

何冬乐

上海思客琦智能装备科技股份有限公司董事会秘书、财务总监

前言

我从2008年开始接触IPO（initial public offerings，首次公开发行股票并上市）业务，当时的上市要求虽相对宽松，但工作内容多而杂，需要遵循的法律、规则口径也多种多样，这些客观情况使我在头两个IPO项目完成后仍无法建立起有效的知识体系，导致我在很长的一段时间内都在为"IPO该怎么做"而苦恼。

在之后十几年的从业生涯中，我通过观察和总结，得出了在从业之初"无法建立有效知识体系"的两个主要原因：一是由于我国证券市场的监管政策长期处于动态调整的过程，信息量大且更新速度快，从业人员无论在何时入行，都会面临海量的信息冲击；二是由于证券行业本身没有形成成熟的、系统化的知识图谱，甚至在保荐代表人考试中一些涉及实务的题目曾一度无法形成具有行业共识的标准答案。

值得庆幸的是，业内一些从业人员已开始了自己的尝试，于是有了红塔证券沈春晖先生的"春晖投行在线"对涉及投行业务的法律法规进行的汇编，也有了彼时尚在广发证券任职的投行小兵通过博客分享的方式对 IPO 案例进行的总结分析，他们为投行人员提供了法律法规和实务案例的素材库，大大提高了从业人员的工作效率。

但是，既有的素材库仅能起到辅助的作用，对于尚未入门的人员而言，建立"IPO 知识体系"仍是一件难事。我作为在投行一线奋战多年的从业人员，作为保荐代表人，能够理解初涉 IPO 的企业家、企业高管以及从业人员在面临海量信息冲击时的混乱无助，同时考虑到当前市场上的相关书籍较少专注于 IPO 实务启蒙，因此起心动念，将有关 IPO 推进的实务经验按照天时、地利、人和的体系进行整理和总结，并最终形成本书。衷心希望本书能够帮助读者迅速建立起 IPO 知识体系，并对读者的 IPO 实务操作提供参考。

本书共分为五章，第一章介绍 IPO 全景图。本章在对发行上市有关的必备知识点进行介绍之后，通过对流程图分步解释的方式将 IPO 全过程进行了初步梳理，以帮助读者掌握 IPO 实务中的常用概念和语言逻辑。

第二章介绍企业 IPO 所需的成功因素。本章站在拟 IPO 企业的角度讲解企业发行上市所需具备的主体条件、内外部协同能力以及时间窗口把握能力。本章通过对多个 IPO 案例的详细分析，为读者提供更为直观的实务经验。

第三章介绍拟 IPO 企业选择券商的方法。本章首先介绍了券商 IPO 业务的运行逻辑，而后从对等性、专业性以及稳定性的维度总结出拟 IPO 企业在选聘券商时需要关注的要点。

第四章介绍与 IPO 有关的其他中介机构。与第三章类似，本章讲的同样是"人和"。在企业发行上市过程中，会计师事务所、律师事务所以及资产评估机构都是不可或缺的，本章对这三类中介机构在企业 IPO 过程中的工作内容以及责任承担等情况做了简要介绍。

第五章介绍企业把握 IPO 推进节奏的方法。本章分为两个层次，第一层次是"定人心"，提出了各 IPO 参与方之间的有效沟通方式以及同步企业实控人认知的方法；第二层次是"学缓急"，指出拟 IPO 企业把握 IPO 推进节奏的具体方法。

本书成稿期间，正值全面实行股票发行注册制这一涉及资本市场全局的重大改革过程，为使读者避免出现只知道结论却无法找到依据的情况，本书所引用的法律法规均注明了具体出处，同时也写明了全面实行股票发行注册制改革前后法律法规的变化情况。此外，为贴近最新的IPO实务，本书中所引用的案例多数集中在最近3年，有关行业数据的统计则大多截至2022年末。

在本书成稿过程中，受到国夏女士、蔡晓丽女士、朱玉振先生、关峰先生、杨超先生等多位常年奋战在IPO实战一线的行业同人的指导和帮助，在此表示特别感谢！

最后，希望本书能够为读者朋友提供建立"IPO知识体系"的基础素材和操作方法，也希望本书能够为正在实际推进IPO事项的读者朋友带来一些具有可行性的思路启发。预祝大家IPO成功！

屠博

2023年7月

目 录

推荐序一 实践出真知,一本来自投行一线的工具书
推荐序二 企业成功上市是"知"与"行"并重的结果
前言

第一章 IPO 全景图 /1

第一节 必备的知识储备 /2

一、由中国证监会统一监督管理的证券市场监管体系 /2
二、全面实行股票发行注册制下的多层次资本市场架构 /3
三、全面实行股票发行注册制给 A 股 IPO 市场带来的变化 /8
四、企业在 IPO 过程中需要合作的证券服务机构简介 /10

第二节 IPO 流程各主要节点的概念和作用 /14

一、IPO 申请文件被正式受理前的上市准备期 /14
二、以拟 IPO 企业及各中介机构回复审核机构问询为主线的 IPO 审核期 /20

第二章 企业 IPO 所需的成功因素 /32

第一节 守地利:知己 /33

一、全面注册制下,收入和利润仍然是第一指标 /33

二、规范运作是 IPO 申报的底线 / 53

第二节　讲人和：求人 / 73

一、财务总监与董事会秘书代表发行人统筹 IPO 全局 / 73
二、供应商对企业 IPO 的配合度较高，但应注重边界 / 80
三、合作多于雇用的证券服务机构 / 83
四、甲方对企业 IPO 配合度较低的情况较为普遍 / 91

第三节　知天时：择时 / 96

一、IPO 中的"135"战略模型 / 96
二、企业 IPO 申报需要考虑时间窗口的影响 / 105
三、IPO 审核、上会、批文发放环节的时间窗口 / 113
四、拟 IPO 企业需要学会选择时机 / 129

第三章　拟 IPO 企业选择券商的方法 / 131

第一节　券商 IPO 业务的运行逻辑 / 131

一、公司级竞争逻辑：券商投资银行业务的差异化竞争形势 / 132
二、部门级合作逻辑：拟 IPO 企业如何与券商打交道 / 139
三、个人级流动逻辑：影响券商前台业务人员行为模式的因素 / 153

第二节　拟 IPO 企业如何选择券商 / 161

一、有些企业无须为选择券商烦恼 / 161
二、中小型拟 IPO 企业选择券商的三大维度 / 166

第四章　与 IPO 有关的其他中介机构概述 / 203

第一节　会计师事务所概述 / 204

一、会计师事务所从事的是高风险业务 / 204
二、会计师事务所的分类及特点 / 205
三、会计师事务所在 IPO 过程中的具体工作内容 / 212
四、如何选择会计师事务所 / 217

第二节　律师事务所概述 / 220

一、律师事务所的业务范围 / 220

二、律师事务所从事证券法律业务的制度体系 / 221

三、律师事务所在 IPO 过程中的具体工作内容 / 222

四、如何选择律师事务所 / 225

第三节 资产评估机构概述 / 226

一、通过评估复核验证资产定价依据 / 226

二、通过追溯评估进行瑕疵整改 / 227

第五章 企业把握 IPO 推进节奏的方法 / 229

第一节 理解各角色之间沟通的重要性 / 229

一、IPO 实务中的沟通层次理论 / 230

二、财务总监及董事会秘书负责 IPO 事项组织和沟通 / 232

三、注重激发券商团队的辅助沟通能力 / 236

第二节 企业实控人需修正的认知偏差 / 238

一、企业实控人认知偏差的根源 / 238

二、突破信息不对称带来的外部失真信息 / 240

三、克服内部错误估计导致的焦虑感 / 244

四、修正工作量预计不足带来投入过低的情况 / 246

第三节 企业 IPO 推进的缓急之道 / 250

一、耐心度过漫长的 IPO 准备期 / 251

二、当快则快的 IPO 审核期 / 258

三、拟 IPO 企业参与控制 IPO 推进节奏的合理方式 / 260

后记 / 264

第一章

IPO 全景图

一些企业家或企业集团旗下拥有多家通过 IPO 完成上市的企业,如正海集团有限公司(简称"正海集团")旗下的烟台正海磁性材料股份有限公司(股票简称"正海磁材")于 2011 年登陆创业板,正海集团实际控制人秘波海先生直接控制的烟台正海生物科技股份有限公司(股票简称"正海生物")于 2017 年登陆创业板,秘波海先生由此成为为数不多的带领两家公司在创业板成功上市的企业家。类似的案例还包括东方科仪控股集团有限公司(简称"东方科仪")旗下的北京东方中科集成科技股份有限公司(股票简称"东方中科")于 2016 年登陆深交所中小板,东方科仪旗下的另一家子公司国科恒泰(北京)医疗科技股份有限公司(简称"国科恒泰")于 2023 年 7 月登陆创业板。

由前述案例可见,有成功 IPO 经验的企业家似乎更容易启动第二次 IPO 尝试,这或许与其已经尽观 IPO 全貌有关。当企业家对发行上市过程有了全面认识后,更会有将经验复用的意愿,有的企业家会以投资人的身份扶持新企业走向 IPO 之路,而有的企业家则会选择亲自打造第二家 IPO 公司。

随着监管政策的不断变化、完善,一些成功的上市经验可能已经过时，但有关 IPO 推进的内在逻辑却并没有太大变化。因此，比照企业家二次打造 IPO 企业的经验复用逻辑，我们可以对 IPO 典型案例中的经验教训进行整理分析，最终梳理出一份具有共性的 IPO 路线图，而完成这项任务的第一步是了解与 IPO 有关的基础概念和基本流程。

第一节　必备的知识储备

在企业 IPO 的过程中会使用到非常多的专业知识，但这些知识点往往散落于各处，既有中国证监会、证券交易所发布的法律法规，又有财政部出台的各类准则、指引，还有司法部出具的各种司法解释。并且，随着时间推移，一些重要的知识点还可能会经历若干次的修订，这些情况逐渐导致了知识点碎片化，并最终造成了难以建立 IPO 知识体系的现状。

在实务中，我们一般建议企业家、企业高管以及从业人员将了解 IPO 的基础概念作为建立 IPO 知识体系的第一步。

一、由中国证监会统一监督管理的证券市场监管体系

中国证券监督管理委员会（简称"中国证监会""证监会"）为国务院直属正部级事业单位，依照法律、法规和国务院授权，统一监督管理全国证券期货市场，维护证券期货市场秩序，保障其合法运行。中国证监会成立于 1992 年 10 月，当前在省、自治区、直辖市和计划单列市设立 36 个证券监管局，并设立了上海、深圳证券监管专员办事处。[⊖]2023 年 3 月，中共中央、国务院印发了《党和国家机构改革方案》，中国证券监督管理委员会调整为国务院直属机构。

在中国证监会监管之下，国内的证券集中交易都会在证券交易所内进行，证券交易所依据相关法律法规对证券交易行为进行组织和监督。当前国内有三个全国性证券交易所，分别为上海证券交易所（简称"上交所"）、深圳证券交易所（简称"深交所"）以及北京证券交易所（简称"北交所"）。

⊖ 资料来源：中国证监会官网"证监会简介"。

上交所成立于 1990 年 11 月 26 日，同年 12 月 19 日开业；深交所成立于 1990 年 12 月 1 日。上交所与深交所同为会员制法人，是我国 A 股上市公司汇集的主阵地。上交所与深交所的职能类似，但各自独立运作，在股票发行与交易有关的规则条款的设计上存在一定差异。

北交所于 2021 年 9 月 3 日注册成立，是经国务院批准设立的国内第一家公司制证券交易所。北交所的唯一股东是全国中小企业股份转让系统有限责任公司（简称"股转公司"），因此北交所在股票发行与交易有关的规则条款的设计上与股转公司管理的新三板之间存在一定的延续性。

二、全面实行股票发行注册制下的多层次资本市场架构

党的十九届五中全会提出，全面实行股票发行注册制。党的二十大强调，健全资本市场功能，提高直接融资比重。

2018 年 11 月 5 日，习近平总书记在首届中国国际进口博览会开幕式上宣布，在上交所设立科创板并试点注册制，标志着注册制改革进入启动实施阶段。2019 年 7 月 22 日，首批科创板公司上市交易。此后，党中央、国务院决定推进深交所创业板改革并试点注册制，2020 年 8 月 24 日正式落地。2021 年 11 月 15 日，北交所揭牌开市，同步试点注册制。[1]

2023 年 2 月 17 日，中国证监会发布全面实行股票发行注册制相关制度规则，自公布之日起施行。证券交易所、全国股转公司、中国结算、中证金融、证券业协会配套制度规则同步发布实施。[2]

全面实行股票发行注册制的改革是以板块为载体推进的，改革的主要成效之一是优化了多层次市场体系。在改革过程中，上交所新设科创板，深交所改革创业板，合并主板与中小板，新三板设立精选层进而设立北交所，建立转板机制。改革后，多层次资本市场的板块架构更加清晰，特色更加鲜明，各板块通过 IPO（挂牌）、转板、分拆上市、并购重组加强了有机联系。[3] 当前，我国资本市场已形成了"层层递进"的市场结构（见图 1-1）。

---

[1] 资料来源：中国证监会官网"中国证监会就全面实行股票发行注册制主要制度规则向社会公开征求意见"。

[2] 资料来源：中国证监会官网"全面实行股票发行注册制制度规则发布实施"。

[3] 资料来源：中国证监会官网"证监会有关部门负责人就全面实行股票发行注册制答记者问"。

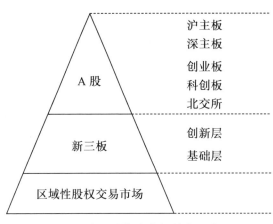

图 1-1　多层次资本市场结构示意图

由图 1-1 可见，企业在完成新三板挂牌后就进入到公众公司的行列，而后层层递进至 A 股各板块。需要注意的是，北交所当前存在转板机制，符合条件的北交所上市公司可以申请向科创板或创业板转板上市。

企业在成为公众公司后会被赋予一个六位数字的股票代码，根据代码的编码规则可以判断出某个公司是在哪个板块挂牌或上市的（见表 1-1）。

表 1-1　各板块挂牌／上市公司股票代码号段统计表

板块名称	交易场所	股票代码号段
沪主板	上交所	600、601、603、605 开头，如 600123（兰花科创）
深主板	深交所	000 开头，如 000333（美的集团）
原中小板[①]	深交所	002 开头，如 002345（潮宏基）
创业板	深交所	300 开头，如 300123（亚光科技）
科创板	上交所	688 开头，如 688001（华兴源创）
北交所[②]	北交所	4、8 开头，如 872925（锦好医疗）
新三板	股转公司	4、8 开头，如 430003（北京时代）

① 2021 年 2 月，原深交所中小板合并入深主板。
② 北交所上市公司系新三板挂牌公司发展而来，存在代码延续的情况。

（一）上市公司数量最多的沪主板和深主板

上交所和深交所均设有主板，分别被称为沪主板和深主板。在主板上市的公司大多具有大盘蓝筹特色，即业务模式成熟、经营业绩稳定、规模较大、具有行业代表性以及品牌价值高等特点，如中国石化（600028）、包钢股份（600010）及万科A（000002）等。从历史沿革的角度来看，深主板的发展路径较沪主板复杂一些。2004年5月，经国务院批准，中国证监会批复同意深交所在主板市场内设立中小企业板块（简称"中小板"），该板块的服务定位是总体规模、市场占有率都较主板上市公司小的中小型企业，同时中小板的设立也是分步进行创业板建设的第一步。在中小板开立后，深主板的上市工作基本停止，自2004年6月以来仅有少数几家公司通过吸收合并等方式在深主板完成上市。

深主板和中小板并行的情况一直持续到了2021年2月，两个板块在多年的发展过程中暴露出诸如板块同质化、主板结构长期固化等问题。作为全面深化资本市场改革的一部分，经国务院同意，中国证监会正式批复深交所合并主板与中小板。⊖

在A股板块中，在沪、深主板上市交易的上市公司数量最多，截至2022年12月31日，沪主板上市公司数量为1673家，深主板上市公司数量为1469家（见图1-2）。

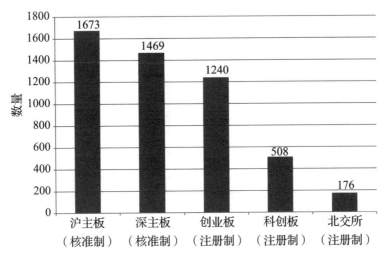

图1-2 截至2022年12月31日各板块上市公司数量

注：截至2022年12月31日，沪主板和深主板尚在执行核准制。

资料来源：wind资讯。

⊖ 资料来源：中国证监会官网"证监会批准深圳证券交易所主板与中小板合并"。

（二）在审企业数量最多的创业板

创业板是深交所独有的板块，于2009年10月正式开板。创业板刚刚设立时，曾一度被称为"二板市场"，一般认为此后"新三板"的"三"是按此顺序命名的。

中国证监会推出创业板的主要目的是促进自主创新企业及其他成长型创业企业的发展，并将创业板作为落实自主创新国家战略及支持处于成长期的创业企业的重要平台。因此，创业板在设立之初所制定的上市标准在业绩规模层面较主板宽松，但在业绩增长速度方面提出了"最近两年营业收入增长率均不低于百分之三十"等特别要求。㊀

创业板在2020年完成了由核准制向试点注册制的转换。2020年4月27日，中央全面深化改革委员会第十三次会议审议通过了《创业板改革并试点注册制总体实施方案》，而后创业板改革并试点注册制的规则体系、技术系统、市场组织、审核注册等各项准备工作在各相关部门的参与下快速完成。2020年8月24日，深交所组织创业板注册制首批企业上市。

在A股板块中，创业板的活跃度相对较高。截至2022年12月31日，已有1240家上市公司成功登陆创业板。申请创业板上市的排队企业共有360家，占所有排队企业数量的近四成，远高于其他板块（见图1-3）。

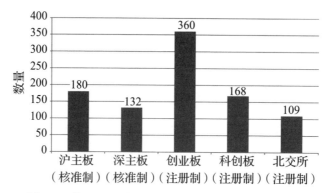

图1-3 截至2022年12月31日各板块在审企业数量

注：截至2022年12月31日，沪主板和深主板尚在执行核准制。

资料来源：wind资讯。

㊀ 资料来源：中国证监会官网"中国证监会新闻发言人就发布《首次公开发行股票并在创业板上市管理暂行办法》答记者问"。

（三）作为全面注册制先行者的科创板

科创板是上交所的独有板块，于 2019 年 6 月 13 日正式开板，是国内第一个实施注册制的上市板块。

2019 年 1 月 23 日，中央全面深化改革委员会第六次会议审议通过了《在上海证券交易所设立科创板并试点注册制总体实施方案》以及《关于在上海证券交易所设立科创板并试点注册制的实施意见》。

2019 年 1 月 30 日，中国证监会正式发布了《关于在上海证券交易所设立科创板并试点注册制的实施意见》(简称《实施意见》)，该《实施意见》强调，在上交所新设科创板，坚持面向世界科技前沿、面向经济主战场、面向国家重大需求，主要服务于符合国家战略、突破关键核心技术、市场认可度高的科技创新企业。重点支持新一代信息技术、高端装备、新材料、新能源、节能环保以及生物医药等高新技术产业和战略性新兴产业，推动互联网、大数据、云计算、人工智能和制造业深度融合，引领中高端消费，推动质量变革、效率变革、动力变革。[一]

截至 2022 年 12 月 31 日，已有 508 家上市公司成功登陆科创板，另有 168 家企业在申请科创板上市的排队过程中。

（四）深化新三板改革的北交所

北交所是我国第一家公司制证券交易所，在 A 股各板块中，北交所的设立具有一定的特殊性，历史沿革相对复杂。在 IPO 实务中，我们一般从新三板扩容阶段开始了解即可。

2012 年 7 月，国务院批准设立股转公司，相关工商注册于 2012 年 9 月完成，"原代办股份转让系统和报价转让系统挂牌公司"转入股转系统。股转公司设立后，为了推进全国性场外市场的建立，扩大了非上市股份有限公司股份转让的范围，在中关村科技园区之外，首批增加了天津滨海、上海张江和武汉东湖 3 家高新技术园区，新三板进入到扩容阶段。

2013 年，为加快发展多层次资本市场，国务院第 13 次常务会议决定将股转系统试点扩大至全国，凡是在境内注册的、符合挂牌条件的股份公

[一] 资料来源：中国政府网官网"证监会发布《关于在上海证券交易所设立科创板并试点注册制的实施意见》"。

司，均可以经主办券商推荐申请在全国股份转让系统挂牌公开转让。[1]而后随着配套规则的发布，各地方政府纷纷出台鼓励政策，新三板业务由此迎来了高速发展期。

在新三板扩容期间，由于市场功能尚不完善，导致出现新三板挂牌企业数量与日俱增，但股票交易却始终不活跃的情况，挂牌多年却从未进行交易的新三板公司数量众多。为解决该类问题，股转公司于2016年5月发布了《全国中小企业股份转让系统挂牌公司分层管理办法（试行）》，该管理办法将新三板公司分为基础层和创新层，一年调整一次。

2019年12月，股转公司重新修订了《全国中小企业股份转让系统分层管理办法》，推出了精选层。[2]设立精选层是新三板制度改革的重要里程碑，精选层实施保荐制度，在实务中已与A股各板块要求趋同。但是，由于精选层仍未被定义为A股上市板块，且转板预期并不明确，导致一些符合精选层条件的新三板企业并无申报精选层的预期，而是选择直接向上交所或深交所申请上市并在新三板摘牌。

为解决新三板存在的股票交易不活跃以及转板机制不明确等实际问题，北交所设立后，股转公司将原新三板精选层挂牌公司平移至北交所，已进入精选层的企业由此正式成为北交所上市公司。在北交所上市1年后满足条件的上市公司，可以申请转板至上交所科创板或深交所创业板。截至2022年12月31日，已完成转板的案例共有3个，分别为观典防务技术股份有限公司转板至科创板、翰博高新材料（合肥）股份有限公司与十堰市泰祥实业股份有限公司转板至创业板。

截至2022年12月31日，已有176家上市公司成功登陆北交所，另有109家企业在申请北交所上市的排队过程中。

三、全面实行股票发行注册制给A股IPO市场带来的变化

2023年2月17日，中国证监会发布全面实行股票发行注册制相关制

---

[1] 资料来源：中国证监会官网"中国证监会就落实《国务院关于全国中小企业股份转让系统有关问题的决定》有关事宜答记者问"。

[2] 资料来源：股转公司官网"关于发布《全国中小企业股份转让系统分层管理办法》的公告"。

度规则,自公布之日起施行。此次全面实行股票发行注册制度的落地是所有市场参与者期待已久的大事件,以下从两个方面进行简要介绍。⊖

(一) 全面实行股票发行注册制度的发布过程迅速高效

2023年2月1日,中国证监会就全面实行股票发行注册制主要制度规则向社会公开征求意见。

2023年2月17日,中国证监会发布全面实行股票发行注册制相关制度规则,证券交易所、全国股转公司、中国结算、中证金融、证券业协会配套制度规则同步发布实施。

此次正式发布的制度规则共165部,其中证监会发布的制度规则57部,证券交易所、全国股转公司、中国结算等发布的配套制度规则108部。从时间维度上看,本次全面实行股票发行注册制度的发布过程迅速高效,可以看出监管机构在相关政策出台前已经酝酿多时。

(二) 此次发布实施的全面实行股票发行注册制度覆盖面广

此次由中国证监会、证券交易所、全国股转公司、中国结算、中证金融、证券业协会同步发布实施的165部制度规则中,内容涵盖发行条件、注册程序、保荐承销、重大资产重组、监管执法、投资者保护等各个方面。

1. 精简优化发行上市条件

坚持以信息披露为核心,将核准制下的发行条件尽可能转化为信息披露要求。各市场板块设置多元包容的上市条件。

2. 完善审核注册程序

坚持证券交易所审核和证监会注册各有侧重、相互衔接的基本架构,进一步明晰证券交易所和证监会的职责分工,提高审核注册效率和可预期性。

证券交易所审核过程中发现重大敏感事项、重大无先例情况、重大舆

⊖ 资料来源:中国证监会官网"全面实行股票发行注册制度规则发布实施"。

情、重大违法线索的，及时向证监会请示报告。

证监会同步关注发行人是否符合国家产业政策和板块定位。同时，取消证监会发行审核委员会和上市公司并购重组审核委员会。

3. 优化发行承销制度

对新股发行价格、规模等不设任何行政性限制，完善以机构投资者为参与主体的询价、定价、配售等机制。

4. 完善上市公司重大资产重组制度

各市场板块上市公司发行股份购买资产统一实行注册制，完善重组认定标准和定价机制，强化对重组活动的事中事后监管。

5. 强化监管执法和投资者保护

依法从严打击证券发行、保荐承销等过程中的违法行为。细化责令回购制度安排。

此外，全国股转公司注册制有关安排与证券交易所总体一致，并基于中小企业特点做出差异化安排。

作为涉及资本市场全局的重大改革，此次全面实行股票发行注册制度所发布的系列规则已全方位覆盖了当前资本市场体系中的所有重大方面。2023年是全面实行股票发行注册制度的开局之年，当前已公布以及陆续发布的政策将会对我国资本市场的发展产生深远影响，值得所有市场参与者共同关注。

四、企业在 IPO 过程中需要合作的证券服务机构简介

IPO 上市主体被称为拟 IPO 企业或发行人，协助发行人共同完成 IPO 的各类证券服务机构被统称为中介机构。中介机构主要包括证券公司、会计师事务所、律师事务所、资产评估机构、行业咨询机构以及其他中介机构等（见图1-4）。

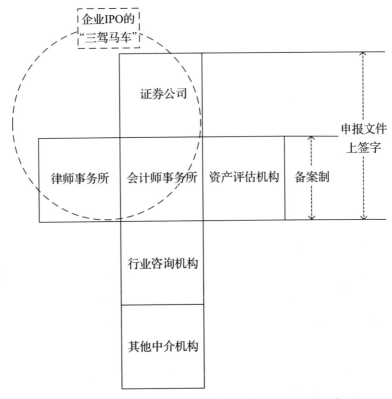

图 1-4 企业在 IPO 过程中需要合作的证券服务机构示意图

各中介机构在 IPO 过程中的角色特点有所不同。证券公司、会计师事务所及律师事务所是在拟 IPO 企业现场工作时间最长的三家机构，因此常被称作企业 IPO 的"三驾马车"；三驾马车加上资产评估机构需要在企业 IPO 申报文件上签字，并承诺各自承担相应的责任；从事证券服务业务的律师事务所、会计师事务所以及资产评估机构需要遵循中国证监会、工业和信息化部、司法部及财政部共同公布的《证券服务机构从事证券服务业务备案管理规定》之要求，自 2020 年 8 月 24 日起施行备案制，完成备案的中介机构方能在企业 IPO 业务中提供服务。

（一）提供承销保荐服务的证券公司

证券公司一般被称作"券商""投资银行"或"投行"，在 IPO 业务中，券商还常被称作所有中介机构的"班长",起到组织协调其他中介机构的作用。

券商在 IPO 全流程中的主要工作内容包括协助拟 IPO 企业完成合规化改造、IPO 申报文件制作、针对审核机构问询的回复、取得证监会发放的批文以及完成资金募集等。

在券商的所有工作任务中,协助发行人撰写《招股说明书》是主线任务。为确保最终版本《招股说明书》所披露的信息达到真实、准确、完整、及时的要求,证券公司与其他中介机构需要共同花费大量时间协助拟 IPO 企业完成财务、业务以及法律等条线的合规化改造。

(二)提供审计服务的会计师事务所

会计师事务所与拟 IPO 企业在日常经营过程中产生交互的频次较高,双方的合作内容主要为年度审计或某些专项审计,核查标准相对较低。在 IPO 业务中,会计师事务所为发行人提供的是与首次公开发行股票并上市有关的审计工作,核查标准一般会远高于年度审计。

会计师事务所在 IPO 全流程中的工作内容与证券公司的工作内容重叠程度较高,主要包括协助拟 IPO 企业完成财务方面的合规化改造、IPO 申报文件制作、针对审核机构问询的回复等。

在会计师事务所的所有工作任务中,出具三年一期的《审计报告》并按报告期更新是主线。根据《首次公开发行股票注册管理办法》,"招股说明书引用经审计的财务报表在其最近一期截止日后六个月内有效,特殊情况下可以适当延长,但至多不超过三个月。财务报表应当以年度末、半年度末或者季度末为截止日。"因财务数据存在有效期,在审企业在每次财务数据有效期满后 3 个月未更新的将进入审核中止状态,待审计数据更新后再行恢复审核。

(三)提供法律服务的律师事务所

在 IPO 业务中,为发行人上市提供法律服务的律师事务所被称为发行人律师。

律师事务所在 IPO 全流程中的工作内容与证券公司的工作内容重叠程度较高，主要包括协助拟 IPO 企业完成法律方面的合规化改造、IPO 申报文件制作、针对审核机构问询的回复等。

在律师事务所的所有工作任务中，出具《法律意见书》以及《律师工作报告》是主线。企业 IPO 在审期间，律师事务所需就审核机构问询的法律问题进行补充核查，并以《补充法律意见书》的形式进行正式回复。

（四）提供资产评估服务的资产评估机构

从工作量角度来看，作为企业 IPO 的"三驾马车"的证券公司、会计师事务所以及律师事务所在整个 IPO 过程中的权重占比较大。

从责任承担的角度来看，除了"三驾马车"外，在发行人的《招股说明书》中签字的证券服务机构还包括资产评估机构。资产评估机构需要确认对《招股说明书》中引用的资产评估报告以及评估复核报告内容无异议，并对相关内容的真实性、准确性、完整性承担相应的法律责任。

（五）提供市场数据调研、募投项目设计服务的行业咨询机构

除了前述在《招股说明书》中签字的中介机构以外，拟 IPO 企业还可能会聘请其他辅助性中介机构，这类中介机构中比较常见的是提供市场数据调研、募投项目设计服务的行业咨询机构。

拟 IPO 企业需要在《招股说明书》中披露发行人所在行业的竞争格局以及市场占有率等信息。但是，由于国内许多细分行业尚处于快速发展期，暂无官方行业研究机构对市场情况进行全面调研，许多拟 IPO 企业自身也不具备此种能力。在这种情况下，拟 IPO 企业就需要依托行业咨询机构强大的信息收集和整理能力，对相关信息进行梳理。

此外，拟 IPO 企业在上市申报前还需要对发行上市所募集资金的具体用途进行规划。由于现行制度对募集资金使用规划的信息披露要求较高，而拟 IPO 企业可能并无制订该等规划的专业人员。在这种情况下，拟 IPO 企业需要聘请行业咨询机构提供服务，以协助其完成项目可行性研究报告的撰写，并完成相关项目在主管部门的备案等工作。

第二节　IPO 流程各主要节点的概念和作用

以企业的 IPO 申请被审核机构受理为中心点，IPO 全流程可分为受理前的上市准备期以及受理后的 IPO 审核期。拟 IPO 企业在两个阶段中均需完成多项关键的节点任务，使 IPO 流程能够顺利向前推进。

一、IPO 申请文件被正式受理前的上市准备期

在上市准备期中，股份制改造和上市辅导是最为重要的里程碑节点，二者对企业 IPO 的推进节奏都有着至关重要的作用。

（一）企业需选择合适时点启动股份制改造

根据《中华人民共和国公司法》（简称《公司法》），在我国境内设立的公司的组织形式为有限责任公司或股份有限公司。在现行的上市制度框架下，除红筹回归等特殊情况外，发行人在申请 A 股 IPO 之前需要将公司形式变更为股份有限公司。

1. 符合规定的红筹企业在 A 股板块 IPO 之前可不进行股份制改造

（1）红筹企业在 A 股板块 IPO 遵循的主要法规

2018 年 3 月 22 日，国务院办公厅发布了《国务院办公厅转发证监会关于开展创新企业境内发行股票或存托凭证试点若干意见的通知》，"试点红筹企业股权结构、公司治理、运行规范等事项可适用境外注册地公司法等法律法规规定，但关于投资者权益保护的安排总体上应不低于境内法律要求。"⊖

2018 年 6 月 6 日，中国证监会发布《试点创新企业境内发行股票或存托凭证并上市监管工作实施办法》，"试点红筹企业的股权结构、公司治理、运营规范等事项适用境外注册地公司法等法律法规规定的，其投

⊖ 资料来源：中国政府网官网《国务院办公厅转发证监会关于开展创新企业境内发行股票或存托凭证试点若干意见的通知》。

资者权益保护水平，包括资产收益、参与重大决策、剩余财产分配等权益，总体上应不低于境内法律、行政法规以及中国证监会规定的要求，并保障境内存托凭证持有人实际享有的权益与境外基础证券持有人的权益相当。"⊖

2023年2月17日，中国证监会对《试点创新企业境内发行股票或存托凭证并上市监管工作实施办法》进行了修改，整合有关制度，将审核程序调整为注册制，未做其他实质修改。其中，有关股份制改造的要求无变化。⊜

（2）以红筹企业形式回归A股的上市公司案例举例

2020年2月27日，华润微电子有限公司（股票代码：688396，股票简称"华润微"）登陆科创板。

2020年7月16日，中芯国际集成电路制造有限公司（股票代码：688981，股票简称"中芯国际"）登陆科创板。

2022年1月5日，中国移动有限公司（股票代码：600941，股票简称"中国移动"）登陆沪主板。

首家拟以红筹方式回归A股并登陆创业板的企业是中集天达控股有限公司，该公司的IPO申请材料于2021年9月28日被深交所受理，并于2023年5月26日通过创业板上市委会议审议。

以上以红筹企业形式回归A股的企业在IPO前的公司形式均未做变更。

2. 除红筹企业外，企业申请A股IPO前需完成股份制改造

（1）申请北交所上市的发行人在IPO前需完成股份制改造

中国证监会于2023年2月17日发布的《非上市公众公司监督管理办法》（2023年修订）中规定，本办法所称非上市公众公司（以下简称公众公司）是指其股票未在证券交易所上市交易的股份有限公司。

⊖ 资料来源：中国证监会官网"【第13号公告】《试点创新企业境内发行股票或存托凭证并上市监管工作实施办法》"。

⊜ 资料来源：中国证监会官网"【第12号公告】《试点创新企业境内发行股票或存托凭证并上市监管工作实施办法》"。

股转公司于 2013 年 12 月 30 日发布的《全国中小企业股份转让系统业务规则（试行）》中规定，"挂牌公司是纳入中国证监会监管的非上市公众公司，股东人数可以超过二百人。股东人数未超过二百人的股份有限公司，直接向全国股份转让系统公司申请挂牌。股东人数超过二百人的股份有限公司，公开转让申请经中国证监会核准后，可以按照本业务规则的规定向全国股份转让系统公司申请挂牌"。㊀

中国证监会于 2021 年 10 月 30 日发布的《北京证券交易所向不特定合格投资者公开发行股票注册管理办法（试行）》，"发行人应当为在全国股转系统连续挂牌满十二个月的创新层挂牌公司"。㊁

以上法规层层递进，明确了拟在北交所完成发行上市企业的公司形式应是股份有限公司。

（2）申请 A 股其他板块的发行人在 IPO 前需完成股份制改造

2023 年 2 月 17 日，中国证监会正式公布《首次公开发行股票注册管理办法》，该办法用于规范主板、科创板、创业板首次公开发行股票相关活动，保护投资者合法权益和社会公共利益，该办法第十条规定"发行人是依法设立且持续经营三年以上的股份有限公司，具备健全且运行良好的组织机构，相关机构和人员能够依法履行职责"。㊂

由以上法规可见，除符合条件的红筹企业外，国内企业在 A 股板块申请发行上市的公司形式应是股份有限公司。

3. 拟 IPO 企业的股份制改造需做好择时

除红筹企业回归 A 股等特殊情况外，股份制改造是企业申报 IPO 的前置条件，而何时完成股份制改造对企业最为有利，是每个拟 IPO 企业都需要谨慎思考的问题。

由于有限责任公司在企业发展初期具有显著的成本优势，且股份制改造的完成时点是企业完成合规化改造的重要界限，因此拟 IPO 企业并不需

㊀ 资料来源：股转公司官网《全国中小企业股份转让系统业务规则（试行）》。

㊁ 资料来源：北交所官网《北京证券交易所向不特定合格投资者公开发行股票注册管理办法（试行）》。

㊂ 资料来源：中国证监会官网"【第 205 号令】《首次公开发行股票注册管理办法》"。

要过早完成股份制改造。

（1）有限责任公司的运营成本更低，决策效率更高

按照现行有效的《公司法》规定，股东人数较少或者规模较小的有限责任公司，可以设 1 名执行董事，不设董事会，执行董事可以兼任公司经理，可以设 1～2 名监事，不设监事会；股份有限公司设董事会，其成员为 5～19 人，设监事会，其成员不得少于 3 人。从公司运行所需人员数量的维度来看，有限责任公司所需花费的人力成本远低于股份有限公司。

此外，有限责任公司召开股东会会议，应当于会议召开 15 日前通知全体股东；股份有限公司的每次董事会会议应当于会议召开 10 日前通知全体董事和监事，召开股东大会会议，应当将会议召开的时间、地点和审议的事项于会议召开 20 日前通知各股东。从公司履行法定程序所耗费时间的维度来看，有限责任公司的决策效率明显高于股份有限公司。

（2）有限责任公司股权转让的限制更多

《公司法》中规定，有限责任公司的股东之间可以相互转让其全部或者部分股权，股东向股东以外的人转让股权，应当经其他股东过半数同意。经股东同意转让的股权，在同等条件下，其他股东有优先购买权；股份有限公司的股东持有的股份可以依法自由转让。⊖

由以上法律规定可见，有限责任公司的股东进行股权转让时限制更多，而股份有限公司的股东转让所持股份则十分方便，股份有限公司的股东可以在其他股东"不知情"的情况下向他人转让自己所持有的股份。

从 IPO 实务角度来看，企业股东进行股权转让时的证据留痕越多，越有助于中介机构对公司股权结构清晰性和稳定性的核查。因此，有限责任公司阶段的股权转让限制反而有利于企业 IPO 的推进。

（3）股份制改造时点可作为企业合规化改造的新老划断时点

从公司治理的角度来看，有限责任公司的公司治理要求相对宽松，更

⊖ 资料来源：《中华人民共和国公司法》。

适合初期规模较小、规范程度较低的公司；股份有限公司更适合规模较大、管理更加规范的公司。

从IPO实务角度来看，如果企业在有限责任公司阶段存在不规范的问题，则可以将股份制改造作为合规化改造的新老划断时点。具体逻辑为：企业在有限责任公司阶段曾存在一些不合规事项，但在进入到股份公司阶段后，已全面按照规范的公司治理规则进行改造，并持续合规运营。

以上海骄成超声波技术股份有限公司（简称"骄成股份"）申报科创板IPO为例，上交所在首轮问询中问及："请发行人说明转贷资金具体流转过程及使用的合法合规性；转贷行为的清理过程，包括款项的偿还、利息等相关费用的确认。"骄成股份及保荐机构在问询回复中有这样的表述："为进一步加强公司内控管理，发行人制定或修订了《货币资金管理制度》《防范主要股东及其关联方资金占用制度》《关联交易决策制度》等相关制度，并持续有效运行。股份公司设立后，发行人未再发生新的转贷行为。"⊖

可见，骄成股份在问询回复中以"股份公司设立"作为时间节点，向公众说明该公司至少在股份制改造完成后，已经能够按照合法合规的方式运营。骄成股份以股份制改造作为企业合规化改造的新老划断时点，并基于此口径回复审核机构问询问题的方式，在IPO实务中较为常见。

（二）上市辅导验收通过后方可进行IPO申报

一般情况下，上市辅导验收是拟IPO企业在申报前的最后一个重要时间节点。

在上市辅导阶段，券商（辅导机构）、会计师事务所及律师事务所组成辅导团队，共同协助拟IPO企业完成合规化改造，具体工作内容包括建立规范化的公司治理结构，确保公司内部控制制度健全且被有效执行等。同时，辅导团队还会对关键人员进行培训，使这些人员能够充分了解多层次资本市场各板块的特点和属性，树立进入证券市场的诚信意识、自律意

⊖ 资料来源：上交所发行上市审核板块之项目动态——"上海骄成超声波技术股份有限公司"。

识和法治意识。

中国证监会在拟 IPO 企业所在地的派出机构（即当地监管局）负责对辅导工作进行监管。多年来，在属地管理的模式下，不同地区的监管局对辖区内拟 IPO 企业的上市辅导过程提出了各具特色的要求，这使得辅导团队和被辅导企业无法对上市辅导环节形成合理的工作量预期和节奏预期。直至 2021 年 9 月 30 日，中国证监会颁布了《首次公开发行股票并上市辅导监管规定》，该监管规定首次对全国范围内的上市辅导工作做出了统一要求。

拟 IPO 企业可依据《首次公开发行股票并上市辅导监管规定》的要求，对上市辅导过程中涉及的角色（人物）、辅导时长（时间）以及辅导过程中的节点（事件）进行了解：

第一，角色（人物）指辅导团队的构成。券商作为辅导机构对拟上市企业开展辅导工作，会计师事务所及律师事务所等其他证券服务机构提供配合，各方共同组成辅导团队。其中，券商指定的辅导人员中，保荐代表人不得少于二人。

第二，辅导时长（时间）指辅导期的时间跨度，自完成辅导备案之日起，至辅导机构向验收机构提交齐备的辅导验收材料之日截止。辅导期的时长原则上不少于三个月。

第三，节点（事件）指拟 IPO 企业在上市辅导过程中需要完成的工作任务。具体的工作任务以三个标志性文件为代表，分别是申报辅导时的《辅导企业基本情况》、辅导过程中的《辅导工作进展报告》以及辅导完成后的《辅导工作总结报告》。

上市辅导以验收机构出具《验收工作完成函》作为结束，该《验收工作完成函》的有效期为十二个月，拟 IPO 企业需在该函的有效期内提交首次公开发行股票并上市申请。[⊖]

（三）IPO 申报文件完成受理后上市准备期结束

IPO 申报文件的准备工作一般会与上市辅导过程并行完成，通常情况

⊖ 资料来源：中国证监会官网"【第 23 号公告】《首次公开发行股票并上市辅导监管规定》"。

下，拟IPO企业拿到《验收工作完成函》后即会很快启动向中国证监会或各交易所提交IPO申报文件的工作。

中国证监会为各板块分别制订了IPO申请文件清单，以创业板为例，中国证监会于2020年6月12日公布了《公开发行证券的公司信息披露内容与格式准则第29号——首次公开发行股票并在创业板上市申请文件（2020年修订）》，该文件目录分为七个部分。

第一部分为招股文件，指招股说明书；第二部分为发行人关于本次发行上市的申请与授权文件，指以拟IPO企业名义出具的申请报告，以及相关的董事会、股东大会的决议等；第三部分为保荐人和证券服务机构关于本次发行上市文件，指券商、会计师事务所和律师事务所出具的各类专业文件；第四部分为发行人的设立文件，指拟IPO企业的历史沿革、公司章程以及公司营业执照等文件；第五部分为与财务会计资料相关的其他文件，一般包括拟IPO企业在税收、政府补贴、资产评估以及验资等方面与财务相关的文件；第六部分为关于本次发行上市募集资金运用的文件，指募投项目的设计以及募投项目的审批等文件；第七部分为其他文件，在首次申报时包括各类产权证书、各类承诺等文件，而在之后的反馈阶段，则又会包括相关各方针对历次问询的答复文件等。

拟IPO企业和各中介机构花费大量时间完成的尽职调查（后简称为"尽调"）及规范整改的工作成果，最终都会体现在全套申报文件之中。

二、以拟IPO企业及各中介机构回复审核机构问询为主线的IPO审核期

企业的IPO申请文件被审核机构受理后，IPO审核期即正式开始，审核机构对IPO项目在审期间的工作顺序以及耗时情况做出了明确规定。例如，深交所在发行上市审核信息公开网站上公开披露了IPO的审核流程（见图1-5）。

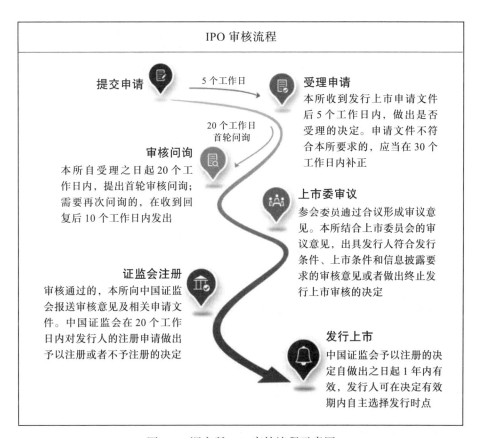

图 1-5 深交所 IPO 审核流程示意图

资料来源：深交所发行上市审核信息公开网站。

以创业板上市公司青木数字技术股份有限公司（股票简称"青木股份"，股票代码：301110）为例，该公司于 2022 年第 1 季度完成创业板 IPO，深交所发行上市审核信息公开网站"项目动态"板块中披露了该公司从"已受理"到"注册生效"期间的全部时间节点对应的信息披露文件（见图 1-6）。

由图 1-6 可见，青木股份在 IPO 审核期内经历了问询、上市委会议、提交注册及注册生效等环节。

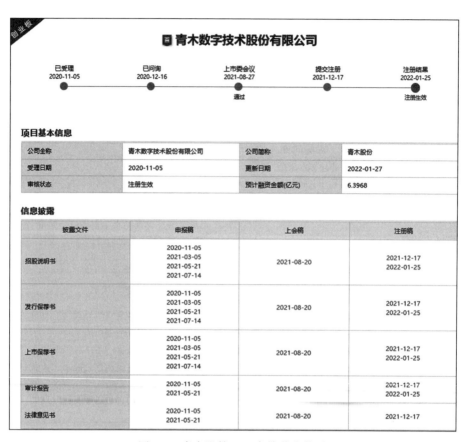

图 1-6　青木股份 IPO 审核节奏截图

资料来源：深交所发行上市审核信息公开网站之项目动态——"青木数字技术股份有限公司"。

（一）多轮问询是 IPO 审核期的主体部分

在注册制下，相关监管制度将审核机构提出问题的过程称为"审核问询"，而中介机构常会沿用核准制时代的叫法，将该过程称为"反馈"。

以深交所上市板块为例，深交所于 2023 年 2 月 17 日发布了《深圳证券交易所股票发行上市审核规则》，该审核规则第五章对深交所 IPO 审核流程进行了详细介绍。根据该审核规则，自受理之日起 20 个工作日内，深交所的发行上市审核机构将通过券商（保荐人）向发行人提出首轮审核问询。首轮审核问询后，深交所的发行上市审核机构可在收到发行人回复后 10 个工作日内视情况继续提出审核问询。

拟 IPO 企业需按照审核机构每一轮问询的要求作答，如审核机构认为相关答复未能合理解释问询问题的，则可以进行追问。在实务中，有的拟 IPO 企业会在常规的书面问询之外收到审核机构的"口头问询"，如相关问询问题涉及法律问题，发行人律师会以《补充法律意见书》的形式进行回复。因此，我们可以关注发行人律师历次出具的《补充法律意见书》中所回答的问题，并在剔除财务数据更新等因素后推断拟 IPO 企业在 IPO 审核期内受到了多少轮问询。以创业板 IPO 企业昆山亚香香料股份有限公司（简称"亚香股份"）为例，该公司披露的最后一份补充法律意见书是《补充法律意见书（十五）》（见图 1-7）。

图 1-7 亚香股份 IPO 审核节奏截图

资料来源：深交所发行上市审核信息公开网站之项目动态——"昆山亚香香料股份有限公司"。

另需注意的是，审核机构与发行人及其中介机构之间的问询交互是有时间限制的。根据《深圳证券交易所股票发行上市审核规则》第四十四条规定，"发行人及其保荐人、证券服务机构回复本所审核问询的时间总计不超过三个月。自受理发行上市申请文件之日起，本所审核和中国证监会注册的时间总计不超过三个月。"如发行人及其中介机构的回复始终不能对审核机构关注的问题进行合理解释，则后续增加的每一轮问询都会使发

行人一侧回复问询的时间余额越来越不足。㊀

2021年7月30日,深交所上市审核中心印发了《关于终止对思柏精密科技股份有限公司首次公开发行股票并在创业板上市审核的决定》,该决定中载明"截至2021年7月17日,你公司未在规定时限内回复本所审核问询,审核问询回复时间总计已超过三个月。根据《深圳证券交易所创业板股票发行上市审核规则》第六十七条的有关规定,本所决定终止对你公司首次公开发行股票并在创业板上市的审核"。由此,思柏精密成为创业板试点注册制后第一家因回复问询不及时而被终止上市审核的案例(见图1-8)。

图1-8 思柏精密未在规定时限内回复而被终止上市审核

资料来源:深交所发行上市审核信息公开网站。

思柏精密的案例提示我们,发行人和中介机构在问询回复阶段应提高答题效率,防止超时。

除需注意审核计时外,发行人及其中介机构还需注意其与审核机构之间的问询交互属于法定流程,在此期间,发行人及其中介机构需按照审核机构的要求对IPO申请文件的内容进行更正或补充披露,除此之外,未经

㊀ 资料来源:深交所官网"关于发布《深圳证券交易所股票发行上市审核规则》的通知"。

中国证监会或交易所同意，IPO 申请文件内容不得改动。

2019 年 5 月，上交所对擅自修改 IPO 申请文件的行为开出罚单，具体情况为，两名保荐代表人受中金公司指派，在交控科技股份有限公司申请首次公开发行股票并在科创板上市项目中担任具体负责人，在向上交所报送的《交控科技股份有限公司首次公开发行 A 股股票并在科创板上市申请文件审核问询函的回复》及同步报送的更新版招股说明书中，作为保荐工作具体负责人，擅自多处修改了招股说明书中有关经营数据、业务与技术、管理层分析等信息披露数据和内容，并由此同步多处修改了上交所问询问题中引述的招股说明书相关内容。上述修改，未按上交所要求采用楷体加粗格式标明并向上交所报告，也未按照保荐业务执业规范和中金公司内部控制制度的规定报送公司内核部门审核把关。中金公司委派的保荐代表人因此受到了上交所通报批评的纪律处分。⊖ 在上交所采取纪律处分的基础上，中国证监会对中金公司前述两名保荐代表人采取了出具警示函的行政监管措施。⊜

（二）现场检查或现场督导是 IPO 项目在审期间可能出现的变数

多数在审的拟 IPO 企业能够在多轮问询回复后收到上市委会议通知，但也有部分拟 IPO 企业在审核期间遇到额外的程序，这些额外程序或是发行人受到现场检查，或是保荐机构以及相关证券服务机构受到现场督导，无论哪种情况都会导致拟 IPO 企业的审核过程出现变数。

1. 针对发行人实施的现场检查

截至 2022 年末，我国 A 股市场 IPO 发行共暂停过 9 次，其中最长的一次暂停从 2012 年 10 月开始至 2014 年 1 月结束，长达 15 个月，有关 IPO 现场检查的制度即源于这 15 个月。

（1）IPO 现场检查的起源

2012 年 12 月 28 日，中国证券监督管理委员会发行监管部、创业板

⊖ 资料来源：上交所官网"上交所及时对科创板申报项目违规保荐代表人予以纪律处分"。
⊜ 资料来源：中国证监会官网"证监会严肃处理违规改动科创板注册申请文件行为"。

发行监管部及会计部共同发布了《关于做好首次公开发行股票公司2012年度财务报告专项检查工作的通知》，该通知要求对首发公司财务会计信息开展专项检查工作（简称"财务大检查"），各保荐机构、会计师事务所应严格遵照通知要求，积极做好首发公司财务会计信息自查工作，中国证监会在自查基础上将安排重点抽查工作。[1]

2013年1月29日，中国证券监督管理委员会发行监管部、创业板发行监管部及会计部共同发布了《关于首次公开发行股票公司2012年度财务报告专项检查工作相关问题的答复》，该答复对各方关注较多的与财务大检查有关的问题进行了回复，明确了至2013年3月31日前新申报的企业均应纳入本次自查范围，自查范围应包括整个报告期（如2010～2012年度），在各方自查结束后，中国证监会将对该部分企业按比例组织抽查。

在此次答复中，监管机构明确了发行人是信息披露第一责任人，同时对中介机构在自查报告上签字事项提出了要求，具体为"保荐机构出具自查报告应由保荐机构法定代表人、保荐业务负责人、内核负责人、保荐业务部门负责人、自查组负责人、自查组其他成员签字，加盖保荐机构公章并注明签署日期；会计师事务所应由事务所负责人（特殊普通合伙会计师事务所负责人为执行（首席）合伙人，未转制为特殊普通合伙的会计师事务所负责人为履行相同或类似职责的主要负责人）、事务所分管风险和质量控制（后简称为"质控"）的主管合伙人、自查组负责人、自查组其他成员签字，加盖会计师事务所公章并注明签署日期。自查报告应标明签字人员姓名，并由其亲笔签名"。[2]

2014年4月23日，借着财务大检查和监管机构现场检查的余威，证监会发行监管部发布了《关于组织对首发企业信息披露质量进行抽查的通知》，该通知明确，除财务大检查结束后已抽查的40家企业外，其他在审企业在上发审会前均应纳入抽签范围，被抽中的企业如提交终止（或中止）审查申请的，不影响抽查的正常进行。自此，以抽样的方式对IPO在审企

---

[1] 资料来源：中国证监会官网《关于做好首次公开发行股票公司2012年度财务报告专项检查工作的通知》。

[2] 资料来源：中国证监会官网《关于首次公开发行股票公司2012年度财务报告专项检查工作相关问题的答复》。

业进行现场检查进入常态化。○

在《关于组织对首发企业信息披露质量进行抽查的通知》中明确，对于主动撤回 IPO 申请材料的企业仍实施现场检查。上海之江生物科技股份有限公司（简称"之江生物"）成为在终止审查后被现场检查，而后又受到监管机构处罚的典型案例。该案例的具体情况为，之江生物于 2017 年 10 月 30 日向中国证监会报送了首次公开发行股票并在主板上市的申请文件，于 2018 年 12 月 27 日向中国证监会提交了《关于撤回上海之江生物科技股份有限公司首次公开发行股票并在主板上市申请文件的申请》，并于 2019 年 1 月 3 日收到了中国证监会下发的《中国证监会行政许可申请终止审查通知书》；○中国证监会于 2019 年 1 月中旬开始对之江生物首次公开发行股票并上市相关工作进行现场检查，应证监会要求，发行人及其聘任的包括审计机构、券商、律师事务所在内的中介机构于 2019 年 1～3 月期间全力配合证监会 IPO 现场检查工作；○2019 年 7 月 5 日，中国证监会对之江生物在申请首次公开发行股票并上市过程中存在的多项信息披露与事实不符等问题采取出具警示函的监管措施。○

（2）IPO 现场检查要求的演进

为规范首发企业现场检查行为，在规则层面明确将注册制板块纳入现场检查范围，中国证监会于 2021 年 1 月 29 日公布了《首发企业现场检查规定》，该规定指出，为节省监管资源，被抽中的检查对象在收到书面通知后十个工作日内撤回首发申请的，检查机构（指"中国证监会及其派出机构和交易所"）原则上不再对该企业实施现场检查。按照该规定，类似于之江生物的已终止企业将不再被纳入检查范围。例外情形是，如拟 IPO 企业撤回 IPO 申请后 12 个月内再次申报，那么检查机构会对其实施现场

○ 资料来源：中国证监会官网"《关于组织对首发企业信息披露质量进行抽查的通知》"。

○ 资料来源：股转公司官网"上海之江生物科技股份有限公司关于收到中国证监会行政许可申请终止审查通知书的公告"。

○ 资料来源：上交所发行上市审核板块之项目动态——"上海之江生物科技股份有限公司"之"8-1 发行人及保荐机构回复意见"。

○ 资料来源：中国证监会官网"关于对上海之江生物科技股份有限公司采取出具警示函监管措施的决定"。

检查。㊀

在《首发企业现场检查规定》发布 2 天后，监管机构于 2021 年 1 月 31 日发布了"首发企业信息披露质量抽查抽签情况"，共有 20 家申报企业被抽中现场检查。或许是由于新规对撤回首发申请的拟 IPO 企业不再实施现场检查，最终被抽中现场检查的 20 家拟 IPO 企业中有 16 家选择主动撤回申请文件，主动撤回率高达 80%，具体情况可参见第二章第一节中关于收入和利润是第一指标的内容。

2021 年 7 月 9 日，中国证监会发布了《关于注册制下督促证券公司从事投行业务归位尽责的指导意见》，该指导意见规定，对收到现场检查或督导通知后撤回的项目，证监会及交易场所将依法组织核查，坚决杜绝"带病闯关"的行为。该指导意见指出，监管机构将建立投行业务违规问题台账，重点对项目撤否率高、公司债券违约比例高、执业质量评价低、市场反映问题较多的证券公司开展专项检查。该指导意见对部分 IPO 在审企业一撤了之的行为起到了有效震慑，同时也使券商被动提高了 IPO 项目的承接标准。㊁

2. 针对保荐机构以及相关证券服务机构实施的现场督导

现场督导是交易所针对在审企业聘请的保荐机构以及相关证券服务机构执业质量进行现场监督、核查和指导的行为。

2021 年 2 月 3 日，上交所发布《上海证券交易所科创板发行上市审核规则适用指引第 1 号——保荐业务现场督导》；2021 年 4 月 29 日，深交所发布《深圳证券交易所创业板发行上市审核业务指引第 1 号——保荐业务现场督导》，监管机构的现场督导工作有了明确的制度依据。

2023 年 2 月 17 日，上交所和深交所对于监管机构的现场督导要求进行了更新。上交所发布《上海证券交易所发行上市审核规则适用指引第 3 号——现场督导》；㊂深交所发布《深圳证券交易所股票发行上市审核业务

㊀ 资料来源：中国证监会官网"【第 4 号公告】《首发企业现场检查规定》"。
㊁ 资料来源：中国证监会官网"【第 17 号公告】《关于注册制下督促证券公司从事投行业务归位尽责的指导意见》"。
㊂ 资料来源：上交所官网"关于发布《上海证券交易所发行上市审核规则适用指引第 3 号——现场督导》的通知"。

指引第 4 号——保荐业务现场督导》。㊀

全面实行股票发行注册制后的现场督导制度变得更为严格，交易所发出现场督导书面通知后、督导组进场前，如发行人撤回发行上市申请或保荐人撤销保荐的，交易所将视具体情况确定是否继续实施现场督导。对于曾在实施现场督导前撤回申请的 IPO 项目，如该发行人在撤回发行上市申请后 12 个月内重新申报的，交易所在受理后将启动现场督导。督导组进场后，发行人撤回发行上市申请或者保荐人撤销对现场督导项目保荐的，交易所将继续完成现场督导。

对于保荐机构而言，现场督导过程中如被发现履职不到位、执业不规范等情形的，则有可能给保荐机构自身和保荐代表人带来不利影响。从这个角度来看，发行人撤回发行上市申请或保荐机构撤销保荐的做法有可能使现场督导无法启动，一定程度上能够降低保荐机构和保荐代表人的风险。

但是，如通过发行人撤回发行上市申请或保荐机构撤销保荐的方式规避现场督导，会提高保荐机构的 IPO 项目撤否率，进而有可能触发《关于注册制下督促证券公司从事投行业务归位尽责的指导意见》中对证券公司开展专项检查的相关要求。

因此，保荐机构在收到现场督导通知时，需要面对的是接受现场督导还是与发行人协商撤回 IPO 申请材料的两难抉择。事实上，现行监管制度使保荐机构出现这种"左右为难"的状态，正是约束机制良好的一种体现。有效的制度约束有助于督促保荐机构以及相关证券服务机构尽责履职，严格按照相关的法规、规则要求对发行人进行核查，做好资本市场看门人的角色。

（三）行百里者半九十的上市委会议/发审委会议

截至 2022 年末，主板 IPO 尚在执行核准制，相关审核工作由证监会组织发审委会议对 IPO 项目进行审议；创业板、科创板以及北交所实行注

㊀ 资料来源："关于发布《深圳证券交易所股票发行上市审核业务指引第 4 号——保荐业务现场督导》的通知"。

册制，各板块由交易所组织上市委会议对 IPO 项目进行审议。

2023 年 2 月 17 日，全面实行股票发行注册制制度规则发布实施，主板 IPO 正式迈入注册制，发审委会议由此退出历史舞台。

中介机构一般将参加上市委会议 / 发审委会议称为"上会"。在上会过程中，上市委会议 / 发审委会议将基于历次问询回复以及《审核中心意见落实函》回复情况对发行人代表以及保荐代表人提出问询，并由参会委员投票决定是否予以审核通过。

IPO 项目在上会审核通过后，还需要得到中国证监会关于是否准予上市的批复。

（四）决定企业 IPO 最终成败的中国证监会批复环节

经上市委会议 / 发审委会议审议通过的发行人虽已完成了 IPO 路径中的大部分工作量，但其最终能否成功上市还需要获得中国证监会的批准。

在注册制下，企业最终获得批文前有一步"提交注册"的环节，拟 IPO 企业在这一阶段仍可能会面临证监会的一轮乃至多轮问询。部分拟 IPO 企业在提交注册环节主动选择了终止注册，这些企业或许是由于自身的战略调整，又或许是由于无法合理回复注册阶段的问询问题，因此选择了在 IPO 的最后一步撤回申请。

注册制实施以来，科创板和创业板各有一家拟 IPO 企业在注册环节收到了中国证监会"不予注册"的决定，这两家企业分别是申报科创板的恒安嘉新（北京）科技股份公司（简称"恒安嘉新"），以及申报创业板的浙江鑫甬生物化工股份有限公司（简称"鑫甬生物"）。

恒安嘉新的科创板 IPO 申请于 2019 年 4 月 3 日由上交所受理，于 2019 年 7 月 11 日经科创板上市委员会议审议通过。提交注册后，中国证监会于 2019 年 8 月 26 日出具《关于不予同意恒安嘉新（北京）科技股份有限公司首次公开发行股票注册的决定》。在中国证监会的最终意见中，认为恒安嘉新将涉及重大合同的会计差错更正认定为特殊会计处理事项的理由不充分，不符合企业会计准则的要求，发行人存在会计基础工作薄弱和内控缺失的情形；此外，恒安嘉新还涉及未按招股说明书的要求对前期会

计差错更正进行披露的情形。㊀

  鑫甬生物的创业板 IPO 申请于 2020 年 7 月 17 日由深交所受理，于 2021 年 8 月 12 日经创业板上市委会议审议通过。提交注册后，中国证监会于 2021 年 12 月 28 日出具《关于不予同意浙江鑫甬生物化工股份有限公司首次公开发行股票注册的决定》。在中国证监会的最终意见中，认为鑫甬生物核心产品、募投项目、主要原材料均涉及"高污染、高环境风险"产品且无法提出有效的压降方案，且信息披露存在严重错误。㊁

㊀ 资料来源：上交所发行上市审核板块之项目动态——"恒安嘉新（北京）科技股份公司"之《关于不予同意恒安嘉新（北京）科技股份有限公司首次公开发行股票注册的决定》。

㊁ 资料来源：深交所发行上市审核信息公开网站之项目动态——"浙江鑫甬生物化工股份有限公司"之《关于不予同意浙江鑫甬生物化工股份有限公司首次公开发行股票注册的决定》。

第二章

企业 IPO 所需的成功因素

国内 A 股板块曾经只允许持续盈利能力较好的企业申报上市，这种情况直至 2018 年科创板启动才有所改变。科创板开板后，监管机构提高了对企业科技含量的重视程度，使得部分暂时亏损的科技型企业可以通过 A 股 IPO 的方式进行融资。此后，又经过近 3 年的发展，创业板开始实行注册制，而后北交所正式成立，国内多层次资本市场架构日益清晰。2023 年 2 月 17 日，中国证监会正式发布全面实行股票发行注册制制度规则，全部 A 股板块都不再将净利润作为必选的硬性要求。

在全面实行股票发行注册制之下，企业上市应符合"板块定位"的标准已经形成。根据中国证监会于 2023 年 2 月 17 日发布的《首次公开发行股票注册管理办法》，主板突出"大盘蓝筹"特色，重点支持业务模式成熟、经营业绩稳定、规模较大、具有行业代表性的优质企业。科创板面向世界科技前沿、面向经济主战场、面向国家重大需求，优先支持符合国家战略，拥有关键核心技术，科技创新能力突出，主要依靠核心技术开展生产经营，具有稳定的商业模式，市场认可度高，社会形象良好，具有较强成长性的企业。创业板深入贯彻创新驱动发展战略，适应发展更多依靠创

新、创造、创意的大趋势，主要服务成长型创新创业企业，支持传统产业与新技术、新产业、新业态、新模式深度融合。㊀

根据北交所于 2023 年 2 月 17 日修订后发布的《北京证券交易所向不特定合格投资者公开发行股票并上市审核规则》，北交所主要服务创新型中小企业，重点支持先进制造业和现代服务业等领域的企业，推动传统产业转型升级，培育经济发展新动能，促进经济高质量发展。㊁

简言之，大盘蓝筹企业可以选择登陆沪主板或深主板；具备硬科技属性的企业可以申请到科创板上市；符合"三创"（即创新、创造、创意）与"四新"（即新技术、新产业、新业态、新模式）的企业可以申请到创业板上市；具备更早、更小、更新特点的创新型中小企业可以申请到北交所上市。

企业成功上市是各方面成功因素共同作用的结果，包括天时、地利、人和。天时是指企业的 IPO 推进能够按部就班，讲究节奏；地利是指企业自身没有硬伤；人和是指企业有内外部的资源方相助。本章结合实务案例以及战略思维模型，从以下三个维度对企业成功 IPO 所需条件进行详细分析。

第一节　守地利：知己

《孙子兵法》中讲道："夫地形者，兵之助也。"对于企业经营而言，地形一般指市场，企业在竞争中需要选择对自己有利的地形，这是决胜的重要因素。对于企业 IPO 一事而言，地利指的是发行人自身的资质特点、盈利能力和规范运作水平，这些与板块定位有关的要素都是地利的一部分。

一、全面注册制下，收入和利润仍然是第一指标

科创板开板以来，尚未实现盈利的企业同样可以通过 IPO 的方式进行融资，但这并不意味着监管机构放松了对拟 IPO 企业收入和利润的要求。

㊀ 资料来源：中国证监会官网"【第 205 号令】《首次公开发行股票注册管理办法》"。
㊁ 资料来源：北交所官网"关于发布《北京证券交易所向不特定合格投资者公开发行股票并上市审核规则》的公告"。

当前，多数上市板块对拟 IPO 企业的收入和利润仍有具体要求，即便是科创板的第五套上市标准，也有"市场空间大，目前已取得阶段性成果"的表述[一]。因此，收入和利润仍是拟 IPO 企业需要拼尽全力完成的第一指标，以下先从两个案例讲起。

（一）曾经的硬科技：柔宇科技止步科创板

1. 柔宇科技 IPO 申报过程回溯

深圳市柔宇科技股份有限公司（简称"柔宇科技"）成立于 2012 年 5 月 8 日，公司主营业务为柔性电子产品的研发、生产和销售，并为客户提供柔性电子解决方案，公司产品主要应用于智能移动终端、智能交通、文娱传媒、智能家居、运动时尚和办公教育等行业。

柔宇科技"硬科技"乃至"黑科技"的科技属性非常坚实，但盈利能力始终表现不佳。根据柔宇科技披露的招股说明书，公司 2017 年度、2018 年度、2019 年度及 2020 年上半年的营业收入为 0.65 亿元、1.09 亿元、2.27 亿元和 1.16 亿元，归属于母公司股东的净利润为 -3.59 亿元、-8.02 亿元、-10.73 亿元和 -9.61 亿元，经营活动产生的现金流量净额为 3.58 亿元、-6.12 亿元、-8.11 亿元和 -3.86 亿元。由前述财务数据可清晰看出，柔宇科技仍处在"烧钱"阶段，其对于通过 IPO 募集大额资金的渴求度比较高。[二]

2020 年 12 月 31 日，柔宇科技科创板上市申请被上交所受理；之后于 2021 年 1 月 28 日，柔宇科技收到首轮问询函；在首轮问询仅十余天后，柔宇科技向上交所递交了撤回上市申请文件的申请（见图 2-1）。[三]

IPO 止步后，柔宇科技的资金链开始承受巨大压力。根据 2022 年 8 月 26 日公布的《北京蓝色印象品牌顾问有限公司等申请诉前财产保全民事裁定书》，上市公司蓝色光标旗下三家公司（北京蓝色印象品牌顾问有限公司、北京思恩客科技有限公司及深圳蓝色光标互动营销有限公司）以及狮华公关顾问（上海）有限公司向法院申请查封、冻结被申请人柔宇科

[一] 科创板上市标准中的第五套标准未对发行人的盈利水平提出要求。

[二] 资料来源：上交所官网"深圳市柔宇科技股份有限公司首次公开发行股票并在科创板上市招股说明书（申报稿）"。

[三] 资料来源：上交所发行上市审核板块之项目动态——"深圳市柔宇科技股份有限公司"。

技名下共计价值 3,714.05 万元财产。○

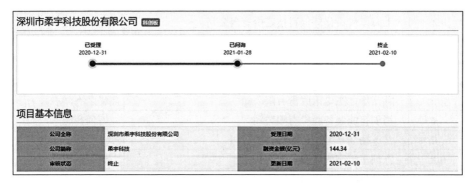

图 2-1　柔宇科技申请科创板上市审核进度

资料来源：上交所发行上市审核板块，关于柔宇科技的项目动态。

2. 柔宇科技在 IPO 申报后不久即被抽中现场检查

柔宇科技的 IPO 尝试之旅仅持续了 2 个月左右，其最终选择主动撤回 IPO 申请材料或许与被抽中 IPO 现场检查有关。

根据《首发企业现场检查规定》（证监会公告〔2021〕4 号）要求，中国证券业协会于 2021 年 1 月 31 日组织完成了对首发企业信息披露质量抽查的抽签工作。本批参与抽签的为 2021 年 1 月 30 日前受理的 407 家科创板和创业板企业，最终有 20 家企业被抽中（见表 2-1），柔宇科技是被抽中企业中唯一一家持续亏损的公司。

中国证监会于 2021 年 1 月 29 日公布的《首发企业现场检查规定》中载明："检查对象确定后，审核或注册部门应当在三个工作日内书面通知检查对象和中介机构，检查对象自收到书面通知后十个工作日内撤回首发申请的，原则上不再对该企业实施现场检查。在撤回申请后十二个月内再次申请境内首发上市的，应当列为检查对象。"

2021 年 2 月 9 日，柔宇科技在现场检查名单公布后的第 9 天撤回了首发申请，因此符合不再实施现场检查的要求。但出乎市场意料的情况发生了，本轮被抽中现场检查的 20 家拟 IPO 企业中，有 16 家在撤回期截止日前选择了撤回 IPO 申请材料，撤回比率高达 80%。

○　资料来源：北京蓝色印象品牌顾问有限公司等申请与前财产保全民事裁定书。

表 2-1　2021 年 1 月 31 日现场检查抽签结果名单

序号	公司全称	简称
1	上海蓝科石化环保科技股份有限公司	蓝科石化
2	江苏镇江建筑科学研究院集团股份有限公司	镇江研究院
3	恒伦医疗科技股份有限公司	恒伦医疗
4	杭州百子尖科技股份有限公司	百子尖科技
5	苏州华之杰电讯股份有限公司	华之杰
6	博创智能装备股份有限公司	博创智能
7	江苏扬瑞新型材料股份有限公司	江苏扬瑞
8	深圳市柔宇科技股份有限公司	柔宇科技
9	格林生物科技股份有限公司	格林生物
10	苏州湘园新材料股份有限公司	湘园新材
11	江苏国光信息产业股份有限公司	国光信息
12	北京市九州风神科技股份有限公司	风神科技
13	江苏凤凰画材科技股份有限公司	凤凰画材
14	江苏恒兴新材料科技股份有限公司	恒兴新材
15	紫泉能源技术股份有限公司	紫泉能源
16	北京木瓜移动科技股份有限公司	木瓜移动
17	浙江国祥股份有限公司	国祥股份
18	北京时代凌宇科技股份有限公司	时代凌宇
19	德威华泰科技股份有限公司	德威华泰
20	江苏华鹏智能仪表科技股份有限公司	华鹏智能

资料来源：中国证监会官网"首发企业信息披露质量抽查抽签情况（2021 年 1 月 31 日）"。

2021 年 3 月，中国证监会主席易会满在中国发展高层论坛圆桌会上的主旨演讲中对高撤回率的现象发表看法，"最近，在 IPO 现场检查中出现了高比例撤回申报材料的现象，据初步掌握的情况看，并不是说这些企业问题有多大，更不是因为做假账撤回，其中一个重要原因是不少保荐机构执业质量不高"，以及"对'带病闯关'的，将严肃处理，决不允许一撤了之"。⊖

除了首轮主动撤回 IPO 申请的 16 家企业外，剩余 4 家拟 IPO 企业后续的上市之路也并不顺畅（见表 2-2）。

⊖ 资料来源：中国证监会官网"易会满主席在中国发展高层论坛圆桌会上的主旨演讲"。

表 2-2　2021 年初抽中现场检查的 20 家拟 IPO 企业后续审核情况统计

序号	公司简称	申报板块	首轮撤回日期①	最终审核状态
1	蓝科石化	科创板	2021-02-18	终止
2	镇江研究院	创业板	2021-02-09	终止
3	恒伦医疗	创业板	2021-02-20	终止
4	百子尖科技	科创板	2021-02-10	终止
5	华之杰	科创板	/	过会后终止②
6	博创智能	科创板	2021-02-18	终止
7	江苏扬瑞	创业板	/	审核不通过③
8	柔宇科技	科创板	2021-02-09	终止
9	格林生物	创业板	2021-02-10	终止
10	湘园新材	创业板	2021-02-09	终止
11	国光信息	科创板	2021-02-19	终止
12	风神科技	创业板	/	审核不通过④
13	凤凰画材	创业板	2021-02-09	终止
14	恒兴新材	创业板	2021-02-09	终止
15	紫泉能源	科创板	2021-02-18	终止
16	木瓜移动	创业板	2021-02-18	终止
17	国祥股份	科创板	/	终止⑤
18	时代凌宇	创业板	2021-02-18	终止
19	德威华泰	科创板	2021-02-18	终止
20	华鹏智能	创业板	2021-02-20	终止

① 根据《首发企业现场检查规定》，证监会披露"首发企业信息披露质量抽查抽签情况（2021年1月31日）"后，被抽中企业至多在13个工作日内（即2021年2月22日前）撤回申请材料方能够免于被实施现场检查。本表格中科创板企业撤回日期查询方式为上交所官网"科创板股票发行上市审核信息披露"板块，查询关键字为发行人全称；创业板企业撤回日期查询方式为深交所官网"发行上市审核信息公开网站"，查询关键字为发行人全称。

② 华之杰的IPO申请于2021年7月15日经上市委会议审议，审议结果为通过，该项目于2021年10月25日提交证监会注册，于2022年4月20日撤回申请材料。资料来源为上交所发行上市审核板块之项目动态——"苏州华之杰电讯股份有限公司"。

③ 江苏扬瑞的IPO申请于2021年12月17日经上市委会议审议，审议结果为未通过。资料来源为深交所发行上市审核信息公开网站——"江苏扬瑞新型材料股份有限公司"。

④ 风神科技的IPO申请于2022年3月29日经上市委会议审议，审议结果为未通过。资料来源为深交所发行上市审核信息公开网站——"北京市九州风神科技股份有限公司"。

⑤ 国祥股份的IPO申请于2021年7月20日撤回。资料来源为上交所发行上市审核板块之项目动态——"浙江国祥股份有限公司"。

由表 2-2 可见，本轮被抽中的 20 家企业的 IPO 尝试均以失败告终，审核通过率为 0。

由于现场检查启动的时机十分微妙，加之后期造成的舆论导向十分不利，这些情况使柔宇科技的处境雪上加霜，在融资渠道不通畅的情况下现金流持续承压。

（二）曾经的新模式：每日优鲜的困局

柔宇科技或许是因为新技术拓展新市场的难度过高，导致收入和支出的增长不成比例进而使得亏损持续扩大，而 IPO 的止步又使其无法及时补充现金流，在负反馈机制形成后，靠企业自身的能力已经难以破局。除了柔宇科技这类高科技企业面临困局外，一些以新模式著称的企业也逐渐走向衰败，美股上市公司每日优鲜就是一个典型的案例。

每日优鲜是一家技术驱动的创新型社区零售企业，其运用创新技术和业务模式，旨在成为中国有代表性的社区零售数字化平台，推动中国社区零售行业数字化转型。在一二线城市，每日优鲜首创"前置仓"模式，为 16 个城市的数千万家庭提供了"超 4000 款商品，最快 30 分钟达"服务。㊀

每日优鲜于 2021 年 6 月 25 日登陆纳斯达克，自上市以来股价持续下跌，进入 2022 年 4 月下旬后，每日优鲜股价更是连创新低，始终低于 1 美元。除股价问题外，2022 年 5 月 19 日，每日优鲜因未及时提交 2021 年年报，收到了"不符合继续上市要求"的警示函。根据纳斯达克规定，上市公司股价连续 30 个交易日低于 1 美元就会收到退市警告，每日优鲜在 2022 年 6 月 2 日就已经收到了纳斯达克的"退市"通知函。可以说，当时的每日优鲜已经徘徊在退市的边缘。㊁

作为每日优鲜股价支撑的盈利指标同样十分恶化，2018 年至 2020 年，每日优鲜的营业收入分别为 35.47 亿元、60.01 亿元和 61.30 亿元，对应的净利润分别为 -22.32 亿元、-29.09 亿元和 -16.49 亿元。㊂此外，每日

㊀ 资料来源：每日优鲜官网"企业简介"。
㊁ 布尔肖特. 上市一年后面临退市每日优鲜深陷盈利泥潭[J]. 中国食品，2022（14）：62-65. DOI:10.3969/j.issn.1000-1085.2022.14.033.
㊂ 资料来源：每日优鲜官网公告。

优鲜还曾披露其 2021 年度业绩预亏 37.37 亿元至 37.67 亿元，⊖也就是说，自 2018 年以来，每日优鲜已累计亏损超过 105 亿元人民币。

每日优鲜"最快 30 分钟达"的服务模式属于模式创新，因此其在成立之初就受到了各路资本的追逐。但是，这种基于互联网逻辑的电商模式并没有突破"融资—烧钱—再融资—再烧钱"的怪圈，通过大量补贴跑马圈地占领市场，在战胜竞争对手后形成一家独大的市场格局，最后通过垄断地位获得超额收益，这种理想化、模式化的商业逻辑或许正在迅速失效。

所幸，国内监管机构对于模式创新十分警惕和谨慎，A 股各个板块都会对企业的盈利水平或预计盈利情况做出相对明确的要求，这些要求在一定程度上保护了广大的中小投资者避免被新奇的商业模式收割财富。当前，国内资本市场已对部分亏损企业放开了 IPO 融资通道，但仍以芯片、生物医药等卡脖子领域的企业为主。

（三）"业绩为王"是 IPO 的基本盘

审核机构对拟 IPO 企业持续盈利能力的重视程度很高，一般情况下，拟 IPO 企业在报告期内实现的收入和利润越高越好，如逐年能够以一定的增长率稳步提高则为更佳。在长期的 IPO 业务实践中，最终成功完成发行上市的企业，其收入、利润水平常常远高于监管法规中规定的财务条件。

2023 年 2 月 17 日，中国证监会发布全面实行股票发行注册制相关制度规则，与 IPO 有关的监管法规对企业盈利能力的要求有所提高。为便于理解，以下从全面实行股票发行注册制之前的 IPO 监管法规讲起，而后再分别介绍全面实行股票发行注册制给各板块带来的影响。

1. 全面实行股票发行注册制前的 IPO 监管法规对企业盈利能力的要求并不高

在截至 2023 年 2 月 16 日的法规体系下，A 股各个板块制定的上市标准中对于拟 IPO 企业盈利能力的要求并不高。

⊖ 资料来源：每日优鲜官网公告。

（1）执行注册制前的主板 IPO 财务指标

根据中国证监会于 2022 年 4 月 8 日发布的《首次公开发行股票并上市管理办法》（2022 年修订），拟 IPO 企业需要同时具备如下财务条件：

最近 3 个会计年度净利润均为正数且累计超过人民币 3000 万元，净利润以扣除非经常性损益前后较低者为计算依据；最近 3 个会计年度经营活动产生的现金流量净额累计超过人民币 5000 万元；或者最近 3 个会计年度营业收入累计超过人民币 3 亿元；发行前股本总额不少于人民币 3000 万元；最近一期末无形资产（扣除土地使用权、水面养殖权和采矿权等后）占净资产的比例不高于 20%；最近一期末不存在未弥补亏损。

截至 2023 年 2 月 16 日，申报主板 IPO 的企业仍以上述指标为准，申报主板 IPO 的企业的净利润指标为，满足最近 3 年连续盈利，且最近 3 年净利润累计超过 3000 万元。

（2）科创板 IPO 的财务指标

根据《上海证券交易所科创板股票上市规则（2020 年 12 月修订）》，除红筹企业及存在表决权差异安排的企业等情况外，拟 IPO 企业应当至少符合下列上市标准中的一项[一]。

1）预计市值不低于人民币 10 亿元，最近两年净利润均为正且累计净利润不低于人民币 5000 万元，或者预计市值不低于人民币 10 亿元，最近一年净利润为正且营业收入不低于人民币 1 亿元。

2）预计市值不低于人民币 15 亿元，最近一年营业收入不低于人民币 2 亿元，且最近三年累计研发投入占最近三年累计营业收入的比例不低于 15%。

3）预计市值不低于人民币 20 亿元，最近一年营业收入不低于人民币 3 亿元，且最近三年经营活动产生的现金流量净额累计不低于人民币 1 亿元。

4）预计市值不低于人民币 30 亿元，且最近一年营业收入不低于人民币 3 亿元。

[一] 资料来源：上交所官网"关于发布《上海证券交易所科创板股票上市规则（2020 年 12 月修订）》的通知"。

5）预计市值不低于人民币 40 亿元，主要业务或产品需经国家有关部门批准，市场空间大，目前已取得阶段性成果。医药行业企业需至少有一项核心产品获准开展二期临床试验，其他符合科创板定位的企业需具备明显的技术优势并满足相应条件。

申报科创板的企业仅在使用第一套上市指标时有净利润要求，取净利润指标要求的上限为，满足最近两年连续盈利，且最近两年净利润累计不低于 5000 万元。

（3）创业板 IPO 的财务指标

根据《深圳证券交易所创业板股票上市规则（2020 年 12 月修订）》，除红筹企业及存在表决权差异安排的企业等情况外，拟 IPO 企业应当至少符合下列上市标准中的一项[一]。

1）最近两年净利润均为正，且累计净利润不低于人民币 5000 万元。

2）预计市值不低于 10 亿元，最近一年净利润为正且营业收入不低于 1 亿元。

3）预计市值不低于 50 亿元，且最近一年营业收入不低于 3 亿元。

申报创业板的企业在使用前两套上市指标时有净利润要求，取净利润指标的上限为：满足最近两年连续盈利，且最近两年净利润累计不低于 5000 万元。

（4）北交所 IPO 的财务指标

根据《北京证券交易所股票上市规则（试行）》，拟 IPO 企业应当至少符合下列上市标准中的一项[二]。

1）预计市值不低于 2 亿元，最近两年净利润均不低于 1500 万元且加权平均净资产收益率平均不低于 8%，或者最近一年净利润不低于 2500 万元且加权平均净资产收益率不低于 8%。

[一] 资料来源：深交所官网"关于发布《深圳证券交易所创业板股票上市规则（2020 年 12 月修订）》的通知"。

[二] 资料来源：北交所官网"关于发布《北京证券交易所股票上市规则（试行）》的公告"。

2）预计市值不低于4亿元，最近两年营业收入平均不低于1亿元，且最近一年营业收入增长率不低于30%，最近一年经营活动产生的现金流量净额为正。

3）预计市值不低于8亿元，最近一年营业收入不低于2亿元，最近两年研发投入合计占最近两年营业收入合计比例不低于8%。

4）预计市值不低于15亿元，最近两年研发投入合计不低于5000万元。

申报北交所的企业在使用第一套上市指标时有净利润要求，与其他板块不同的是，北交所还增加了对加权平均净资产收益率的要求。而仅从净利润指标来看，北交所的要求分为两种情况，即满足最近两年连续盈利，且每年净利润均不低于1500万元；或满足最近一年盈利，净利润不低于2500万元。

2. 全面实行股票发行注册制制度对企业盈利能力要求的变化

中国证监会及各交易所于2023年2月17日发布全面实行股票发行注册制的主要制度规则，其中仅有主板IPO的财务指标发生了较大变化。

（1）全面实行股票发行注册制制度对主板IPO企业财务指标的影响

2023年2月17日，根据《全面实行股票发行注册制总体实施方案》，按照中国证监会统一部署，上交所发布了《上海证券交易所股票上市规则（2023年2月修订）》，深交所发布了《深圳证券交易所股票上市规则（2023年修订）》。两家交易所就主板上市的股票及其衍生品种的上市、信息披露、停复牌、退市等事宜进行了规定。

两家交易所本次制定的市值及财务指标完全一致，具体要求如下所示。

境内发行人申请在本所上市，市值及财务指标应当至少符合下列标准中的一项。

1）最近3年净利润均为正，且最近3年净利润累计不低于1.5亿元，最近一年净利润不低于6000万元，最近3年经营活动产生的现金流量净额累计不低于1亿元或营业收入累计不低于10亿元。

2）预计市值不低于 50 亿元，且最近一年净利润为正，最近一年营业收入不低于 6 亿元，最近 3 年经营活动产生的现金流量净额累计不低于 1.5 亿元。

3）预计市值不低于 80 亿元，且最近一年净利润为正，最近一年营业收入不低于 8 亿元。

主板注册制的 IPO 案例仍需一段时间方才能够具备统计特征，但从净利润指标的维度来看，主板对于拟 IPO 企业盈利能力的要求有所提高。取净利润指标要求的上限为：3 年连续盈利，累计净利润不低于 1.5 亿元，且最近 1 年净利润不低于 6000 万元。

（2）全面注册制改革对科创板 IPO 企业财务指标的影响

2023 年 2 月 17 日，上交所发布了与科创板 IPO 财务指标有关的新规《上海证券交易所股票发行上市审核规则》。该上市审核规则将主板和科创板的审核要求统一到一个文件中，并明确科创板 IPO 企业应当符合《上海证券交易所科创板股票上市规则》等规定的上市条件和标准。

从已发布的规则来看，全面注册制改革对红筹企业及存在表决权差异安排的企业等情况以外的科创板 IPO 企业的财务指标的要求暂无实质性变化。

（3）全面注册制改革对创业板 IPO 企业财务指标的影响

2023 年 2 月 17 日，深交所发布了与创业板 IPO 财务指标有关的新规。其一为《深圳证券交易所股票上市规则（2023 年修订）》，修订优化了盈利上市标准，取消最近一期末不存在未弥补亏损、无形资产占净资产的比例限制等要求，对企业上市条件进行了丰富完善；其二为《深圳证券交易所股票发行上市审核规则》，将主板和创业板的审核要求统一到一个文件中，并明确创业板 IPO 企业应当符合《深圳证券交易所创业板股票上市规则》等规定的上市条件和标准。

从已发布的规则来看，全面注册制改革对除红筹企业及存在表决权差异安排的企业等情况外的创业板 IPO 企业的财务指标的要求暂无实质性变化。

（4）全面注册制改革对北交所 IPO 企业财务指标的影响

2023 年 2 月 17 日，北交所发布实施全面实行股票发行注册制配套业务规则，此次征求意见的新规并未对《北京证券交易所股票上市规则（试行）》做出修订，因此北交所 IPO 企业财务指标暂无实质性变化。

3. 各板块成功 IPO 的企业的净利润水平远高于监管法规要求的上限

在现行法规体系下，每一个上市板块对拟 IPO 企业的净利润水平都有具体要求。在实务中，各板块成功 IPO 的企业的净利润水平都远高于法规要求的上限。

由于数量更多的发行人选择包含净利润指标的上市标准进行 IPO 申报，因此以下统计分析均基于各板块在 2022 年度使用净利润指标完成 IPO 的企业财务数据。

（1）2022 年度在主板完成 IPO 的公司净利润情况

选取 2022 年度在主板完成 IPO 的所有公司，并按 2021 年度归属于母公司股东的净利润情况进行排序（见表 2-3）。

表 2-3　2022 年度在主板完成 IPO 的公司净利润情况

（单位：万元）

序号	证券简称	上市日期	2021 年度归属母公司股东的净利润	序号	证券简称	上市日期	2021 年度归属母公司股东的净利润
1	中国移动	2022-01-05	11,593,700.00	12	金徽股份	2022-02-22	46,289.02
2	中国海油	2022-04-21	7,031,965.69	13	博纳影业	2022-08-18	36,267.80
3	龙源电力	2022-01-24	640,417.90	14	紫燕食品	2022-09-26	32,759.62
4	兰州银行	2022-01-17	156,605.29	15	福元医药	2022-06-30	31,812.09
5	康冠科技	2022-03-18	92,306.73	16	豪鹏科技	2022-09-05	25,388.20
6	首创证券	2022-12-22	85,859.97	17	锡装股份	2022-09-20	22,929.17
7	天新药业	2022-07-12	74,388.67	18	欧克科技	2022-12-12	22,862.58
8	慕思股份	2022-06-23	68,644.30	19	嘉环科技	2022-05-06	21,039.72
9	箭牌家居	2022-10-26	57,714.78	20	兴通股份	2022-03-24	19,908.53
10	尚太科技	2022-12-28	54,347.51	21	智微智能	2022-08-15	19,715.20
11	宁波远洋	2022-12-08	52,060.02	22	五芳斋	2022-08-31	19,365.74

（续）

序号	证券简称	上市日期	2021年度归属母公司股东的净利润	序号	证券简称	上市日期	2021年度归属母公司股东的净利润
23	万控智造	2022-03-10	19,002.11	48	云中马	2022-11-18	12,007.72
24	粤海饲料	2022-02-16	18,772.43	49	比依股份	2022-02-18	11,986.73
25	好上好	2022-10-31	18,648.83	50	鹿山新材	2022-03-25	11,296.40
26	宝立食品	2022-07-15	18,541.31	51	浙江正特	2022-09-19	10,755.80
27	望变电气	2022-04-28	17,814.66	52	可川科技	2022-10-11	10,376.22
28	劲旅环境	2022-07-15	17,702.71	53	美能能源	2022-10-31	10,149.53
29	胜通能源	2022-09-08	17,399.12	54	德明利	2022-07-01	9,816.89
30	永泰运	2022-04-29	16,754.28	55	泰慕士	2022-01-11	9,805.16
31	光华股份	2022-12-08	16,263.39	56	魅视科技	2022-08-08	9,680.90
32	铖昌科技	2022-06-06	15,997.53	57	炜冈科技	2022-12-05	9,619.25
33	南方路机	2022-11-08	15,549.40	58	铭科精技	2022-05-12	9,441.92
34	永顺泰	2022-11-16	14,893.17	59	联合精密	2022-06-30	9,165.98
35	百合股份	2022-01-25	14,803.92	60	拓山重工	2022-06-22	8,625.52
36	邦基科技	2022-10-19	14,582.30	61	楚环科技	2022-07-25	8,421.32
37	立新能源	2022-07-27	14,292.67	62	农心科技	2022-08-19	8,251.48
38	常润股份	2022-07-29	14,215.35	63	晋拓股份	2022-07-25	8,230.45
39	万朗磁塑	2022-01-24	13,983.05	64	合富中国	2022-02-16	8,023.05
40	源飞宠物	2022-08-18	13,682.58	65	弘业期货	2022-08-05	8,021.15
41	阳光乳业	2022-05-20	13,570.40	66	嘉华股份	2022-09-09	7,914.89
42	欧晶科技	2022-09-30	13,342.62	67	江苏华辰	2022-05-12	7,841.66
43	鼎际得	2022-08-18	13,152.13	68	博菲电气	2022-09-30	7,601.01
44	宏英智能	2022-02-28	13,025.72	69	立航科技	2022-03-15	6,981.86
45	润贝航科	2022-06-24	12,928.31	70	联翔股份	2022-05-20	6,704.67
46	三柏硕	2022-10-19	12,850.65	71	利仁科技	2022-08-31	6,590.44
47	圣晖集成	2022-10-13	12,360.38				

资料来源：作者根据wind数据统计，按照净利润金额由大到小排序。

由表2-3可见，2022年度在主板完成IPO的71家企业中，仅有6家企业2021年度的净利润低于8000万元，占比8.45%，而2021年度净利润过亿元的有53家，占比74.65%。

2022年度，主板尚在执行核准制，在主板完成IPO的所有企业的净利润指标都远高于法规中"满足三年连续盈利,且三年净利润累计超过3000万元"的要求。

(2) 2022年度在科创板完成IPO的公司净利润情况

选取2022年度在科创板以第一套上市标准完成IPO的所有公司,并按2021年度归属于母公司股东的净利润情况进行排序(见表2-4)。

表2-4 2022年度科创板以第一套上市标准完成IPO的公司净利润情况

(单位:万元)

序号	证券简称	上市日期	2021年度归属于母公司股东的净利润	序号	证券简称	上市日期	2021年度归属于母公司股东的净利润
1	中微半导	2022-08-05	78,504.79	24	峰岹科技	2022-04-20	13,526.84
2	燕东微	2022-12-16	55,044.50	25	宣泰医药	2022-08-25	13,491.60
3	萤石网络	2022-12-28	45,071.28	26	中触媒	2022-02-16	13,367.16
4	华盛锂电	2022-07-13	42,043.37	27	伟测科技	2022-10-26	13,217.56
5	天德钰	2022-09-27	32,931.85	28	富创精密	2022-10-10	12,649.18
6	中无人机	2022-06-29	29,573.59	29	德科立	2022-08-09	12,644.41
7	中复神鹰	2022-04-06	27,872.04	30	康为世纪	2022-10-25	12,584.74
8	聚和材料	2022-12-09	24,677.61	31	灿瑞科技	2022-10-18	12,500.16
9	必易微	2022-05-26	23,970.42	32	药康生物	2022-04-25	12,492.75
10	华秦科技	2022-03-07	23,316.95	33	英诺特	2022-07-28	12,025.24
11	中科蓝讯	2022-07-15	22,936.26	34	高凌信息	2022-03-15	11,893.02
12	中钢洛耐	2022-06-06	22,430.55	35	麦澜德	2022-08-11	11,838.30
13	纳芯微	2022-04-22	22,373.86	36	佰维存储	2022-12-30	11,657.26
14	丛麟科技	2022-08-25	18,927.76	37	麒麟信安	2022-10-28	11,154.74
15	亚信安全	2022-02-09	17,868.52	38	禾川科技	2022-04-28	11,001.68
16	振华风光	2022-08-26	17,692.43	39	美埃科技	2022-11-18	10,824.49
17	凌云光	2022-07-06	17,186.42	40	莱特光电	2022-03-18	10,794.11
18	帝奥微	2022-08-23	16,503.51	41	哈铁科技	2022-10-12	10,750.71
19	英集芯	2022-04-19	15,827.38	42	昱能科技	2022-06-08	10,292.20
20	安达智能	2022-04-15	15,277.20	43	钜泉科技	2022-09-13	10,139.89
21	近岸蛋白	2022-09-29	14,900.56	44	臻镭科技	2022-01-27	9,884.42
22	恒烁股份	2022-08-29	14,755.99	45	毕得医药	2022-10-11	9,757.30
23	东微半导	2022-02-10	14,690.37	46	思科瑞	2022-07-08	9,706.06

（续）

序号	证券简称	上市日期	2021年度归属于母公司股东的净利润	序号	证券简称	上市日期	2021年度归属于母公司股东的净利润
47	源杰科技	2022-12-21	9,528.78	66	思林杰	2022-03-14	6,603.94
48	赛微微电	2022-04-22	8,921.61	67	仁度生物	2022-03-30	6,461.89
49	德龙激光	2022-04-29	8,771.37	68	斯瑞新材	2022-03-16	6,336.22
50	科捷智能	2022-09-15	8,649.30	69	晶品特装	2022-12-08	6,050.58
51	美腾科技	2022-12-09	8,594.48	70	奥浦迈	2022-09-02	6,039.37
52	帕瓦股份	2022-09-19	8,341.53	71	磁谷科技	2022-09-21	5,975.93
53	邦彦技术	2022-09-23	7,926.84	72	清越科技	2022-12-28	5,908.43
54	创耀科技	2022-01-12	7,868.88	73	浩瀚深度	2022-08-18	5,845.62
55	晶华微	2022-07-29	7,735.15	74	纬德信息	2022-01-27	5,545.20
56	长盈通	2022-12-12	7,658.86	75	和元生物	2022-03-22	5,425.73
57	赛伦生物	2022-03-11	7,648.28	76	耐科装备	2022-11-07	5,312.85
58	景业智能	2022-04-29	7,639.83	77	金橙子	2022-10-26	5,277.76
59	德邦科技	2022-09-19	7,588.59	78	路维光电	2022-08-17	5,230.64
60	三未信安	2022-12-02	7,469.51	79	坤恒顺维	2022-02-15	5,071.60
61	理工导航	2022-03-18	7,307.28	80	永信至诚	2022-10-19	4,707.15
62	观典防务	2022-05-25	7,228.79	81	赛恩斯	2022-11-25	4,462.92
63	超卓航科	2022-07-01	7,073.11	82	菲沃泰	2022-08-02	3,931.56
64	骄成超声	2022-09-27	6,925.16	83	海正生材	2022-08-16	3,527.48
65	井松智能	2022-06-06	6,828.86	84	山外山	2022-12-26	1,947.33

资料来源：作者根据wind数据统计，按照净利润金额由大到小排序。

由表2-4可见，2022年度以第一套上市标准完成IPO的84家企业中，仅有5家企业2021年度的净利润低于5000万元，占比5.95%，而2021年度净利润过亿元的有43家，占比51.19%。

2022年度在科创板完成IPO的所有企业中，94.05%的企业在最后一年净利润指标中已经足以满足法规对净利润指标"最近两年净利润累计不低于5000万元"的上限要求。

（3）2022年度在创业板完成IPO的公司净利润情况

选取2022年度在创业板以第一套及第二套上市标准完成IPO的所有公司，并按2021年度归属于母公司股东的净利润情况进行排序（见表2-5）。

表 2-5 2022 年度创业板以第一套及第二套上市标准完成 IPO 的公司净利润情况

(单位:万元)

序号	证券简称	上市日期	2021年度归属于母公司股东的净利润	序号	证券简称	上市日期	2021年度归属于母公司股东的净利润
1	腾远钴业	2022-03-17	115,019.19	31	熵基科技	2022-08-17	17,092.31
2	江波龙	2022-08-05	101,304.40	32	菲菱科思	2022-05-26	16,886.10
3	软通动力	2022-03-15	94,477.92	33	逸豪新材	2022-09-28	16,284.16
4	大族数控	2022-02-28	69,889.22	34	建科股份	2022-08-31	16,180.33
5	华兰疫苗	2022-02-18	62,097.24	35	新巨丰	2022-09-02	15,720.18
6	瑞泰新材	2022-06-17	60,233.92	36	华新环保	2022-12-16	15,640.98
7	三元生物	2022-02-10	53,541.50	37	中科江南	2022-05-18	15,605.29
8	锐捷网络	2022-11-21	45,775.06	38	维海德	2022-08-10	14,970.82
9	华厦眼科	2022-11-07	45,491.91	39	一博科技	2022-09-26	14,915.86
10	万凯新材	2022-03-29	44,190.44	40	嘉戎技术	2022-04-21	14,866.19
11	军信股份	2022-04-13	43,924.93	41	铭利达	2022-04-07	14,818.21
12	中一科技	2022-04-21	38,139.50	42	青木股份	2022-03-11	14,772.13
13	铜冠铜箔	2022-01-27	36,750.32	43	北路智控	2022-08-01	14,741.58
14	美好医疗	2022-10-12	31,010.14	44	怡和嘉业	2022-11-01	14,568.13
15	星辉环材	2022-01-13	29,206.44	45	华大九天	2022-07-29	13,930.59
16	天振股份	2022-11-14	27,935.03	46	信德新材	2022-09-09	13,768.20
17	华宝新能	2022-09-19	27,930.72	47	珠城科技	2022-12-26	13,719.14
18	易点天下	2022-08-19	25,854.49	48	采纳股份	2022-01-26	13,068.17
19	兆讯传媒	2022-03-28	24,064.14	49	森鹰窗业	2022-09-26	12,845.12
20	鼎泰高科	2022-11-22	23,767.52	50	联动科技	2022-09-22	12,776.47
21	矩阵股份	2022-11-22	21,985.03	51	翰博高新	2022-08-18	12,753.34
22	中荣股份	2022-10-26	21,205.33	52	和顺科技	2022-03-23	12,369.54
23	奕东电子	2022-01-25	20,224.22	53	中亦科技	2022-07-07	12,239.73
24	隆扬电子	2022-10-31	19,767.71	54	翔楼新材	2022-06-06	12,061.39
25	嘉曼服饰	2022-09-09	19,468.62	55	富士莱	2022-03-29	12,020.14
26	冠龙节能	2022-04-11	19,231.44	56	泰恩康	2022-03-29	12,006.59
27	唯科科技	2022-01-11	19,179.73	57	华如科技	2022-06-23	11,807.13
28	通行宝	2022-09-09	18,773.20	58	益客食品	2022-01-18	11,713.53
29	侨源股份	2022-06-14	18,052.50	59	欧圣电气	2022-04-22	11,594.02
30	中科环保	2022-07-08	17,249.70	60	新天地	2022-11-16	11,497.82

（续）

序号	证券简称	上市日期	2021年度归属于母公司股东的净利润	序号	证券简称	上市日期	2021年度归属于母公司股东的净利润
61	智立方	2022-07-11	11,494.64	92	何氏眼科	2022-03-22	8,636.43
62	凯格精机	2022-08-16	11,209.29	93	工大科雅	2022-08-08	8,609.77
63	川宁生物	2022-12-27	11,134.67	94	天力锂能	2022-08-29	8,485.00
64	东星医疗	2022-11-30	11,025.15	95	新特电气	2022-04-19	8,429.42
65	卡莱特	2022-12-01	10,758.71	96	瑞晨环保	2022-10-25	8,272.50
66	天元宠物	2022-11-18	10,743.06	97	唯特偶	2022-09-29	8,231.37
67	万得凯	2022-09-19	10,679.49	98	欣灵电气	2022-11-09	8,214.87
68	元道通信	2022-07-08	10,669.62	99	瑜欣电子	2022-05-24	8,211.94
69	满坤科技	2022-08-10	10,610.75	100	华康医疗	2022-01-28	8,136.15
70	联特科技	2022-09-13	10,589.86	101	瑞德智能	2022-04-12	8,086.86
71	杰创智能	2022-04-20	10,515.15	102	信邦智能	2022-06-29	8,066.95
72	中汽股份	2022-03-08	10,316.70	103	金道科技	2022-04-13	7,955.20
73	华融化学	2022-03-22	10,187.62	104	骏成科技	2022-01-28	7,856.57
74	恩威医药	2022-09-21	10,173.48	105	天益医疗	2022-04-07	7,829.20
75	标榜股份	2022-02-21	10,135.56	106	宇邦新材	2022-06-08	7,728.15
76	紫建电子	2022-08-08	10,071.19	107	招标股份	2022-01-11	7,716.58
77	诚达药业	2022-01-20	10,043.56	108	哈焊华通	2022-03-22	7,691.63
78	金禄电子	2022-08-26	10,028.57	109	远翔新材	2022-08-19	7,687.01
79	维峰电子	2022-09-08	10,018.33	110	慧博云通	2022-10-13	7,650.41
80	昆船智能	2022-11-30	9,982.00	111	泓博医药	2022-11-01	7,357.66
81	诺思格	2022-08-02	9,923.70	112	国缆检测	2022-06-22	7,321.47
82	天山电子	2022-11-01	9,722.71	113	清研环境	2022-04-22	7,101.53
83	捷邦科技	2022-09-21	9,528.32	114	艾布鲁	2022-04-26	7,064.56
84	普瑞眼科	2022-07-05	9,388.93	115	美农生物	2022-06-17	7,055.77
85	佳缘科技	2022-01-17	9,250.09	116	凡拓数创	2022-09-30	7,049.21
86	亚香股份	2022-06-22	9,142.08	117	泰祥股份	2022-08-11	7,040.37
87	通力科技	2022-12-27	9,055.16	118	东田微	2022-05-24	6,914.06
88	浙江恒威	2022-03-09	8,967.46	119	趣睡科技	2022-08-12	6,845.51
89	联盛化学	2022-04-19	8,852.07	120	五洲医疗	2022-07-05	6,839.23
90	宏景科技	2022-11-11	8,814.40	121	众智科技	2022-11-16	6,812.43
91	富乐德	2022-12-30	8,784.62	122	汉仪股份	2022-08-31	6,790.04

（续）

序号	证券简称	上市日期	2021年度归属于母公司股东的净利润	序号	证券简称	上市日期	2021年度归属于母公司股东的净利润
123	联合化学	2022-08-25	6,721.32	137	华是科技	2022-03-07	5,999.76
124	西测测试	2022-07-26	6,701.55	138	唯万密封	2022-09-14	5,964.24
125	鸿铭股份	2022-12-30	6,699.23	139	国能日新	2022-04-29	5,917.58
126	宏德股份	2022-04-19	6,565.77	140	东利机械	2022-06-06	5,876.31
127	盛帮股份	2022-07-06	6,546.47	141	普蕊斯	2022-05-17	5,776.90
128	挖金客	2022-10-25	6,514.81	142	三维天地	2022-01-07	5,519.10
129	快可电子	2022-08-04	6,485.10	143	聚胶股份	2022-09-02	5,477.30
130	聚赛龙	2022-03-14	6,416.92	144	腾亚精工	2022-06-08	5,447.65
131	广立微	2022-08-05	6,374.72	145	星源卓镁	2022-12-15	5,364.56
132	鸿日达	2022-09-28	6,262.41	146	纽泰格	2022-02-22	5,251.30
133	祥明智能	2022-03-25	6,245.50	147	西点药业	2022-02-23	5,201.91
134	德石股份	2022-01-17	6,240.54	148	实朴检测	2022-01-28	5,043.22
135	丰立智能	2022-12-15	6,079.26	149	卓创资讯	2022-10-19	5,000.98
136	东南电子	2022-11-09	6,028.48	150	荣信文化	2022-09-08	4,063.58

资料来源：作者根据 wind 数据统计，按照净利润金额由大到小排序。

由表 2-5 可见，2022 年度以第一套及第二套上市标准完成 IPO 的 150 家企业中，仅有 1 家企业 2021 年度的净利润低于 5000 万元，占比 0.67%，而 2021 年度净利润过亿元的有 79 家，占比 52.67%。

2022 年度在创业板完成 IPO 的所有企业中，99.33% 的企业在最后一年净利润指标中已经足以满足法规对净利润指标"最近两年净利润累计不低于 5000 万元"的上限要求。

（4）2022 年度在北交所完成 IPO 的公司净利润情况

选取 2022 年度在北交所以第一套上市标准完成 IPO 的所有公司，并按 2021 年度归属于母公司股东的净利润情况进行排序（见表 2-6）。

由表 2-6 可见，2022 年度以第一套上市标准完成 IPO 的 81 家企业中，仅有 2 家企业 2021 年度的净利润低于 2500 万元，占比 2.47%，而 2021 年度净利润超过 3000 万元的有 72 家，占比 88.89%。

表 2-6　2022 年度北交所以第一套上市标准完成 IPO 的公司净利润情况

（单位：万元）

序号	证券简称	上市日	2021 年度归属于母公司股东的净利润	序号	证券简称	上市日	2021 年度归属于母公司股东的净利润
1	国航远洋	2022-12-15	36,790.17	31	云里物里	2022-11-29	4,491.70
2	海泰新能	2022-08-08	14,683.03	32	力佳科技	2022-11-25	4,467.57
3	曙光数创	2022-11-18	9,371.97	33	华密新材	2022-12-23	4,420.46
4	华岭股份	2022-10-28	9,012.24	34	浙江大农	2022-12-29	4,413.05
5	奔朗新材	2022-12-20	8,680.04	35	合肥高科	2022-12-22	4,401.28
6	远航精密	2022-11-11	8,433.46	36	雷特科技	2022-12-06	4,322.72
7	三祥科技	2022-12-30	8,100.95	37	科润智控	2022-07-13	4,321.48
8	恒太照明	2022-11-17	7,985.10	38	众诚科技	2022-09-23	4,284.54
9	倍益康	2022-12-01	7,981.03	39	沪江材料	2022-01-18	4,264.72
10	雷神科技	2022-12-23	7,773.43	40	威博液压	2022-01-06	4,222.95
11	硅烷科技	2022-09-28	7,579.99	41	柏星龙	2022-12-14	4,222.00
12	纬达光电	2022-12-27	6,913.08	42	欧康医药	2022-12-09	4,191.62
13	特瑞斯	2022-12-13	6,795.92	43	瑞奇智造	2022-12-26	4,141.44
14	中科美菱	2022-10-18	6,749.35	44	华光源海	2022-12-29	4,123.50
15	绿亨科技	2022-12-09	6,240.84	45	优机股份	2022-06-24	4,116.03
16	晨光电缆	2022-07-12	6,056.68	46	泓禧科技	2022-02-28	4,039.96
17	惠丰钻石	2022-07-18	5,601.22	47	秋乐种业	2022-12-07	4,007.40
18	恒进感应	2022-07-05	5,434.31	48	凯德石英	2022-03-04	3,981.55
19	天马新材	2022-09-27	5,424.65	49	三维股份	2022-08-22	3,972.48
20	海能技术	2022-10-14	5,337.95	50	天纺标	2022-10-31	3,695.24
21	康普化学	2022-12-21	5,095.06	51	方盛股份	2022-11-28	3,650.73
22	基康仪器	2022-12-20	5,038.52	52	格利尔	2022-12-02	3,643.91
23	朗鸿科技	2022-09-01	4,907.82	53	邦德股份	2022-06-02	3,640.52
24	恒立钻具	2022-12-08	4,853.33	54	太湖雪	2022-12-30	3,634.38
25	新芝生物	2022-10-10	4,841.25	55	七丰精工	2022-04-15	3,622.74
26	美登科技	2022-12-28	4,835.95	56	天铭科技	2022-09-02	3,594.30
27	雅葆轩	2022-11-18	4,677.74	57	鑫汇科	2022-05-27	3,547.07
28	克莱特	2022-03-21	4,577.19	58	佳合科技	2022-12-30	3,543.49
29	丰安股份	2022-12-16	4,541.13	59	大禹生物	2022-05-18	3,505.89
30	康比特	2022-12-15	4,540.02	60	春光药装	2022-12-16	3,495.67

（续）

序号	证券简称	上市日	2021年度归属于母公司股东的净利润	序号	证券简称	上市日	2021年度归属于母公司股东的净利润
61	威贸电子	2022-02-23	3,430.58	72	联迪信息	2022-09-02	3,014.27
62	中纺标	2022-09-27	3,421.51	73	新威凌	2022-11-24	2,987.92
63	天润科技	2022-06-17	3,377.25	74	派特尔	2022-07-22	2,941.91
64	汉维科技	2022-12-14	3,294.36	75	慧为智能	2022-11-09	2,881.82
65	则成电子	2022-07-06	3,289.81	76	骏创科技	2022-05-24	2,806.17
66	夜光明	2022-10-27	3,287.49	77	科创新材	2022-05-13	2,650.27
67	泰德股份	2022-06-20	3,137.91	78	亿能电力	2022-10-13	2,632.91
68	九菱科技	2022-12-21	3,117.21	79	灿能电力	2022-06-10	2,560.93
69	昆工科技	2022-09-01	3,095.05	80	荣亿精密	2022-06-09	2,298.62
70	欧普泰	2022-12-12	3,057.91	81	凯华材料	2022-12-22	2,013.73
71	路斯股份	2022-03-11	3,038.78				

资料来源：作者根据wind数据统计，按照净利润金额由大到小排序。

2022年度在北交所上市的所有企业中，97.53%的企业在最后一年净利润指标中已经足以满足法规对净利润指标"最近一年净利润不低于2500万元"的要求。

4. 实务中得来的"358"原则

IPO市场中有一个流传甚久的"358"IPO申报原则，具体是指净利润超过3000万元的企业可申报创业板，净利润超过5000万元的企业可申报中小板，净利润超过8000万元的企业可申报主板。这套指标体系随着深交所中小板和主板的合并似乎已经退出了历史舞台，但从表2-3～表2-6的统计结果中可以看出"358"原则仍然存在，只是净利润水平所对应的板块发生了变化。

具体而言，在2022年度按照净利润指标登陆北交所的企业中，最后一年净利润超过3000万元的企业占比在85%以上；在2022年度按照净利润指标登陆科创板和创业板的企业中，最后一年净利润超过5000万元的企业占比都在94%以上；在2022年度登陆主板的企业中，最后一年净利润超过8000万元的企业占比在90%以上。也就是说，"358"原则虽非官方划定的标准，但却符合数据所表现出的统计特征。

在行业内，券商对此类统计数据的关注度较高，有的券商会根据统计数据呈现出来的特征对 IPO 成功企业进行画像，并以此为参考推断企业申报 IPO 时所需的净利润门槛，而后制定承揽环节的项目筛选标准，例如可将 5000 万元净利润作为最低的项目承揽门槛，或规定低于该指标的 IPO 项目不予立项等。

综合以上信息可知，当前 A 股 IPO 市场中对于发行人业绩的重视程度并没有下降，收入和利润仍是第一指标。具备强科技属性的发行人虽然在财务指标上得到一定的宽待，但这并不意味着监管机构或中介机构放松了对企业盈利能力的关注。而从更高的维度来看，拟 IPO 企业的持续盈利能力和成长性才是其在上市之后支撑股价的基础，并真正起到保护投资者的作用。

二、规范运作是 IPO 申报的底线

企业在 IPO 申报之前要完成有关规范运作的整改。在 IPO 实务中，有些重要性程度相对较低的事项在 IPO 申报前完成整改即可；有些重大不规范事项则需要拟 IPO 企业在提交申报材料的审计截止日前完成规范整改；一些谨慎的中介机构还会要求拟 IPO 企业在报告期最后一年内不再存在内控不合规等行为。

在加强事中事后监管、注重信息披露的大环境下，审核机构对发行人规范运作的关注度大大提高，有时甚至高于对收入、利润指标的关注度。毕竟，未完成合规化改造的企业在上市后爆发风险的概率更大。

中国证监会于 2023 年 2 月 17 日发布了《监管规则适用指引——发行类第 5 号》，该适用指引的第 8 项就是对"部分发行人在提交申报材料的审计截止日前存在财务内控不规范情形"的处理尺度的解释，但在该适用指引中仅列举了对部分首发企业存在转贷行为、票据融资以及与关联方或第三方进行资金拆借等 10 项财务内控不规范情形的处理方式。在实务中，中介机构一般会比照该适用指引的内容对各类不规范情形提出整改方案，以使发行人在提交申报材料的审计截止日前完成规范整改，且在审计截止日后持续符合规范性要求，能够合理保证公司运行效率、合法合规和财务

报告的可靠性，不存在影响发行条件的情形。㊀

如果将 IPO 的过程比作一场 60 分及格的百分制考试，那么收入和利润等盈利指标是加分项，成绩越高越可能通过考试；相应地，规范性存在瑕疵则是扣分项。需要注意的是，若出现重大违法违规事项，则有可能会被扣掉 40 分以上的分数，即"踩红线"的行为会导致一票否决。

（一）重视规范性是审核机制的进步

20 世纪 90 年代以来，国内证券市场监管体系伴随着证券市场的发展逐步搭建起来，在此期间同时出现的，还有层出不穷的上市公司财务造假案例。正是由于众多造假案例的出现，使得监管机构的审核理念和审核实践不断迭代升级。

1. 治标：频发的财务造假案与 2013 年财务大检查

2012 年 8 月 28 日、9 月 14 日、9 月 21 日，中国证监会先后对新大地、万福生科、天能科技涉嫌财务造假等违法违规行为立案稽查。

根据中国证监会最终认定，三个案件中，万福生科以欺骗手段骗取发行核准，在发行上市后违反信息披露义务，数额巨大，其部分违法行为涉嫌构成欺诈发行股票罪和违规披露、不披露重要信息罪，已被依法移送司法机关处理；天能科技、新大地两家公司虽未取得发行核准，但其 IPO 申报材料有虚假记载或重大遗漏，严重扰乱了我国证券市场的监管秩序。

最终，中国证监会于 2013 年 9 月 24 日、9 月 25 日、10 月 15 日分别对万福生科案、天能科技案、新大地案的涉案主体及相关责任人员做出行政处罚决定。㊁

（1）万福生科等财务造假案的基本情况

1）万福生科案（上市成功）

2013 年 9 月 24 日，中国证监会发布《中国证监会行政处罚决定书（万

㊀ 资料来源：中国证监会官网"《监管规则适用指引——发行类第 5 号》"。
㊁ 资料来源：中国证监会官网"证监会对万福生科、天能科技、新大地及相关中介机构违法违规案作出处罚决定"。

福生科（湖南）农业开发股份有限公司、龚永福、严平贵等21名责任人）》。该处罚决定书中披露了万福生科存在的违法事实，"万福生科为了达到公开发行股票并上市条件，由董事长兼总经理龚永福决策，并经财务总监覃学军安排人员执行，2008年至2010年分别虚增销售收入12262万元、14966万元、19074万元，虚增营业利润2851万元、3857万元、4590万元。扣除上述虚增营业利润后，万福生科2008年至2010年扣除非经常性损益的净利润分别为-332万元、-71万元、383万元"。最终，证监会对万福生科的处罚决定为"责令万福生科改正违法行为，给予警告，并处以30万元罚款"。㊀

万福生科并不符合公开发行股票的条件，却以欺骗手段骗取发行核准，性质非常严重。但是，根据2013年5月10日由证监会发布的证监会要闻《证监会通报万福生科涉嫌欺诈发行及相关中介机构违法违规案》，该要闻认为"从目前情况看，根据《证券法》和《深圳证券交易所创业板股票上市规则》的相关规定，万福生科不会触及终止上市的条件"。㊁

这个案例中，中国证监会对各责任方的处罚显得略轻，例如万福生科并未因欺诈发行导致退市，这与当时施行的《中华人民共和国证券法》（简称《证券法》）的处罚标准偏低有关。但是，由于相关责任方的行为还触犯了《中华人民共和国刑法》，最终各相关方都被追究了刑事责任。㊂

2）天能科技案（未上市）

2013年9月25日，中国证监会发布《中国证监会行政处罚决定书（山西天能科技股份有限公司、秦海滨、曾坚强等15名责任人）》。该处罚决定书中披露了天能科技存在的违法违规事实，"天能科技在2011年1-9月财务报告中，虚增收入85,641,025.64元，虚增成本47,489,057.48元，虚增当期利润38,151,968.16元，占当期利润总额53.18%"。

㊀ 资料来源：中国证监会官网"《中国证监会行政处罚决定书（万福生科（湖南）农业开发股份有限公司、龚永福、严平贵等21名责任人）》"。

㊁ 资料来源：中国证监会官网"《证监会通报万福生科涉嫌欺诈发行及相关中介机构违法违规案》"。

㊂ 资料来源：深交所官网"万福生科（湖南）农业开发股份有限公司关于收到《刑事判决书》的公告"。

天能科技申报 IPO 的最后一期财务数据大幅虚增利润的行为未能逃过监管机构的法眼。证监会认为天能科技在首次公开发行股票并上市申报过程中所报送的虚假材料，存在明显的主观故意。最终证监会给予天能科技的处罚决定为"对天能科技给予警告，并处以 60 万元罚款"。○

3）新大地案（未上市）

2013 年 10 月 15 日，中国证监会发布《中国证监会行政处罚决定书（广东新大地生物科技股份有限公司、黄运江、凌梅兰等 16 名责任人）》。该处罚决定书中披露了新大地存在的违法违规事实，"新大地通过多种手段虚增 2011 年利润总额 1,521.07 万元，占当年利润总额的 36.13%；新大地通过多种手段虚增 2010 年利润总额 289.15 万元，占当年利润总额的 10.89%；新大地通过多种手段虚增 2009 年利润总额 251.9 万元，占当年利润总额的 14.87%"。

新大地在 IPO 报告期内持续存在虚增利润的行为同样无法逃过监管机构的审查。证监会认为新大地具有报送、预披露有虚假记载、重大遗漏报告的主观故意，情节十分恶劣，新大地主动撤回首发申请文件的行为，只能表明从形式上看是其自主做出的行为，但并不属于其反省自己的违法行为、为减轻危害后果而主动中止的行为，不具有法定从轻、减轻情节。最终证监会对新大地的处罚决定为"对新大地给予警告，并处以 60 万元罚款"。○

（2）2013 年财务大检查

在财务造假案件频发的大背景下，为了使 IPO 企业及相关中介机构能够严把信息披露质量，坚决遏制虚假信息披露，中国证监会发行监管部、创业板发行监管部以及会计部于 2012 年 12 月 28 日共同发布了《关于做好首次公开发行股票公司 2012 年度财务报告专项检查工作的通知》，该通知的发布代表着"2012 年度财务报告专项检查工作"（即"财务大检查"）

○ 资料来源：中国证监会官网"《中国证监会行政处罚决定书（山西天能科技股份有限公司、秦海滨、曾坚强等 15 名责任人）》"。

○ 资料来源：中国证监会官网"《中国证监会行政处罚决定书（广东新大地生物科技股份有限公司、黄运江、凌梅兰等 16 名责任人）》"。

正式开始。从时间线上来看，这次财务大检查正是发生在万福生科案、天能科技案以及新大地案三个财务造假案案发的当年。

监管机构发起此次财务大检查的初衷是打击恶意造假、信息披露严重失实以及欺诈上市的行为。此次财务大检查还具有更重要的历史意义，即在本次财务大检查之后，相关的自查、核查要求迅速固化在了各中介机构的尽职调查工作流程之中，使拟 IPO 企业与中介机构在 IPO 申报前需完成的核查事项得到了全面细化，各相关方的核查水平得到了全方位提升。

财务大检查提出的具体核查要求为："保荐机构、会计师事务所在开展自查工作时，应重点关注首发公司报告期内收入、盈利是否真实、准确，是否存在粉饰业绩或财务造假等情形，下列事项应予以重点核查：（1）以自我交易的方式实现收入、利润的虚假增长。即首先通过虚构交易（例如，支付往来款项、购买原材料等）将大额资金转出，再将上述资金设法转入发行人客户，最终以销售交易的方式将资金转回；（2）发行人或关联方与其客户或供应商以私下利益交换等方法进行恶意串通以实现收入、盈利的虚假增长。如直销模式下，与客户串通，通过期末集中发货提前确认收入，或放宽信用政策，以更长的信用周期换取收入增加。经销或加盟商模式下，加大经销商或加盟商铺货数量，提前确认收入等；（3）关联方或其他利益相关方代发行人支付成本、费用或者采用无偿或不公允的交易价格向发行人提供经济资源；（4）保荐机构及其关联方、PE 投资机构及其关联方、PE 投资机构的股东或实际控制人控制或投资的其他企业在申报期内最后一年与发行人发生大额交易从而导致发行人在申报期内最后一年收入、利润出现较大幅度增长；（5）利用体外资金支付货款，少计原材料采购数量及金额，虚减当期成本，虚构利润；（6）采用技术手段或其他方法指使关联方或其他法人、自然人冒充互联网或移动互联网客户与发行人（即互联网或移动互联网服务企业）进行交易以实现收入、盈利的虚假增长等；（7）将本应计入当期成本、费用的支出混入存货、在建工程等资产项目的归集和分配过程以达到少计当期成本费用的目的；（8）压低员工薪金，阶段性降低人工成本粉饰业绩；（9）推迟正常经营管理所需费用开支，通过延迟成本费用发生期间，增加利润，粉饰报表；（10）期末对欠款坏账、存货跌价等资产减值可能估计不足；（11）推迟在建工程转固时间或外购固定资产达到预定使用状态时间等，延迟固定资产开始计提折旧时间；（12）其他可能导致公司财务信息披露失真、粉饰业绩或财务造假的情况。保荐机构、会计师事务所应结合发行人具体情况，逐项说明对前述问题的核查程序、核查过程和核查结论，核查过程应明示具体核查人员、核查时间、核查方式、获取证据等相关内容。"㊀

本轮财务大检查结束后，证监会通报了此次IPO财务专项检查开展情况信息，在本次检查过程中，共622家企业提交自查报告，268家企业提交终止审查申请，终止审查数量占此前在审IPO企业数量的30.49%。㊁

2.治本：规范运作底线随着违法成本的上升而提高

在财务大检查之后，监管机构形成了流程化的细颗粒度的核查要求，这些核查要求使得企业财务造假的难度大幅提升。但是，从万福生科等三个财务造假案例来看，对三个造假主体处以30万元至60万元的罚款力度显然不足以形成监管震慑。因此，此阶段的审核机制虽已有重大进步，但仍处于"治标"阶段。

随着各类造假案件的出现，监管法规震慑力不足的问题越来越突出，这些情况促使监管机构不断完善制度建设，以切实提高A股市场的整体规范运作水平。

(1)欣泰电气成为首家因欺诈发行而被强制退市的上市公司

上市公司佳沃食品股份有限公司（股票简称：*ST佳沃，股票代码：300268）的前身是由于欺诈发行而被中国证监会处罚的万福生科。万福生科于2012年9月被立案稽查，于2013年9月被中国证监会行政处罚，但由于当时有效的法律法规对于欺诈发行相关的退市规则尚未明确，因此万福生科并未触及终止上市的条件，但监管机构在此之后很快做出了政策调整。

2014年10月17日，中国证监会发布《关于改革完善并严格实施上市公司退市制度的若干意见》，明确实施重大违法公司强制退市制度，对

㊀ 资料来源：中国证监会官网《关于做好首次公开发行股票公司2012年度财务报告专项检查工作的通知》。

㊁ 资料来源：中国证监会官网"证监会通报IPO财务专项检查开展情况"。

于构成欺诈发行行为的，股票应当在规定时限内终止上市交易。○一

2014年10月19日，为了贯彻落实《关于改革完善并严格实施上市公司退市制度的若干意见》，深交所对《深圳证券交易所股票上市规则》以及《深圳证券交易所创业板股票上市规则》中相关退市规定进行了修订，将"欺诈发行"和"重大信息披露违法"这两种重大违法行为纳入强制退市情形。○二

丹东欣泰电气股份有限公司（简称"欣泰电气"）于2014年1月27日在深交所创业板上市。上市仅1年后，欣泰电气于2015年7月14日发布公告称，"收到中国证券监督管理委员会《调查通知书》（深证调查通字15069号）。因公司涉嫌违反证券法律法规，根据《中华人民共和国证券法》的有关规定，决定对公司立案调查"。○三

经监管机构查明，欣泰电气将包含虚假财务数据的IPO申请文件报送中国证监会并获得中国证监会核准的行为，违反了《证券法》第十三条关于公开发行新股应当符合的条件中"最近三年财务会计文件无虚假记载，无其他重大违法行为"和第二十条第一款"发行人向国务院证券监督管理机构或者国务院授权的部门报送的证券发行申请文件，必须真实、准确、完整"的规定，构成《证券法》第一百八十九条所述"发行人不符合发行条件，以欺骗手段骗取发行核准"的行为。最终中国证监会对欣泰电气的处罚决定为"对欣泰电气责令改正，给予警告，并处以832万元罚款"。○四

欣泰电气欺诈发行行为在受到中国证监会的行政处罚后，深圳证券交易所启动了对其实施的退市程序。根据相关规定，欺诈发行暂停上市后不能恢复上市，并且创业板没有重新上市的制度安排，○五由此，欣泰电气成为

○一 资料来源：中国证监会官网"证监会正式发布《关于改革完善并严格实施上市公司退市制度的若干意见》"。

○二 资料来源：深交所官网"关于发布《深圳证券交易所股票上市规则（2014年修订）》《深圳证券交易所创业板股票上市规则（2014年修订）》的通知"。

○三 资料来源：深交所官网"欣泰电气关于收到中国证券监督管理委员会立案调查通知书的公告（更正版）"。

○四 资料来源：中国证监会官网"中国证监会行政处罚决定书（丹东欣泰电气股份有限公司、温德乙、刘明胜等18名责任人员）"。

○五 资料来源：中国证监会官网"欣泰电气欺诈发行正式做出处罚 启动强制退市程序"。

首家因欺诈发行被强制退市的公司。该案例已成为监管机构加强监管、打开退市通道的重要注脚。

（2）宜华生活科技股份有限公司（简称"宜华生活"）成为首批适用新《证券法》处罚的财务造假案件

新《证券法》指在 2019 年 12 月 28 日由第十三届全国人民代表大会常务委员会第十五次会议第二次修订的版本。新《证券法》对于上市公司违法违规行为的处罚力度较之前版本的《证券法》有大幅度的加强，能够切实提高证券市场违法违规成本，起到强化监管震慑的作用。

2021 年 7 月，证监会通报首批适用新《证券法》的财务造假案件处罚情况，宜华生活案即是其中之一。根据证监会披露的信息，宜华生活多年连续实施重大财务造假，2016 年至 2019 年的 4 年间虚增利润分别占当期披露利润总额的 88.24%、98.67%、192.78% 和 99.37%（按利润总额绝对值计算）。

宜华生活案是首批适用新《证券法》处罚的财务造假案件，因此该案在当时是对上市公司信息披露违法罚款额最高的案件。在该案的告知书中认定，在 2016 至 2019 年 4 年间，宜华生活通过虚构销售业务、虚增销售额等方式虚增利润 27 亿余元；通过伪造银行单据、不记账或虚假记账等方式虚增银行资金 86 亿余元；未按规定披露与关联方资金往来 320 亿余元。最终，证监会对宜华生活出具合计 3980 万元的罚单，对宜华生活处以 600 万元罚款，对实际控制人兼董事长罚款 930 万元并采取终身市场禁入，对主要责任人员处以 250 万元至 450 万元不等的罚款并采取最高 10 年证券市场禁入。

宜华生活案被处以高额罚款，罚款金额远超新《证券法》执行前上限 60 万元的处罚标准。除了罚款金额提高之外，监管机构在新《证券法》颁布后，已构建了行政执法、民事追偿、刑事惩戒的立体追责体系，宜华生活案的责任人员后续或许会继续面临投资者索赔等事项。

在监管机构强化行政执法，严厉打击各种违法违规行为的大背景下，企业的财务造假成本已大幅提升，相关监管政策的震慑作用得以体现。

⊖ 资料来源：中国证监会官网"对十三届全国人大一次会议第 5050 号建议的答复"。

⊜ 资料来源：中国证监会官网"证监会通报首批适用新《证券法》财务造假案件处罚情况"。

（3）康得新、康美药业案发使得大股东资金占用成为 IPO 审核红线

欣泰电气案体现了监管机构对于欺诈发行的零容忍，宜华生活案则显示了新《证券法》对财务造假行为的处罚威力。随着监管政策的不断细化、补全，在发行人财务造假成本大幅提升的同时，中介机构也受到更大的监管威慑，保荐机构和各证券服务机构对 IPO 项目的财务真实性的核查标准都提高到了前所未有的高度，这些改变使得通过虚构业务、伪造收入等以简单粗暴的方式进行造假的行为逐渐销声匿迹。

正是由于财务真实性这一主要矛盾的逐步解决，监管机构得以对规范运作提出更高要求。企业在发展过程中出现不规范行为的原因较多，例如，由于行业发展速度过快，但配套的法律法规和行业规则却相对滞后，有些企业为了迅速占领市场而无视了规范；又或者在相关法规、规则逐步建立后，不合规运作的惯性导致一些企业很难主动回归正轨；此外，部分企业在发展过程中长期处于野蛮生长的状态，导致管理团队对于企业规范运作的认识不足，法不责众的心智模型使其做出侵害公司利益的行为。无论是哪种原因导致的不规范行为，如不纠偏，都会导致企业在 IPO 过程中出现障碍，有时甚至会导致企业在上市之后出现重大风险。

2019 年 1 月，原中小板上市公司康得新复合材料集团股份有限公司（简称"康得新"）未能按时偿付"2018 年度第一期超短期融资券"的本息 10.4 亿元，构成实质违约。但根据康得新曾披露的 2018 年三季报，截至 2018 年 9 月 30 日，康得新账面货币资金为 150.14 亿元。⊖账面有超百亿货币资金却无力偿付 10.4 亿元债券本息的反差，使证券市场对康得新的业绩真实性产生了怀疑，中国证监会迅速决定对康得新涉嫌的信息披露违法行为进行立案调查。⊜

随着监管机构调查的深入，康得新控股股东康得投资集团有限公司占用上市公司资金掏空上市公司的行为迅速浮出水面。中国证监会于 2020 年 9 月 24 日下发了对康得新的行政处罚决定："根据康得投资集团有限公司（以下简称康得集团）与北京银行股份有限公司（以下简称北京银行）

⊖ 资料来源：深交所官网" *ST 康得 关于深交所中小板问询函【2019】第 24 号问询函的回复"。

⊜ 资料来源：中国证监会官网"证监会对康得新等作出处罚及禁入告知"。

西单支行签订的《现金管理业务合作协议》,康得新及其合并财务报表范围内 3 家子公司在北京银行西单支行尾号为 3796、3863、4181、5278 账户(以下简称北京银行账户组)的资金被实时、全额归集到康得集团北京银行西单支行尾号为 3258 的账户。康得新北京银行账户组各年末实际余额为 0。康得新 2015 年至 2018 年年度报告中披露的银行存款余额分别为 9,571,053,025.20 元(其中北京银行账户组余额为 4,599,634,797.29 元)、14,689,542,575.86 元(其中北京银行账户组余额为 6,160,090,359.52 元)、17,781,374,628.03 元(其中北京银行账户组余额为 10,288,447,275.09 元)、14,468,363,032.12 元(其中北京银行账户组余额为 12,209,443,476.52 元)。康得新 2015 年至 2018 年年度报告中披露的银行存款余额存在虚假记载。"此外,康得新于 2015 年 1 月至 2018 年 12 月期间,通过虚构销售业务、虚构采购、生产、研发、产品运输费用等方式,虚增营业收入、营业成本、研发费用和销售费用的财务造假行为同样被查实。⊖

无独有偶,监管机构对康美药业股份有限公司(简称"康美药业")造假案的处罚决定于 2020 年 5 月 13 日下发,康美药业同样存在控股股东及其关联方占用上市公司资金的情况:"2016 年 1 月 1 日至 2018 年 12 月 31 日,康美药业在未经过决策审批或授权程序的情况下,累计向控股股东及其关联方提供非经营性资金 11,619,130,802.74 元用于购买股票、替控股股东及其关联方偿还融资本息、垫付解质押款或支付收购溢价款等用途。"⊜

康得新与康美药业的财务造假案件被合并称为"双康事件",两个案例存在控股股东资金占用的共性问题,暴露了两家上市公司规范运作方面存在的重大缺陷。"双康事件"爆发后,监管机构提高了对控股股东资金占用等问题的重视程度,这种重视很快向前端传递到了 IPO 核查阶段。当前,企业 IPO 申报前都需要开展大规模的银行流水核查,报告期最后一年仍存在大股东资金占用的拟 IPO 企业,可能会因此问题导致无法通过券商内核流程。

⊖ 资料来源:中国证监会官网"中国证监会行政处罚决定书(康得新、钟玉等 13 人)"。
⊜ 资料来源:中国证监会官网"中国证监会行政处罚决定书(康美药业股份有限公司、马兴田、许冬瑾等 22 名责任人员)"。

事实上，发行人的控股股东不能够从发行人处挪用资金并不是新规，而是拟 IPO 企业应早已刻在骨子里的常识，"双康事件"的爆发需要引起各市场参与者的足够警惕。

（二）关于规范运作的整改将"挤压"利润空间

我国资本市场的监管法规体系在与财务造假企业的斗争中不断成熟和完善，现已逐步形成了以现场检查及现场督导为主的"治标"手段；同时形成了基于立体追责制度体系提高企业规范运作底线的"治本"手段。

随着"治标"和"治本"手段的丰富，拟 IPO 企业在筹划 A 股上市过程中所要进行的与规范运作有关的整改工作随之增多。对于拟 IPO 企业而言，在上市前必须要面对的一个现实情况是，关于规范运作的整改将"挤压"企业的利润空间。

1. 增本：规范运作需要花费时间成本和资金成本

如果一个企业自成立以来就能够坚持规范运作，那么其在 IPO 筹备阶段耗费的时间将会远少于其他需整改的企业。但在实务中更为普遍的情况是，企业在 IPO 推进过程中往往需要花费大量时间和资金，对过去经营过程中存在的不规范行为进行整改。

一般情况下，拟 IPO 企业在上市申报前的信息披露程度不高，因此难以统计其为 IPO 花费的规范运作成本。新三板作为非公众公司向资本市场进发的第一步，有着相对较高的信息披露要求，可以使公众看到非公众公司合规化改造的大部分过程，在一定程度上起到了培育企业合规意识的作用。

在新三板体制改革过程中，一些挂牌企业就曾低估了规范运作成本对其挂牌后的影响。2014 年，股转系统开始接受全国范围内企业到新三板市场挂牌的申请，一时间各地方政府纷纷出台诸如现金奖励、退税以及房租减免等刺激政策，以鼓励辖区内企业到新三板挂牌。但是，企业在新三板挂牌后常发现自身的运营成本较挂牌前有大幅增加，且这些增加的成本在日积月累后甚至会超过前期所获得的各类补贴，这部分增加的成本费用即规范运作成本。

事实上，规范运作成本包括了企业以往通过不合法或不合规行为赚取的收入以及节约的费用。一些企业在挂牌前会承接超出自身营业范围的业务，还有一些中小企业为减轻自身运营压力，不缴、少缴或迟缴社保、公积金和税款，有的企业甚至通过体外循环资金的方式降低成本。这些企业由于主观整改意愿不强，并且监督管理部门对于各类不规范行为的查处力度因时而异，也因地而异，导致一些新三板挂牌企业的不规范问题逐渐累积。

但是，新三板挂牌企业是非上市的公众公司，其过往发生的一切不规范事项都会以主动或被动的方式暴露在阳光下。例如，股转公司处罚意见中披露的违规行为会被市场反复提及和审视。

因此，无论是收入端还是成本端的不合规事项，企业在完成挂牌后仍需要花费时间成本和资金成本进行规范。

2. 降效：压力测试下的净利润才是真实净利润

在实务中，审核机构对于某些不规范事项近乎"零容忍"，例如在"双康事件"爆发后，拟IPO企业控股股东在申报前的最后一个会计年度，如仍存在金额重大或性质恶劣的占用发行人资金的行为，将可能影响IPO申报。与之相对的，审核机构阶段性地对某些不规范事项具有一定容忍度，例如某些拟IPO企业在报告期内存在少缴或迟缴社保及公积金的情况，却仍能够通过IPO审核。

需要指出的是，即便是对于有容忍度的事项，监管机构也常会要求发行人和中介机构评估此事项是否会导致发行人不再满足发行条件，发行人和中介机构普遍采取的解决方案是"压力测试"。

以少缴或迟缴社保及公积金的问题为例，该问题在IPO问询环节十分常见，一般的解决方案是先论证发行人已经为"应缴"的全部员工完成缴纳，即完成了人数上的"全覆盖"，但并非足额缴纳；而后进行压力测试，即测算全员足额缴纳对企业净利润的影响；最后由企业实控人出具承担未来被处罚责任的兜底承诺。此处的"压力测试"是指发行人为证明自身造血能力正常，将未足额缴纳的社保和公积金以及滞纳金对净利润的影响数字单独列示，以证明即便在考虑规范运作成本后，企业的净利润仍能符合发行条件。

京北方信息技术股份有限公司（简称"京北方"）成立于 2009 年 12 月，主营业务是向以银行为主的金融机构提供信息技术服务和业务流程外包服务，其核心业务需要大量的员工。截至 2019 年 12 月末，京北方的员工数量达 18,163 人。㊀

京北方属于人员密集型行业，未缴纳社保和公积金的问题十分突出。在京北方 IPO 上会前，审核机构就其员工未缴纳社保及公积金的事项进行了详细问询，并要求其进行压力测试，具体问询问题如下：

报告期各期末，发行人未缴纳社会保险的人数分别为 2196 人、1884 人、646 人、645 人，未缴纳公积金的人数分别为 2253 人、1917 人、659 人、973 人，人数较多。

请发行人说明：（1）报告期内员工"五险一金"缴纳的人数、基数、比例的具体情况，未全部或全额缴纳社保及公积金的原因及合理性；发行人未为部分符合法定条件的员工缴纳社会保险和住房公积金的合法合规性，是否与同行业可比上市公司一致，相关主管部门出具证明文件的依据是否充分，是否可能存在潜在纠纷；（2）部分员工购买新农合能否代替缴纳社保，是否符合用工当地社保缴纳相关规定；（3）报告期内是否存在未按员工实发工资作为缴费基数缴纳社保和公积金的情形，测算报告期内未足额缴纳社保及公积金部分对发行人净利润的影响数，进一步说明应缴未缴社保及公积金的账务处理，是否进行计提，是否符合企业会计准则的相关规定；（4）未全部或全额缴纳社保及公积金是否存在被有权部门行政处罚的风险，如发行人被采取行政处罚，或被有关部门要求按政策全额缴纳社保及公积金，损失及补缴资金的责任承担主体，是否构成重大违法行为。请保荐机构和发行人律师说明核查过程、依据并发表明确核查意见。

鉴于京北方未缴纳社保及公积金的人数较多，审核机构对此表示出了很高的关注度，问询问题层层递进，并明确要求京北方"测算报告期内未足额缴纳社保及公积金部分对发行人净利润的影响数"。

京北方及其中介机构采取常规方式对此问题进行了回复。首先，京北方将数千名未缴纳社保及公积金的人员分出类别，并找出未缴纳社保及公

㊀ 资料来源：深交所官网"京北方 首次公开发行股票招股意向书"。

积金的理由；之后列举了同类型的上市公司在 IPO 期间也曾存在类似的问题，并请地方主管部门出具合法合规证明；最后由控股股东及实际控制人出具承诺承担处罚的兜底承诺函。

在压力测试部分，京北方及其中介机构详细测算了依规缴纳社保及公积金将对公司净利润造成的影响（见表 2-7）。

表 2-7 京北方关于社保及公积金问题的压力测试情况 （单位：万元）

项目	2019 年 1～6 月	2018 年度	2017 年度	2016 年度
社会保险未足额缴纳金额	391.34	685.34	519.83	570.49
住房公积金未足额缴纳金额	114.68	192.85	148.43	87.12
税前合计	506.02	878.19	668.26	657.61
税后合计①	478.28	815.40	613.41	590.48
当期净利润	5,242.57	7,802.92	4,841.50	4,627.11
对当期净利润的影响比例	9.12%	10.45%	12.67%	12.76%
压力测试后的净利润	4,764.29	6,987.52	4,228.09	4,036.63

① 税后合计＝税前合计×（1－所得税费用÷利润总额）。

资料来源：作者根据北京金诚同达律师事务于 2019 年 12 月 19 日为京北方 IPO 出具的补充法律意见书（四）的数据整理。

由表 2-7 可知，如社保及公积金完全依规缴纳，将调减京北方 2018 年度（报告期内最后一个完整会计年度）的净利润 815.40 万元，占当期净利润的影响比例高达 10.45%，绝对金额和相对比例都比较大。京北方经压力测试调减的净利润金额虽较大，但该公司盈利能力较强，经压力测试后的 2018 年年度净利润为 6,987.52 万元，仍能够满足发行条件。㊀

但是，本次压力测试并未完全打消审核机构的疑虑。2020 年 1 月 10 日，中国证监会第十八届发审委 2020 年第 16 次发审委会议审核通过了京北方的首发申请，但会后事项问题除对收入、利润表示关切外，仍包含"报告期内未足额缴纳社保及公积金部分对发行人净利润的影响"的问题。㊁京北方及其中介机构在此阶段的应对十分出色，京北方聘请的天职

㊀ 资料来源：深交所官网"京北方 北京金诚同达律师事务所关于公司首次公开发行人民币普通股股票并上市的补充法律意见书（四）"。

㊁ 资料来源：中国证监会官网"第十八届发审委 2020 年第 16 次会议审核结果公告"。

国际会计师事务所于 2020 年 1 月 18 日火速出具了《京北方 2017 年 1 月 1 日至 2019 年 12 月 31 日财务报表及审计报告》，根据该审计报告，京北方 2019 年度归属于母公司股东的净利润高达 17,469.83 万元，较 2018 年度的 7,802.92 万元增长了一倍有余。㊀ 最终，京北方携大幅提高的净利润数据顺利于 2020 年 5 月完成首发上市。

综合来看，审核机构在京北方的社保及公积金问题上做出了让步，这或许与其盈利能力经受住了严格的压力测试有关。需指出的是，拟 IPO 企业应当选择的正途是逐步完善内部控制制度建设，并在 IPO 申报前完成整改，而非期待审核机构的"让步"。

2022 年 4 月，在京北方披露的 2021 年年度报告中载明，京北方在 2021 年度缴纳了社保滞纳金 12.37 万元，公开信息未披露这些社保滞纳金是否属于实控人承诺的兜底范围，但该滞纳金的产生提示我们，审核机构在 IPO 阶段关注的问题，同时也是企业上市后应当持续关注和整改的事项。㊁

（三）关于规范运作的整改可能会延缓 IPO 推进节奏

在 IPO 实务中，"报告期"是一个极为重要的概念。拟 IPO 企业可将报告期理解为监管制度留给企业完成规范整改的时间，即拟 IPO 企业可在三年时间内完成对过往不规范行为的整改，以满足 IPO 相关法规关于规范运作的要求。

需指出的是，有的不规范事项可以通过整改解决，有的不规范事项却只能等时间。拟 IPO 企业如存在难以整改的不规范事项，将之排除到报告期之外是备选方案之一，但这会导致 IPO 申报的延后。

1. 费力：企业的合规化改造需要耗费大量精力

在 IPO 推进过程中，有的整改事项可以通过加大人力资源投入的方式予以完成，而有的整改事项却有可能持续留在待办事项清单之上，甚至

㊀ 资料来源：深交所官网《京北方 2017 年 1 月 1 日至 2019 年 12 月 31 日财务报表及审计报告》。

㊁ 资料来源：深交所官网"京北方 2021 年年度报告"。

在 IPO 申报前都无法完全解决。在这两种情况下，如果待整改事项不属于"硬伤"问题，一般可通过加大精力投入的方式消除大部分不良影响。

（1）能够全部整改的"费力"事项举例："股权代持解除"

中国证监会于 2021 年 2 月 9 日发布的《监管规则适用指引——关于申请首发上市企业股东信息披露》中要求，"发行人应当真实、准确、完整地披露股东信息，发行人历史沿革中存在股份代持等情形的，应当在提交申请前依法解除，并在招股说明书中披露形成原因、演变情况、解除过程、是否存在纠纷或潜在纠纷等"，即，拟 IPO 企业需将股权代持清理完毕后方能进行申报。

股权代持解除是 IPO 实务中较为普遍的问题，券商和律师事务所等中介机构会拟定成熟的解决方案，发行人只需投入足够的人力和时间即可将该问题顺利解决。股权代持解除的常规步骤是：首先，梳理清楚股权代持的真实形成过程，获得《代持协议》（如有）或情况说明；其次，收集股权代持形成过程中的证据，例如资金收付凭证等；最后，各相关方在真实意思表示的基础上，按照中介机构提供的清单，对曾经缺失的流程性资料进行事后确认和补足。

股权代持解除是企业 IPO 申报前必须完成的重点事项，因此实务中较难见到"带伤上阵"的案例。在一些 IPO 项目的审核过程中，由于发行人的历史沿革相对复杂，审核机构常会针对股权代持问题做出多轮问询，发行人和中介机构一般需要依托完善的核查底稿才能对相关问题做出合理解释，此种类型的案例可以从侧面表明解决股权代持问题的费力程度。

以金冠电气股份有限公司（简称"金冠电气"）科创板 IPO 项目为例，该项目于 2020 年 6 月 18 日被上交所受理，于 2021 年 5 月 18 日注册生效。回顾金冠电气整个 IPO 审核过程时可发现，该公司曾在 2020 年 11 月 23 日被上市委会议暂缓审议，而后在审核机构补充问询后，于 2021 年 1 月 22 日二次上会，并最终经上市委会议审议通过。⊖

经梳理，贯穿金冠电气整个 IPO 审核过程的核心问题即是股权代持解除。金冠电气于 2005 年成立，根据已披露信息，该公司在成立之初就已

⊖ 资料来源：上交所官网科创股票审核板块之项目动态——"金冠电气股份有限公司"。

存在股权代持，公司主要股东光大财务（香港公司）系代 Wilson Sea（曾用名席春迎）持有。

金冠电气的实际控制人由 Wilson Sea 变更为樊崇是审核机构的关注重点，矛盾主要集中在 Wilson Sea 的股权是否真实转让给了樊崇，媒体更是质疑"席春迎是否通过虚假出让金冠电气股权，实现恶意逃废债"？

为了打消监管机构的疑虑，中介机构对于金冠电气股权代持问题进行了极为详细的核查，中介机构通过对相关人员的邮件记录、银行流水及银行回单、财务凭证以及其他历史存档资料等多个维度资料的研究和论证，最终认定金冠电气控制权已实际转让给樊崇，不存在股权代持安排。㊀

仅针对股权代持解除问题，监管层与金冠电气及其聘请的中介机构进行了接近 10 次的问询交互。从最终的审核结果来看，金冠电气论证不存在股权代持的过程虽然"费力"，但最终仍是获得了审核机构的认可。

在金冠电气 IPO 案例中，审核机构历次问询问题的递进逻辑，以及金冠电气和中介机构的回复思路对存在类似问题的拟 IPO 企业具有一定参考意义。

（2）申报前仅能部分整改但不影响 IPO 申报的事项举例："房屋租赁备案"

《中华人民共和国城市房地产管理法》第五十四条规定："房屋租赁，出租人和承租人应当签订书面租赁合同，约定租赁期限、租赁用途、租赁价格、修缮责任等条款，以及双方的其他权利和义务，并向房产管理部门登记备案。"即，拟 IPO 企业承租的房屋如存在尚未向房产管理部门登记备案的情形，则需要在 IPO 申报前完成整改。

2022 年 6 月 22 日，北京全式金生物技术股份有限公司（简称"全式金"）的科创板 IPO 申请被上交所受理，截至 2022 年 12 月 31 日，该项目仍处于在审状态。

在全式金披露的《北京全式金生物技术股份有限公司首次公开发行股票并在科创板上市招股说明书》中，提示了"租赁房屋存在瑕疵的风险"，

㊀ 资料来源：上交所官网"金冠电气 发行人及保荐机构关于第一轮审核问询函的回复（2020 年年报财务数据更新版）"。

并提及"公司租赁的部分房产尚未办理房屋租赁备案手续,未办理房屋租赁备案手续的租赁房产面积占发行人房产租赁总面积的比例为63.04%"。全式金在招股说明书中提示风险,说明其了解房屋租赁需进行备案的法律规定,但该公司在IPO申报前仍有大部分租赁房产未办理备案手续。○

审核机构在首轮问询中询问了前述情况的具体原因及后续整改措施。中伦律师事务所在补充法律意见书中对于该事项的解释为:"发行人后续将与主管部门积极协商,依照主管部门所给意见主动整改,以规避行政处罚风险""发行人正在积极推进出租方办理租赁备案手续"以及"发行人共同实际控制人辛文、黄大卫、范建国出具的关于瑕疵租赁房产的承诺函"。全式金在首轮问询回复中并未提出对该事项的具体整改措施,仅仅论证了租赁房产未办理租赁备案不会对发行人的正常经营造成重大不利影响,提出在发行人受到损失时,由实际控制人进行兜底补偿。○

全式金的案例说明,房屋租赁备案事项未整改完成的情况并未影响企业IPO的申报。但需注意的是,全式金大多数房屋租赁合同未完成备案的情况并不常见,拟IPO企业仍需多花费心力完成对此类不规范事项的整改。

2. 费时:需要"等时间"才能解决的不规范事项

在IPO推进过程中,时间是拟IPO企业最大的成本。常有一些不规范事项无法通过企业和中介机构加大投入的方式解决,而是只能由发行人付出额外的时间。

例如,企业在发展过程中可能存在账外资产、违法分包等违法违规行为,该类事项即便完成整改,相关的证据链也常常并不完整。在这种情况下,中介机构一般会建议拟IPO企业顺延申报报告期,将相关违法违规事项的整改过程排除到报告期之外。此时,拟IPO企业需付出的额外成本就是时间。

拟IPO企业将报告期顺延的事项属于非公开信息,在一般的统计口径

○ 资料来源:上交所官网"《北京全式金生物技术股份有限公司首次公开发行股票并在科创板上市招股说明书》"。

○ 资料来源:上交所官网"北京市中伦律师事务所关于北京全式金生物技术股份有限公司首次公开发行股票并在科创板上市的补充法律意见书(一)"。

中并不会将"等报告期"的时间统计到 IPO 全流程的耗时中,公众因而很难得知拟 IPO 企业为成功上市付出了多少时间成本。但是,一些 IPO 案例或许因触及某些重大问题,导致其在审期间出现报告期大幅顺延的情况,该类型的案例可以为我们提供一些参考。

新三板公司同辉佳视(北京)信息技术股份有限公司(简称"同辉信息")成立于 2008 年 7 月,其主营业务为向金融、展馆、教育、影院、交通、能源、零售等各行业用户提供领先的视觉系统解决方案及商用显示产品销售。同辉信息于 2020 年 5 月 18 日申报新三板精选层,于 2021 年 6 月 28 日获得中国证监会核准。

同辉信息在审期间,审核机构关注的核心问题之一是"资金占用",尤其在第三轮问询中,审核机构将同辉信息资金占用问题描述的非常全面,"2014-2016 年发行人曾存在关联方资金占用的情形。2017 年 10 月 26 日,发行人披露了《关于关联方资金占用情况说明及整改情况报告》,公司实际控制人戴××、崔××签署《关于杜绝关联方资金占用的承诺函》,承诺将严格遵守相关法律法规、《公司章程》及《防范关联方占用公司资金管理制度》,规范公司治理、确保此类事项不再发生,维护公司财产的完整和完全。2019 年,发行人再次出现关联方资金占用情形后,公司控股股东、实际控制人、董事、监事及高级管理人员签署并随公开发行说明书披露了《减少、规范关联交易的承诺》"。

简言之,同辉信息曾在历史上出现过资金占用的违规行为,在整改完成后由公司实控人出具了不再进行资金占用的承诺函。但时隔不久,同辉信息的实控人却又连续多次违反了此前做出的承诺,使得审核机构难以判断其第二次整改后出具的承诺是否具有可信性。

值得一提的是,此次同辉信息申报精选层正值"双康事件"余波未平之时,审核机构对于拟 IPO 企业资金占用的违规行为极为重视,许多拟 IPO 企业因此折戟,同辉信息实控人"踩红线"的行为同样受到了审核机构的额外关注。

审核机构的问询逻辑十分清晰,"同辉信息的实际控制人在公开承诺后依然占用公司资金,如何能够证明其以后不再出现类似情况"?同辉信息的回复思路并没有特别之处,首先承认错误,而后由实际控制人追加新

承诺,同时公司制定更为严格的内部控制制度,包括授权董事会"占用即冻结"机制等。[一]

审核机构和同辉信息在前三轮的审核问询中就资金占用问题进行了多次交互,第三轮问询回复的耗时更是长达232天(见表2-8)。

表2-8 同辉信息资金拆借和占用问题的三轮问询回复用时统计

问询轮次	问询日期	关于资金拆借和占用的问询问题	回复日期	回复用时
一轮问询	2020-05-26	问题1.关于资金占用及承诺履行 问题2.关于关联担保及资金拆借	2020-07-31	66天
二轮问询	2020-08-14	问题2.频繁资金拆借及资金占用规范措施	2020-09-18	35天
三轮问询	2020-09-30	问题1.未履行承诺且多次资金占用 问题2.频繁资金拆借模式下防范资金占用的有效性	2021-05-20	232天
会后意见	2021-05-31	—	2021-06-03	3天

资料来源:作者根据北交所审核项目动态"同辉佳讯(北京)信息技术股份有限公司"的项目详情中披露的历次问询回复进行统计。

由表2-8可见,审核机构每次提出问询的时间分别为8天、14天和12天,同辉信息回复问询的时间分别为66天、35天和232天。同辉信息回答第三轮问询的时间严重超时,但在其完成第三轮问询回复后的第11天就进入到上会审核节点,此后更是在过会后的第28天就拿到了证监会的核准文件。

事后复盘来看,同辉信息首次申报时使用的财务数据报告期是2017年度至2019年度,在经过多轮问询后,同辉信息上会稿的财务数据报告期变成了2018年度至2020年度。从时间线上可以推断,或许是由于同辉信息存在的包括资金占用在内的问题比较严重,因此需要通过报告期延后1年的方式证明其已完成合规化改造(见图2-2)。

[一] 资料来源:北交所官网"同辉信息及申港证券关于第三轮问询的回复"。

第二章 企业 IPO 所需的成功因素 73

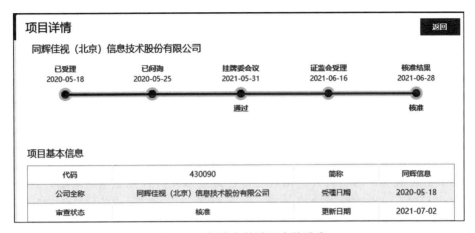

图 2-2 同辉信息精选层审核进度

资料来源：北交所项目审核动态板块，关于同辉信息的项目动态。

同辉信息在审期间没有主动撤回申请材料，审核机构也没有对该公司进行否决，该案例由此成为新三板制度改革过程中的特殊案例。同辉信息用时间换取了空间，从第三轮问询到完成回复的 232 天就是其必须付出的"时间成本"。⊖

第二节 讲人和：求人

IPO 是一场团队作战，只有众人齐心协力方能达成目标。IPO 启动会过后，各路人力资源开始向发行人处汇聚，由合适的人操盘，再辅以内外部相关方的加持，方能决胜。

一、财务总监与董事会秘书代表发行人统筹 IPO 全局

企业的快速发展需要强大的人力资源储备，例如采购、生产、销售以

⊖ 资料来源：北交所官网——审核项目动态板块"同辉佳视（北京）信息技术股份有限公司"项目详情部分披露的全部问询与回复文件。

及研发等重要业务条线需要有合适的高级管理人员负责分管。IPO 属于企业发展到一定阶段后才会触发的事件，但由于该事件时间跨度长、工作量大，因此拟 IPO 企业也需要安排合适的高级管理人员专门负责。一般情况下，代表发行人统筹 IPO 全局的有两个角色，分别是财务总监（CFO）和董事会秘书。一些发行人规模尚小，财务总监和董事会秘书可由 1 人兼任。

如果将企业 IPO 比作建造房子，则企业的盈利能力和规范运作水平就属于地基，是承载一个企业成为上市公司的重要底座；财务总监和董事会秘书是建筑项目的负责人，由其统筹各方资源先行补完地基的缺陷，再协调众人合力建起高楼大厦。

（一）财务总监（首席财务官、CFO）

财务总监是现代公司治理结构中最重要的管理职位之一，其英文全称为 Chief Financial Officer，简写为 CFO。

1. 财务总监是一个管理岗位

在上市公司披露的年度审计报告中，上市公司共有三个角色会在财务报表下方签名，他们分别是法定代表人、主管会计工作负责人以及会计机构负责人。主管会计工作负责人一般指在公司中分管财务工作的高级管理人员，也就是财务总监；会计机构负责人一般指公司中财务部门的负责人，即具体负责财务工作的财务经理。

除了负责分管公司的财务工作外，财务总监还需要从公司发展战略的高度整体把握财务管理、公司治理以及投融资业务，因此仅具备财务管理知识是无法胜任财务总监这一职位的，企业在选聘财务总监时往往并不限于财务相关的学历背景。

2. 财务总监负责搭建规范的财务管理体系

相较于提升财务规范性，企业往往更愿意在研发、营销等方面投入大量资源，因为这些环节能够给企业带来优势概念或短期业绩。但是，财务规范性是企业在 A 股市场发行上市的重要先决条件，许多企业正是因为忽视了这一点才导致无法通过上市审核。

(1)财务总监需组建相对强势的财务部门

一位经验丰富的财务总监是企业完成合规化改造的必需品,但搭建一套完整的、具备 IPO 规范性的财务管理体系却不是财务总监一个人能够完成的,财务总监还需要组建由财务经理、会计以及出纳等人员构成的财务部门。

在构成财务部门的内部人员中,财务经理作为财务总监的重要助手,需要对公司的财务工作了然于胸,能够及时将重要事项向财务总监汇报;会计人员承担了财务部门的大量实质性工作,例如往来会计承担了供销两端的对账工作,成本会计与生产环节产生较多交集等;出纳的工作内容相对具体且独立,一般负责公司的现金收支以及银行结算等工作。

在实务中,财务部门常是弱势部门,即人员较少且不存在冗余,日常工作量已趋于饱和。当企业进入 IPO 阶段后,诸如规范化整改等大量工作都需要财务部门的配合,这将导致财务部门人员不足的问题迅速暴露。因此,财务总监可提前进行人力资源储备,尽快将财务部门打造成为相对强势的部门。

(2)财务总监负责建立并推行财务管理制度

财务总监应以财务部门为基础,结合公司实际业务流程,制定相对完善的财务管理制度,并逐步推动公司实现内部运营规范化。

对于多数处于发展期的企业而言,制度推行的难度远远大于制度建立的难度。例如,即使公司已经对预算管理做出了明确的规定,但收入端对应的销售部门和成本端对应的采购部门及生产部门永远会有摩擦,而这些部门又都会对财务部门牢骚满腹。至于如何统筹协调各方关系,使财务管理制度得以实施,是每个财务总监都必须面对并解决的问题。

事实上,建立和执行财务管理制度可以让企业以最低成本规避低级错误。但是,由于企业从自由化向制度化过渡的过程中总会牺牲短期效率,因此即便是一些规模较大的企业也仍会存在将财务部门定义为单纯的成本中心的固化思维,导致财务总监推行财务管理制度的过程总是困难重重。

(3)财务总监需要在公司内普及规范运作的必要性

在公司内部,财务总监是合规运行理念的布道者,让公司从上到下的全部人员都能认识到规范运作的必要性,是财务总监至关重要的工作职责。以下以拟 IPO 企业使用个人卡结算的不规范行为进行举例，以说明规范运作对拟 IPO 企业的重要性。

《会计基础工作规范》中规定，"出纳人员不得兼管稽核、会计档案保管和收入、费用、债权债务帐目⊖的登记工作"。即，会计和出纳需要分立，这是降低公司财务造假风险的重要方式。一些企业出于资金管理方便或降低税费之目的，将部分资金通过"出纳个人卡"进行归集和支付。但是，此种方式一旦开始使用，因账务处理复杂且勾稽关系不明，会逐步使企业形成"两套账"乃至"多套账"的情况，而当这些企业进入 IPO 阶段时，却又会发现"出纳个人卡"中的收付关系千头万绪，将"两套账"或"多套账"完全清理的难度极大。

在现行的 IPO 核查方式里，现任出纳和报告期内离职的出纳都属于被重点关注的人群，其资金流水都属于中介机构的核查范围。有的拟 IPO 企业对核查要求有一定了解，便刻意避开使用"出纳"的个人卡，转而使用其他人员的个人卡，但这种有意为之的规避行为并不能将所有线索藏起来，武汉新华扬生物股份有限公司（简称"新华扬"）的 IPO 项目就是一个很好的例子。

新华扬是一家应用现代生物技术进行研发、生产和销售生物酶制剂、微生态制剂产品并向客户提供系统解决方案的生物科技企业。该公司于 2021 年 9 月申报上交所科创板，其使用的财务数据报告期为 2018 年度至 2020 年一季度，报告期最后一年（2020 年度）的归属于发行人股东扣除非经常性损益后的净利润为 8,874.34 万元，⊜此次 IPO 申请于 2022 年 6 月底撤回。⊜事实上，新华扬此次 IPO 申请和撤回已属于"三进三出"，其此前分别于 2011 年、2017 年递交创业板上市申请，后均主动撤回，第二次撤回时间为 2018 年 1 月。

使用个人卡结算是萦绕在新华扬头顶的致命问题，在新华扬的第二次 IPO 申报过程中，审核机构就曾关注到该公司存在使用个人卡结算的不规

⊖ "帐"应为"账"，此处为直接引用的法规原文。

⊜ 资料来源：上交所官网"武汉新华扬生物股份有限公司首次公开发行股票并在科创板上市招股说明书"。

⊜ 资料来源：上交所发行上市审核板块之项目动态——"武汉新华扬生物股份有限公司"。

范行为，新华扬在第二次 IPO 申报前方才停用了以财务人员为主的个人卡。但是，在新华扬的第三次 IPO 申报过程中，审核机构发现该公司仍存在使用个人卡结算的不规范行为。具体情况为，新华扬在 2018 年开始的新报告期内开始使用实控人朋友或公司员工的亲属账户重新开设个人卡进行结算。[⊖]

新华扬三次 IPO 尝试的时间跨度超过了十年，但该公司至少在最近五年中仍存在持续使用个人卡进行结算的不规范问题。如果说新华扬在历次 IPO 申报过程中有什么"进步"，或许就是意识到财务人员的个人卡属于重点核查范围，因此转而使用其他人员的个人卡进行结算，但这种"进步"恰恰说明了新华扬在该问题上可能存在主观故意。

新华扬的个人卡问题暴露出了其内控制度形同虚设。根据该公司第三次 IPO 申报的招股说明书，新华扬的财务总监具有美国注册会计师执业资格，既具备四大会计师事务所的从业经验，又具备丰富的实体企业财务部门经验，还曾在上市公司深圳金新农科技股份有限公司任职。财务总监丰富的任职经历足以使其能够识别使用个人卡进行结算的不规范问题，但新华扬依然持续这种低级失误直至报告期末，足以看出财务总监"当家"难度之大，也从侧面说明了新华扬内部管理体系中对于规范运作的漠视。

或许正是由于新华扬没有自上而下认识到规范运作的重要性，其第三次 IPO 申报仍以主动撤回申请材料告终。

3. 财务总监是 IPO 上会的优先人选

在上市委 / 发审委的审核环节，需要拟 IPO 企业派代表参会并回答问题。一般情况下，拟 IPO 企业除董事长外，还会选择一位熟悉公司 IPO 情况的高管参会。

与 IPO 有关的问询问题常集中在财务、法律和业务三个维度。涉及财务维度的问题往往宽泛且复杂，并且有可能与法律问题和业务问题形成交叉，一般情况下只有公司的财务总监能够合理应对。企业负责人可以提前环顾自己身周的其他公司高管，判断当前是否已经有了具备 IPO 上会环节"答题能力"的合适人选。

⊖ 资料来源：上交所官网"关于武汉新华扬生物股份有限公司首次公开发行股票并在科创板上市申请文件的第二轮审核问询函回复"。

（二）董事会秘书

《中华人民共和国公司法》（简称《公司法》）第一百二十三条规定："上市公司设董事会秘书，负责公司股东大会和董事会会议的筹备、文件保管以及公司股东资料的管理，办理信息披露事务等事宜。"董事会秘书是在《公司法》中明确规定的上市公司的高级管理人员，在实务中被简称为"董秘"。因董秘是上市公司的必备角色，许多企业在IPO准备期就会聘请专门的董秘负责跟进企业上市相关事宜。需指出的是，上市公司董秘的主要工作内容与信息披露强相关，但这些工作内容在企业成为上市公司之前相对较少，这导致了拟IPO企业董秘和上市公司董秘的工作内容有着天然的阶段性区别，本部分以介绍拟IPO企业董秘为主。

1. 董事会秘书是为上市专设的职位

董事会秘书是已上市公司的必备角色，但对非上市公司而言，一般只有在进入上市准备期的企业才会聘用董事会秘书。相较于以自主培养方式为主的财务总监，企业通过市场化招聘方式招募董秘的情况比较普遍。

从工作内容上来看，财务总监重于对内管理，需要更多的公司内部经验的积累，董秘则是重于对外沟通，所需经验可来源于不同的行业企业，同时，董秘往往更熟悉中介机构和监管机构的话语体系，具有"即来即用"的特质。

（1）董事会秘书负责上市流程管理

在全面注册制之下，不同上市板块的IPO流程是趋同的，但每一家企业的上市之路却又各有不同。因此，拟IPO企业需要的是一位既了解上市常规流程，又具备较强的应变能力，善于应对特殊情况的董事会秘书。

具体来说，拟IPO企业的董秘应至少具备以下针对IPO事项推进的能力。

1）法规层面：对IPO相关的法律法规体系有着清晰的理解和认识，知道最新的监管政策在哪里查询或向谁索取。

2）审核趋势和节奏：及时了解最新的监管问答和窗口指导意见，关注竞争对手以及本公司上下游企业的IPO进展情况。

3）能够识别中介机构的胜任能力：了解IPO执行团队中各个角色的

工作任务和工作节奏，理解上市推进过程中每一个里程碑节点的重要意义，能够客观评价中介机构的胜任能力。

同时，由于董事会秘书重于对外沟通的角色特点，一般还需要具备较强的协调能力，以确保在同各方博弈的过程中，本公司的 IPO 前进方向不发生偏移。

（2）董事会秘书与财务总监共同传递规范运作理念

企业在成为上市公司之后才会由证券事务部专门负责信息披露工作，董事会秘书即是分管证券事务部的高级管理人员。按照现行的 IPO 审核要求，拟 IPO 企业在上市前已需要按照上市公司的标准进行规范运作，但与上市后相比，拟 IPO 企业在信息披露环节受到的约束相对较少。

各交易所对于上市公司信息披露的监管要求很高，如果拟 IPO 企业的规范运作基础不扎实，在其上市后就非常有可能发生信息披露不合规的情况，进而使上市公司和相关责任人员受到交易所的自律措施监管，董事会秘书一般都是被监管处罚的对象之一。因此，董事会秘书有动力将规范运作理念传递给公司各个部门，在企业 IPO 推进阶段，董事会秘书与财务总监的诉求一致，是相互协力传递规范运作理念的重要支撑。

（3）董事会秘书负责打造证券事务人才梯队

一般而言，拟 IPO 企业从上市路演开始，有关信息披露的工作就完全由证券事务部独立负责。因此，董事会秘书应把握住 IPO 阶段合规化改造的契机，在有中介机构的专业人员辅导期间，建设好内部的证券事务人才梯队。

在有些上市公司中，由于董秘精力有限且证券事务部人手不足，导致企业在上市初期难以做到不出纰漏。此种情况下，董事会秘书还应具备向外求助的能力，例如聘请被称为"外部董事会办公室"的专业信息披露服务机构，以协助企业在上市之初及时履行信息披露义务。

2. 拟 IPO 企业可选择聘请"职业董秘"

董事会秘书不属于非上市企业的常设职位，并且拟 IPO 企业董秘的工作内容与上市公司董秘的工作内容有较大不同，两者之间的复用性不强，这些因素使得拟 IPO 企业在启动发行上市时有较强的外聘董秘需求，这些需求促进了职业董秘群体的诞生。

在企业上市过程中，证券事务代表作为董秘的助手，是许多具体工作任务的执行者，同时证券事务代表同样需通过交易所组织的资格考试，取得交易所颁发的"董事会秘书资格证书"，因此，实务中的部分董秘由证券事务代表逐步成长而来。此外，由于董秘职业路线相对明确，越来越多的投行从业人员（含保荐代表人）、注册会计师以及律师开始向证券事务代表或董秘的职业路线转化，使得职业董秘的群体日渐壮大。

职业董秘属于职业经理人路线，一般以获取拟 IPO 企业上市前的股权激励和较高的现金报酬为目标。拟 IPO 企业可通过自主招聘或猎头推荐的方式对外招募合适的人才。在实务中，具备完整 IPO 项目经验的职业董秘最受欢迎。

二、供应商对企业 IPO 的配合度较高，但应注重边界

供应商是拟 IPO 企业天然的业务乙方，双方具有强生态关系，供应商在订单发派、付款节奏等诸多方面会受到拟 IPO 企业的制约。为从拟 IPO 企业身上获取更多订单，大部分供应商在拟 IPO 企业发行上市过程中都会非常配合，它们往往有着较高的询证函回复比例、较高的走访接待率以及较快的尽调资料提供速度，供应商的高配合程度是企业 IPO 推进的重要助力。

但是，正是由于供应商"听话"的特性，供应商和拟 IPO 企业之间更容易发生跨过边界的不合规行为，这些不合规行为往往会成为拟 IPO 企业发行上市过程中的阻力。

（一）供应商在 IPO 核查中的配合度"上不封顶"

首先从信息披露角度来看，在企业首次 IPO 申报时的《招股说明书》中一般仅披露前五大供应商的信息，而随着审核问询的深入，有的企业会逐步扩大披露范围，例如扩展到按照前十大供应商口径进行披露的情况。

在 IPO 实务中，由于存在"合并计算"的要求，使得拟 IPO 企业实际披露的供应商的范围远超前五大或前十大。以创业板为例，《公开发行证券的公司信息披露内容与格式准则第 28 号——创业板公司招股说明书（2020 年修订）》中规定："发行人应披露采购情况和主要供应商，包括：……（二）报告期内各期向前五名供应商合计的采购额占当期采购总额的百分比……受同一实际控制人控制的供应商，应合并计算采购额。"合并计算的披露要求会扩大前五大的涵盖范围，而如果再考虑到报告期内每年的前五大或前十大供应商名单会有区别，拟 IPO 企业最终实际披露的供应商信息可能是远超前十大的。○

再从核查角度来看，中国证券业协会于 2022 年 6 月 17 日发布的《证券业务示范实践第 3 号——保荐人尽职调查》，该文件中专门论述了保荐人对发行人采购情况的核查要求，具体包括"保荐人可以根据发行人的经营特点、供应商集中度、采购地域等综合因素来制定核查范围，原则上要核查报告期各期的前十大供应商或根据发行人具体情况确定的主要供应商。若发行人前十大的供应商占比较低，可扩大核查范围，并保证样本选取的全面性、代表性，覆盖不同类型及不同地域的供应商，其中存在关联关系的重要供应商应进行走访"等。可见，保荐人对于拟 IPO 企业供应商的核查维度较多，已经出现了事实上的泛化，按照不同的维度进行覆盖后，保荐人对供应商的核查覆盖率超过 80% 甚至 90% 是比较常见的情况。○

最后从配合度的角度来看，在常规的商业逻辑里，供应商配合发行人进行 IPO 有关的尽职调查似乎是天经地义的，但实务中又的确存在许多处于"卖方市场"的原材料，掌握这些原材料的供应商对与 IPO 有关的尽职调查的配合度往往不高。而当出现供应商配合度不高的情况时，审核机构和中介机构又会质疑拟 IPO 企业是否对该供应商有重大依赖，是否构成了"卡脖子"的问题。这些质疑会使拟 IPO 企业面临的问题变得更为复杂，因此拟 IPO 企业往往只能加大沟通协调力度，尽可能地说服供应商配合调查。

○ 资料来源：中国证监会官网"【第 31 号公告】《公开发行证券的公司信息披露内容与格式准则第 28 号——创业板公司招股说明书（2020 年修订）》"。

○ 资料来源：中国证券业协会官网《证券业务示范实践第 3 号——保荐人尽职调查》。

综合以上三个角度的信息，我们一般认为供应商在 IPO 核查中的配合度应是"上不封顶"的。因披露要求和核查要求导致信息披露范围出现泛化，当前 IPO 实务中对供应商的核查颗粒度又很细致，这些客观情况导致了供应商工作量的增加。由于供应商配合度高是各方的事先既定预期，因此如果出现配合度不及预期的供应商，就会引发原材料供应存在风险的质疑，在这种循环博弈的逻辑之中，成本相对较低的方式仍是优先说服供应商积极配合，这导致了供应商配合度"上不封顶"的客观结果。

（二）拟 IPO 企业应重视与供应商之间的边界

收入和成本是对拟 IPO 企业净利润水平影响最大的两个因素，因此有些企业会在收入和成本两端做小动作，例如制作虚假合同虚增收入或将自身成本中心包装成供应商等，这些都是监管机构处罚案例中常见的财务造假方式。

经过多年的制度建设和经验积累，监管机构和中介机构在核查财务真实性方面已有着多种成熟方案，例如关注应付账款当期实际支付金额和主要供应商采购金额之间的勾稽关系、核查主要供应商和拟 IPO 企业及其董事、监事、高级管理人员的关联关系以及分析不同报告期采购量的异常波动等。拟 IPO 企业与供应商合作时只有基于独立的、公允的市场定价机制，方才能够坦然应对"是否构成重大依赖""交易价格是否公允"以及"是否存在利益输送"等系列问题。

拟 IPO 企业与供应商合作时应当守住各自边界，一旦与某些不合规事项发生沾染则可能会影响 IPO 顺利推进。以第三方资金周转为例，拟 IPO 企业或许在遇到急切的资金使用需求时，通过配合度较高的供应商进行资金周转，这种典型的越过合规边界的行为是监管机构长期关注的重点。

浙江东方基因生物制品股份有限公司（简称"东方基因"）于 2019 年 5 月申报上交所科创板，于 2019 年 10 月 18 日经上市委会议审议通过，于 2019 年 12 月 31 日注册生效。东方基因在报告期内存在通过有关联关系的供应商和客户进行资金周转的情况，相关不合规行为已完成整改且在首次申报截止日后未再出现相关内控不规范的情形。

在东方基因不足 7 个月的审核周期里共收到 4 轮审核问询，此外在上会前、上会后以及注册前也各有 1 轮问询。其中，审核机构在前 3 轮审核问询中都持续关注了东方基因通过第三方进行资金周转的问题，在注册阶段审核机构也仍继续将该问题作为问询问题，可见交易所和证监会对此问题的高关注度。[⊖]

第三方资金周转是拟 IPO 企业与供应商之间常见的不合规行为，但是，如拟 IPO 企业要求供应商将资金直接转给拟 IPO 企业的控股股东或实际控制人，则会将问题性质转变成更为严重的资金占用。东方基因在不存在资金占用且已提前完成整改的情况下，仍然受到审核机构多轮问询，值得引起所有拟 IPO 企业的重视。

三、合作多于雇用的证券服务机构

在 IPO 的不同阶段，会有若干证券服务机构与拟 IPO 企业产生合作，其中最主要的中介机构需要具备相应的业务资质，例如券商需具备承销保荐资格，会计师事务所、资产评估机构以及律师事务所除需具有本行业执业资格外，还需按照《证券服务机构从事证券服务业务备案管理规定》的要求完成备案等。

需要指出的是，拟 IPO 企业为发行上市所支付的中介机构费用中，大部分金额可以计入最终的 IPO 发行费用，换言之，首发环节认购股份的投资人是大部分中介机构费用的实际支付方。从这个角度来看，中介机构代表的应当是广大投资者的利益，因此，提供 IPO 服务的中介机构具有较强的独立性，拟 IPO 企业同中介机构之间属于合作多于雇用的关系。

（一）提供证券服务的中介机构不是传统的乙方

券商在企业 IPO 过程中的任务为保荐和承销，其中的保荐职责是取"担保"和"推荐"之意。如果券商仅是赚取"推荐"费用的中介机构，

[⊖] 资料来源：上交所发行上市审核板块之项目动态——"浙江东方基因生物制品股份有限公司"。

那么其定位就应当是传统的乙方，但是券商还有一份"担保"的责任，其执业风险也就与拟 IPO 企业的合法合规性产生了强关联。除券商外，会计师事务所和律师事务所在 IPO 业务中承担的责任也早已有"连带"的实质。因此说，提供证券服务业务的中介机构已不再是传统的乙方。

1. 证券服务机构承担连带责任的案例

（1）平安证券设立专项基金赔付万福生科投资者损失

2012 年 9 月 14 日，创业板首家欺诈发行股票的上市公司万福生科被证监会立案稽查，而后证监会于 2013 年 9 月 24 日公布了对万福生科造假案做出的《行政处罚决定书》。

2013 年 5 月 10 日，为先行偿付符合条件的投资者因万福生科虚假陈述事件而遭受的投资损失，平安证券作为万福生科 IPO 的保荐机构及主承销商，出资 3 亿元人民币设立"万福生科虚假陈述事件投资者利益补偿专项基金"，委托中国证券投资者保护基金有限责任公司担任基金管理人，设立网上和网下两种方案与适格投资者实现和解。万福生科投资者利益补偿工作是国内证券市场上首个证券中介机构主动出资先行赔付投资者损失的案例。㊀

（2）欣泰电气 IPO 律师事务所起诉证监会败诉，印证有过错的律师事务所应承担连带赔偿责任

2016 年 7 月 7 日，欣泰电气收到中国证监会《行政处罚决定书》，而后兴业证券正式决定由兴业证券作为出资人，出资人民币 5.5 亿元设立先行赔付专项基金。㊁

因欣泰电气欺诈发行案受到处罚的还有欣泰电气 IPO 申请阶段的法律服务机构北京市东易律师事务所（简称"东易所"），中国证监会于 2017 年 6 月 27 日对东易所下发了处罚决定书，认定该所负有责任并予以处罚。㊂

㊀ 资料来源：中国证监会官网"万福生科案：试水先行赔付 投资者主动维权"。
㊁ 资料来源：上交所官网"兴业证券股份有限公司关于拟设立欣泰电气欺诈发行先行赔付专项基金情况的公告"。
㊂ 资料来源：中国证监会官网"中国证监会行政处罚决定书（北京市东易律师事务所、郭立军、陈燕殊）"。

东易所对证监会的处罚决定不服，起诉至北京市第一中级人民法院，一审败诉后又上诉至北京市高级人民法院，被驳回。法院认定，律师事务所属于证券服务机构，需遵照《证券法》第一百七十三条之规定承担责任。《证券法》的原文为："证券服务机构为证券的发行、上市、交易等证券业务活动制作、出具审计报告、资产评估报告、财务顾问报告、资信评级报告或者法律意见书等文件，应当勤勉尽责，对所依据的文件资料内容的真实性、准确性、完整性进行核查和验证。其制作、出具的文件有虚假记载、误导性陈述或者重大遗漏，给他人造成损失的，应当与发行人、上市公司承担连带赔偿责任，但是能够证明自己没有过错的除外。"①

（3）立信会计师事务所因金亚科技股份有限公司（简称"金亚科技"）证券虚假陈述案承担连带赔偿责任

2018年8月6日，中国证监会发布了针对立信会计师事务所的处罚决定，认定立信会计师事务所在金亚科技涉嫌欺诈发行一案中出具了存在虚假记载的审计报告，中国证监会依据《证券法》对立信会计师事务所进行了行政处罚。②

在中国证监会正式下发处罚意见前，个人投资者徐凯琳向四川省成都市中级人民法院提起诉讼，诉讼请求包括金亚科技赔偿损失以及立信会计师事务所承担连带赔偿责任等，一审判决认定金亚科技应当赔偿损失，立信会计师事务所承担连带赔偿责任。③立信会计师事务所对判决不服，上诉至四川省高级人民法院，被驳回。④

2. 拟IPO企业与证券服务机构间的甲乙方身份模糊化

由前述案例可见，券商、会计师事务所及律师事务所等中介机构通过

---

① 资料来源："北京市东易律师事务所与中国证券监督管理委员会二审行政判决书（2018）京行终4657号"。
② 资料来源：中国证监会官网"中国证监会行政处罚决定书（立信会计师事务所、邹军梅、程进）"。
③ 资料来源："徐凯琳与金亚科技股份有限公司、周旭辉证券虚假陈述责任纠纷一审民事判决书（2018）川01民初1498号"。
④ 资料来源："立信会计师事务所、金亚科技股份有限公司证券虚假陈述责任纠纷二审民事判决书（2020）川民终1236号"。

提供证券服务所获得的收益并没有达到落袋为安的效果。如甲方单位（拟IPO企业）涉嫌欺诈发行等事项，中介机构前期收入被没收的同时还会被追加高额罚款，而更为严重的情况是，中介机构还需要承担对投资者的连带赔偿责任。这种"担保"机制是拟IPO企业与证券服务机构之间甲乙方身份产生模糊化的主要原因。

在IPO推进过程中，随着中介机构尽职调查的深入，会发现拟IPO企业存在越来越多的不规范事项，这些事项的解决或不解决都会给中介机构带来额外的风险。当某些IPO项目执行到一定程度后，存在越多不规范事项的拟IPO企业会越难以在后续合作过程中掌握话语权，因某项整改无法完成而导致IPO项目无法继续推进的情况在实务中很常见。

综合来看，正是由于证券服务机构存在承担巨额赔偿责任的风险，因此各中介机构在尽职调查阶段会严格执行繁杂的实质性核查程序，以确保拟IPO企业能够按要求完成整改，而这或许正是监管机构希望见到的结果。

（二）拟IPO企业与中介机构是相互成全的合作关系

中介机构在承接IPO业务时会担心拟IPO企业存在财务造假的情况，因而会开展全面核查以排除风险。相对应地，拟IPO企业也会担心提供证券服务的中介机构被监管机构处罚，导致对自身IPO的整体进展造成影响。

根据中国证监会于2017年12月7日发布的《发行监管问答——首次公开发行股票申请审核过程中有关中止审查等事项的要求》，发行人的IPO申请被受理后至通过发审会期间，如保荐机构、律师事务所等中介机构以及签字保荐代表人、签字律师等中介机构签字人员如存在某些特定的涉嫌违法违规等事项时，证监会将对该IPO项目以中止审查，恢复审查需要中介机构履行复核程序。㊀

如果拟IPO企业聘请的证券服务机构出现前述问题，其整个IPO流程将由于中止审查而被拉长。如果项目中止的时间刚好卡在财务数据有效

㊀ 资料来源：中国证监会官网《发行监管问答——首次公开发行股票申请审核过程中有关中止审查等事项的要求》。

期期末，则有可能会对 IPO 项目的推进节奏产生更大的影响。南京世和基因生物技术股份有限公司（简称"世和基因"）科创板 IPO 在审期间遇到的中止情况是审核节奏受到影响的典型案例。

世和基因申报科创板 IPO 的时间线如下：

2022 年 5 月 16 日，世和基因科创板 IPO 的申请被受理。

2022 年 6 月 9 日，世和基因首次申报材料被上交所问询。

2022 年 7 月 29 日，因聘请的相关证券服务机构被中国证监会立案调查，世和基因被上交所中止其发行上市审核。

2022 年 9 月 7 日，世和基因聘请的相关证券服务机构已按规定履行复核程序，上交所恢复其发行上市审核。

2022 年 9 月 30 日，世和基因因发行上市申请文件中记载的财务资料已过有效期，需要补充提交，上交所中止其发行上市审核。

世和基因在首次申报后，很快就收到了上交所的问询，但因其聘请的证券服务机构被立案，导致遭遇首次中止，而后刚刚恢复审核，又因财务数据到期而继续中止，是典型的上市节奏受到影响的企业。⊖

世和基因的 IPO 申请于 2022 年 5 月 16 日被上交所受理，通过将与世和基因同一周被受理的合肥顾中科技股份有限公司（简称"顾中科技"）以及嘉兴中润光学科技股份有限公司（简称"中润光学"）的 IPO 审核进展情况整理比对，能够看出世和基因因中止审核导致其在审核节奏上受到的影响（见表 2-9）。

由表 2-9 可见，世和基因是 3 家拟 IPO 企业中最早被受理的，同时也是最早受到问询的。但是，由上交所网站披露的世和基因的项目动态可以看到，2022 年 7 月 29 日，因聘请的相关证券服务机构被中国证监会立案调查，项目审核由此中止；而后相关证券服务机构按规定履行复核程序，上交所于 2022 年 9 月 7 日恢复其发行上市审核，也就是说，世和基因因证券服务机构所涉事项额外经历了 40 天的中止，之后在审核进度上已经明显落后于其他企业。

⊖ 资料来源：上交所发行上市审核板块之项目动态——"南京世和基因生物技术股份有限公司"。

表 2-9 与世和基因、顾中科技以及中润光学的审核进展情况

序号	公司名称	受理日期	中止时长	中止原因	上市委会议日期
1	世和基因	2022-5-16	2022-7-29 至 2022-9-7 共 40 天	证券服务机构被中国证监会立案调查	—
			2022-9-30 至 2022-12-30 共 91 天	财务数据已过有效期	
2	顾中科技	2022-5-19	2022-9-30 至 2022-11-7 共 38 天	财务数据已过有效期	2022-11-18
3	中润光学	2022-5-20	无	—	2022-10-27

注：表格中仅为三家企业截至 2022 年 12 月 31 日的审核情况列示。中润光学已于 2022 年 12 月 6 日注册生效，顾中科技已于 2023 年 2 月 28 日注册生效，世和基因项目截至 2023 年 6 月末仍未上会。

资料来源：上交所发行上市审核板块，关于世和基因、顾中科技以及中润光学的项目动态。

需要补充说明的是，《发行监管问答——首次公开发行股票申请审核过程中有关中止审查等事项的要求》是基于《中国证券监督管理委员会行政许可实施程序规定》等法律法规的有关规定制定的。2023 年 2 月 17 日，中国证监会已对《中国证券监督管理委员会行政许可实施程序规定》进行了修订，删除了证券中介机构被立案调查与业务受理审核挂钩的规定，即减少了企业 IPO 申请被动中止的情况。

中国证监会此次删除了《中国证券监督管理委员会行政许可实施程序规定》中证券公司、证券服务机构及其有关人员被立案调查与业务受理、审核挂钩的规定，以及恢复审查的配套规定。这是由于《证券法》大幅提高了中介机构违法违规的行政责任，并规定了证券特别代表人诉讼制度，提升了追究中介机构民事责任的效率和威慑力。《中华人民共和国刑法修正案（十一）》将保荐人纳入提供虚假证明文件罪和出具证明文件重大失实罪的犯罪主体，中介机构人员在证券发行、重大资产交易活动中出具虚假证明文件的，最高可判处十年有期徒刑。健全有效的中介机构事后责任追究机制逐步完善。

换言之，因为中国证监会加强了对证券中介机构的日常监管和稽查执法工作，因此可以迅速锁定责任主体，使得与责任主体无关的其他 IPO 项

目不至受到影响。这就要求拟 IPO 企业除需具备遴选中介机构的能力外，还需要具备选择中介机构团队的能力，以防止中介机构或中介机构从业人员出现风险事项爆发时影响到本公司的 IPO 推进。同样地，中介机构在承接业务时需秉持专业判断，不做无原则的让步，以防所承接的风险项目影响到本平台的声誉。因此可以说，拟 IPO 企业与中介机构之间是相互成全的合作关系。

（三）拟 IPO 企业与中介机构之间的合作应秉持好聚好散的原则

拟 IPO 企业与中介机构在产生合作前往往是弱联系，因 IPO 启动才产生了交集，而当双方磨合不畅需要解除合作关系时，却可能发现存在一定的现实障碍。实务中较为常见的情况是，双方合作期间相处较好则更容易解除合作关系，而若双方合作期间沟通不畅，则解除合作关系时也会相对困难。

1. 制度原因导致新三板企业与持续督导券商分手不易

股转公司针对中小企业发展相对不成熟、资本需求多元化和个性化等特征，在新三板设立之初就建立了主办券商持续督导机制。㊀

根据全国股转公司于 2021 年 11 月公告修订的《全国中小企业股份转让系统主办券商持续督导工作指引》，在主办券商不再从事推荐业务、挂牌公司股票终止挂牌或双方协商一致且有新的主办券商承接的情况下，方才能够解除持续督导关系。该指引中虽规定了主办券商与企业方单方解除持续督导的条款，但由于达成条件复杂，实务中很难做到，因而实质上造成了一些新三板公司的持续督导券商近乎"终身制"的现象。㊁

北交所于 2021 年 9 月设立，而后主管部门迅速制定了相关业务规则，其中包括了于 2021 年 10 月发布的《北京证券交易所股票上市规则（试行）》。该规则中明确："公开发行并上市的发行人应当聘请在申报时为其提供持续督导服务的主办券商担任保荐机构，主办券商不具有保荐业务资

㊀ 资料来源：股转公司官网"全国股转公司修订主办券商持续督导规则 进一步完善市场特色性制度"。

㊁ 资料来源：股转公司官网"关于发布《全国中小企业股份转让系统主办券商持续督导工作指引》的公告"。

格的，可以由其控股的具有保荐业务资格的子公司担任。"也就是说，如果新三板企业拟申请北交所 IPO，则需聘请持续督导券商担任保荐机构，如拟 IPO 企业希望更换券商，则又会回到必须先与为企业提供持续督导服务的主办券商"协商一致"的循环中。

受限于规则，有些新三板企业为了不耽误 IPO 的启动，选择与新任券商签订创业板或主板辅导协议，并请新任券商提前开展现场工作，同时再并行与原主办券商商讨分手事宜。当拟 IPO 企业与前任券商谈妥分手条件后，再将辅导转回北交所 IPO，但这种操作方式又会使拟 IPO 企业花费许多额外的时间和精力。

2023 年 2 月 17 日，全国股转公司和北交所发布实施全面实行股票发行注册制配套业务规则，暂未对前述规定进行修订。

2. 在申报文件中明示前任券商不重视己方项目

2022 年 6 月 30 日，浙江陀曼智能科技股份有限公司（简称"陀曼智能"）科创板 IPO 的申请被受理；2022 年 7 月 26 日，陀曼智能首次申报材料被上交所问询，上交所网站于 2022 年 9 月 26 日披露了陀曼智能 2022 年半年报财务数据更新后的首次反馈回复；陀曼智能撤回 IPO 申请，此次 IPO 尝试于 2022 年 10 月 31 日终止。[⊖]

在问询阶段，审核机构关注到陀曼智能的前任券商辅导时间较久却并未申报，而新任券商仅用 4 个月时间就完成了申报。就此问题，陀曼智能在问询回复中回顾了与两任券商合作的具体过程。

陀曼智能曾在 2021 年 1 月 12 日与国元证券签订了《浙江陀曼精密机械有限公司与国元证券股份有限公司关于浙江陀曼精密机械有限公司改制辅导及首次公开发行股票并上市之合作框架协议》，而后在 2022 年 3 月 7 日双方签订《浙江陀曼智能科技股份有限公司与国元证券股份有限公司之终止股票发行与上市辅导相关合同的协议》，解除了合作。

本次申报的保荐机构兴业证券则是在 2022 年 2 月才介入，具体时间节点为，2022 年 2 ～ 5 月为尽职调查阶段，2022 年 3 ～ 5 月为项目辅导工作阶段，2022 年 6 月为申报文件制作阶段。

⊖ 资料来源：上交所发行上市审核板块之项目动态——"浙江陀曼智能科技股份有限公司"。

陀曼智能指出，前任券商国元证券未能及时派遣足够的项目人员履行尽职调查及申报程序，根据证券投资部统计的中介机构出勤记录表，前任券商国元证券现场常驻人员仅 2～3 人。陀曼智能认为此种情况不利于公司 IPO 项目整体进度推进，因而决定更换券商。但陀曼智能同时又指出，在国元证券及其他中介机构的辅导下，陀曼智能对曾出现的财务内控不规范事项进行了整改。因此，可以将陀曼智能对国元证券的核心态度总结为"认同其整改工作，但不认同其工作推进进度"。㊀

陀曼智能在申报文件中明示前任券商不重视己方项目的情况虽不是个案，但在 IPO 实务中仍属于较为少见的情况。

3. 拟 IPO 企业与中介机构应提高效率，降低聚散环节时间成本

对拟 IPO 企业而言，不单是更换券商需要付出较大成本，更换会计师事务所或律师事务所同样会使自身遭受损失。如发生更换中介机构的情况，拟 IPO 企业在与前任中介机构合作期间的投入都会瞬间成为沉没成本，并且，为了确认新任中介机构是否胜任，拟 IPO 企业方又需要付出比较大的机会成本。

从另一个角度来看，拟 IPO 企业与中介机构之间强合作而弱雇用的关系本质是造成难以分手的主要原因。可以想象，在陀曼智能的案例里，如果被更换掉的中介机构在有公开发声的必要时，可能会讲出另外一个版本的故事。因此，即便是由于合作期间互不满意而需解除合作关系，双方也应站在减少内耗的角度，提高效率，降低聚散过程中的时间成本。

四、甲方对企业 IPO 配合度较低的情况较为普遍

从监管机构查实的造假案例来看，存在财务造假的企业往往会先从收入端入手。但是，在 IPO 实务中又客观存在着甲方单位对企业 IPO 配合度较低的现实情况。这种矛盾的现象常常导致企业在 IPO 推进过程中难以把握与甲方单位的沟通尺度。

㊀ 资料来源：上交所官网"关于浙江陀曼智能科技股份有限公司首次公开发行股票并在科创板上市申请文件的审核问询函的回复"。

(一) 甲方业务是虚增利润的重灾区

多数企业在融资阶段或 IPO 阶段都有提高业绩表现的强烈诉求，因为高利润水平可使其在资本运作过程中获取更高的"基准分"和对价。因此，一些财务造假企业往往会从收入端启动调节利润的尝试，例如直接伪造合同，或者与甲方的关键人员合谋，通过虚构业务增厚收入。

1. 采取多种虚增收入手段的"香榭丽案"

2021 年 4 月 13 日，证监会下发了针对上市公司广东广州日报传媒股份有限公司（简称"粤传媒"）及其时任总经理和财务总监的行政处罚决定书，该决定书披露了粤传媒所收购的上海香榭丽传媒股份有限公司（简称"香榭丽"）存在的违法行为。

粤传媒收购香榭丽的具体时间线为：2013 年 10 月，粤传媒与香榭丽全体股东签订协议，约定粤传媒以现金和向香榭丽全体股东发行股份相结合的方式购买香榭丽 100% 股份，该事项于 2014 年 5 月获得证监会核准；2014 年 7 月 1 日，粤传媒发布公告《粤传媒北京大成律师事务所关于公司现金及发行股份购买资产之实施情况的法律意见书》及《粤传媒东方花旗证券有限公司关于公司现金及发行股份购买资产实施情况之独立财务顾问核查意见》，指出香榭丽股权已于 2014 年 6 月 17 日完整、合法地过户至粤传媒名下。

由于香榭丽存在持续财务造假，导致粤传媒 2013 年和 2014 年披露的《收购报告书》等文件以及收购完成后披露的粤传媒 2014 年年报、2015 年半年报中包括了收购对象香榭丽的虚假财务情况。最终，粤传媒因披露的上述文件存在虚假记载受到了行政处罚。

该行政处罚决定书中详细披露了香榭丽财务造假的主要手法，具体内容如下。

一是虚构合同，即通过伪造电子章和电子签名制作虚假合同，或通过找客户相关人员配合签名、签章制作假合同，或者使用已经取消的合同来顶替有效合同，或者用合同的扫描件来代替没有签署的正式合同。

二是未实际履行的合同，即通过与广告代理公司签订合同，随后取消合同，但仍将该合同作为实际履行的合同进行财务记账。

三是调整合同折扣，即通过调高合同折扣（合同显示的折扣比实际履行的折扣高），按照合同折扣入账的方式虚增利润。

香榭丽案的处罚结果向公众展示了若干财务造假手段，这些手段有的需要甲方单位或在甲方单位工作的人员的配合，而有的则是直接编造证据，造假方式简单粗暴。○

在全面注册制的 IPO 监管环境下，监管机构和中介机构的核查颗粒度已经可以排除掉大多数类似香榭丽案的财务造假方式。

2. 监管机构重点关注突击确认收入的情形

相较于香榭丽案的简单粗暴，实务中还存在一些相对隐蔽的提高净利润的方式。例如，有的企业为了在 IPO 发行阶段募集更多的资金，因此希望提高报告期最后一年的净利润，此时拟 IPO 企业可能会选择游说甲方单位将部分未来订单前置，以实现突击确认收入。

此种操作可以较为隐蔽地提高拟 IPO 企业在上市发行时的定价基准。但是，这种提前透支拟 IPO 企业的未来盈利能力的方式，本质上仍是一种与甲方合谋的造假行为。因此，审核机构对报告期最后一个季度业绩产生较大波动的情况极度关注，"是否存在突击确认收入"已成为当前审核中常见的问询问题。

例如，科创板上市公司中科微至智能制造科技江苏股份有限公司因存在 2019 年第四季度收入及占比远高于其他年份的情况，在上市委审核阶段被要求说明"是否存在于申报期最后一个年度末采用激进的销售政策或会计核算方式，突击确认收入以改善业绩表现的情形"。○

（二）甲方单位的低配合度提高了中介机构对拟 IPO 企业核查的难度

拟 IPO 企业与甲方单位间的业务真实性是受到监管关注较多的部分，但相对应地，拟 IPO 企业在配合中介机构的尽职调查过程中，获取甲方单

○ 资料来源：中国证监会官网"中国证监会行政处罚决定书（广东广州日报传媒股份有限公司、赵文华、陈广超）"。

○ 资料来源：上交所官网"科创板上市委 2021 年第 32 次审议会议结果公告"。

位出具证明材料的难度往往是非常大的,甲方单位配合度低的原因多种多样,有的甲方单位因自身管理体系较为复杂,导致无法及时顾及发行人的 IPO 需求,而有的甲方单位则可能担心询证函等文件成为被催款的依据。这些现实情况增加了企业 IPO 推进的难度。

此外,由于 IPO 核查要求很高,拟 IPO 企业在请甲方单位配合尽职调查时,往往还需要考虑是否会因此给一些合作关系尚浅的甲方单位造成不便,甚至影响未来的业务合作。

1. 大型的或海外的甲方单位对 IPO 核查的配合度较低

IPO 核查过程中,中介机构为了确保获得的第三方资料真实可靠,会提出加盖第三方单位公司公章的要求,但在实务中,甲方单位提供资料已经不易,甲方单位的公司公章更是经常求而不得。

北京中亦安图科技股份有限公司(简称"中亦科技")在科创板 IPO 过程中曾被多轮问询,审核机构的核心关注点之一即是收入端证据不足,具体情况为,作为中亦科技确认收入关键证据的验收单据存在以客户签字确认为主的情形。

中亦科技为了打消监管机构对此事项的疑虑,专门在问询回复文件中列举了包括银信科技、科蓝软件、汉得信息、美亚柏科及辰安科技等在内的若干家上市公司收入确认的情况,并总结出当客户以金融机构、政府部门及其他领域国有大型企业等为主时,存在较多以客户签字确认的签收单、验收报告等相关收入证明文件进行收入确认的情形。本轮问询回复之后,监管机构未再对此事项进行问询。⊖

在中亦科技总结的金融机构、政府部门及其他领域国有大型企业之外,如甲方属于某些头部互联网企业时,作为服务商之一的中小型拟 IPO 企业往往也没有足够的话语权去获得"大厂"的证明文件。

如将视角扩大至全球范围,由于国外企业的商业惯例与国内有所区别,因而当拟 IPO 企业遵循国内审核规则向国外甲方客户寻求证明文件时,也常会遇到较低配合度的情况。

⊖ 资料来源:深交所官网"关于北京中亦安图科技股份有限公司申请首次公开发行股票并在创业板上市的审核中心意见落实函的回复(2021 年半年报财务数据更新版)"。

2. 一些 IPO 核查事项需要甲方多次配合，导致难度提升

甲方单位的低配合度已大大增加 IPO 核查难度，而一些 IPO 核查事项却可能需要甲方多次配合，相应的取证难度大幅提升。

举例来说，如拟 IPO 企业的收入确认方式涉及使用完工百分比法等分阶段确认收入的情况，则该企业需要在每个财务数据截止日取得甲方单位提供的有关完工进度的证明。

在不考虑财务数据有效期延长的情况下，假设 A 公司以完工百分比法确认收入，其申报 IPO 的报告期是 2018～2020 年度，则 A 公司在 IPO 首次申报时需要甲方单位提供截至 2018 年 12 月 31 日、2019 年 12 月 31 日以及 2020 年 12 月 31 日的工程完工进度。而后随着 2021 年 6 月 30 日的到来，A 公司需要甲方单位再次确认工程完工进度，即 A 公司需要在 1 年内获得 2 次甲方单位的证明文件。

假设同时期申报 IPO 的 B 公司按照 "3 月 31 日 -9 月 30 日 -12 月 31 日 -3 月 31 日" 的节奏更新申报材料，则 B 公司需要甲方单位配合的节奏就会变成 1 年 3 次，B 公司申报时点的变化增加了甲方单位配合的次数，进而提升了外部资料的获取难度（见图 2-3）。

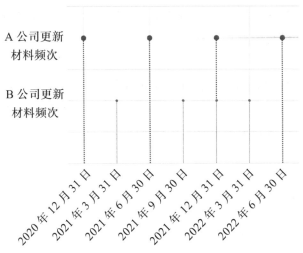

图 2-3　申报时点对外部资料获取频次影响的示意图

注：B 公司在 2021 年末将面临选择，如更换报告期节奏为 "12 月 31 日 -6 月 30 日"，则需在 2022 年 3 月 31 日前完成 2021 年年度财务数据的更新；B 公司也可选择报告期节奏继续为 "3 月 31 日 -9 月 30 日"，此时需要注意的是一季报审计与年度报告审计同时进行。

（三）拟 IPO 企业应坚决拒绝甲方提出的不规范要求

前文曾介绍了东方基因与其供应商之间存在的第三方贷款周转情况，在实务中拟 IPO 企业可能同样会遇到被甲方单位要求作为资金通道的情况。

报告期内，如拟 IPO 企业曾做过某甲方单位的资金通道，则会导致中介机构的核查范围产生泛化，即中介机构可能会要求核查甲方单位相关资金的具体走向，以充分证明相关资金是否存在利益输送等违法违规行为，而这种核查要求一般都会需要核查甲方单位的银行流水。但是，甲方单位在此种情况下的配合意愿往往极低，会使中介机构的核查范围受限，并最终导致中介机构出具无法表示意见的严重后果。

因此，拟 IPO 企业应当时刻牢记规范运作的底线，在与甲方单位的合作过程中合理保障自身权益，切勿因短期利益而断送了自身独立 IPO 的可能性。

第三节　知天时：择时

IPO 是一场马拉松。在距离维度上，马拉松是 42.195 公里的长距离比赛，需要一步步跑完；在时间维度上，马拉松是一项长时间运动，运动员要经历其中的每一分每一秒。

IPO 与马拉松在执行（比赛）过程中有着许多共同点，其中最为重要的是合适的节奏感，只有保持住合适的推进节奏，企业（运动员）才能在全局层面达到合意的效果，好的节奏中蕴含着"慢就是快"以及"先慢后快"的道理，把握住节奏也就是把握住了"天时"。

一、IPO 中的"135"战略模型

战略思维一般指企业家站在全局角度对企业发展过程中所需面对的一些根本性问题做出长远规划的思维过程。在企业进行 IPO 筹划时，同样需要企业家具备基于 IPO 推进的思维模型，这种思维模型的复杂程度虽不及基于企业发展全局的战略思维，但仍可形成一套自治的方法论，我们可将

之称为战略模型。

一些尚处于 A 轮、B 轮融资过程中的企业，喜欢和擅长在商业计划书中描绘其未来 3～5 年内进行 IPO 规划。但实际情况是，这些企业在 5 年后仍无法达到 IPO 门槛要求的概率更大些。更有一些企业在尚未接受证券服务机构辅导时就将融资轮次定义为"pre-IPO 轮"，这些现象都体现了企业对 IPO 时间维度的认知不足。

在 IPO 实务中，基于"135"战略模型做出的上市规划是指，企业家首先需要树立 5 年后成为上市公司的目标，而后推定应该使企业在 3 年后需具备何种条件，最终落脚在当下的第 1 年，确定企业应为启动 IPO 调动哪些资源，以及做哪些重点准备。

（一）以第 5 年末上市为目标倒推企业在第 3 年末应具备的状态

1. 从股份制改造到上市各节点的耗时情况统计

以股份制改造为起点，根据各环节所需花费时间的经验值或统计值，可测算企业在申报前依次完成的工作步骤的耗时情况。

（1）股份制改造

在资料齐备的情况下，从股份制改造首次董事会会议开始，到最终企业完成工商变更，一般需耗时 2 个月左右。

（2）上市辅导

根据中国证监会于 2021 年 9 月 30 日颁布的《首次公开发行股票并上市辅导监管规定》："辅导期自完成辅导备案之日起算，至辅导机构向验收机构提交齐备的辅导验收材料之日截止。辅导期原则上不少于三个月。"㊀即流程顺畅情况下，需 3 个月以上的辅导期。

（3）审核期及发行上市阶段

以 2022 年度完成发行上市的 428 只股票的信息为基础，可统计各板块 IPO 项目在审核期间以及发行上市阶段所耗用的平均时长（见表 2-10）。

㊀ 资料来源：中国证监会官网"【第 23 号公告】《首次公开发行股票并上市辅导监管规定》"。

表 2-10 2022 年度完成发行上市的公司审核阶段及发行上市阶段耗时情况

（单位：天）

板块	审核平均时长	发行上市平均时长	合计
主板	416.31	31.00	447.31
创业板	484.11	51.57	535.68
科创板	301.59	48.46	350.05
北交所	161.62	34.04	195.66
全部板块加权平均	357.44	43.83	401.27

注：统计数据中共 424 家上市公司，剔除了由北交所转至科创板的观典防务技术股份有限公司，由北交所转至创业板的十堰市泰祥实业股份有限公司、翰博高新材料（合肥）股份有限公司；以及通过换股吸收合并内蒙古平庄能源股份有限公司正式登陆深主板的龙源电力集团股份有限公司。最后一列是加权平均，和前面 4 个板块的平均数字没有合计的关系。

资料来源：作者根据 wind 数据统计。

由表 2-10 可知，在 2022 年度完成发行上市的 A 股上市公司中，自监管机构受理至最终发行上市，创业板平均总耗时最久，为 535.68 天，北交所平均总耗时最短，为 195.66 天。总体来看，全部 IPO 项目平均总耗时 401.27 天，向上取整为 14 个月。

2. 结合"报告期"推算企业第 3 年末应具备的状态

综合前述信息，拟 IPO 企业从股份制改造启动至完成发行上市总计需 19 个月左右的时间，如完全按照理想化的推进节奏可推算出股份制改造等事件的启动时点（见图 2-4）。

如图 2-4 所示，如某企业以第 5 年末成为上市公司为目标，则其需要在第 4 年 10 月底之前完成申报，报告期至迟可以是"第 1 年、第 2 年、第 3 年以及第 4 年上半年"的三年一期，股份制改造基准日最迟可选在第 4 年的上半年。前 3 年审定数字以及股份制改造基准日的净资产数字应当最迟在股份制改造启动日前确定。

因此可以得出，拟 IPO 企业在第 3 年末应当具备的状态是，涉及财务数据调整的整改事项已经完成，具备选择股份制改造基准日并以审定净资产为基础启动股份制改造的条件。

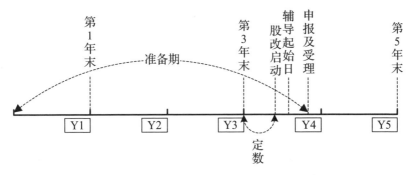

图 2-4 "135"战略模型在 IPO 中应用的示意图

注：示意图中股份制改造启动、辅导起始日等时点以第 5 年末上市为目标倒推而来，即该等时点属于最迟应达成某状态的时点，拟 IPO 企业可视自身盈利能力及规范运作程度规划提前量。

（二）确定当下第 1 年内应做的准备工作

当拟 IPO 企业推算出第 3 年末应当达成的"定数"状态时，IPO 推进节奏似乎一下子变得紧张起来，因为无论如何筹划，第 1 年都会被包括在报告期内，因而当下做出的任何决策都与企业能否如期上市直接相关。

经过对企业 IPO 所需的地利、人和的梳理，拟 IPO 企业已经能够明确在 IPO 报告期内应当达成的业绩指标，能够理解规范运作的重要性；知道如何搭建以财务总监和董事会秘书为主的内部 IPO 团队，并在内部团队的配合下尽快选聘适合的券商、会计师事务所及律师事务所等中介机构；同时，能够理解如何把握拟 IPO 企业同甲方、乙方之间合作的边界。

在这些已知信息的基础上，如何能够明确拟 IPO 企业第 1 年内应当完成的目标，是拟 IPO 企业的新任务。

1. 疗伤计划：选定上市主体

拟 IPO 企业最初与中介机构接触时会收到初步尽职调查的要求，这个过程一般不会很久，短则一两周，长则 1 个月左右。这个阶段是中介机构判断是否进行 IPO 项目承接的关键步骤，其主要工作任务是判断拟 IPO 企业的上市法律主体是否存在无法整改的"硬伤"事项。

（1）IPO 监管法律法规中对规范性的要求

《证券法》对于公司拟首次公开发行新股的情况设定了前置条件，其中有一条是"最近三年财务会计报告被出具无保留意见审计报告"，这一条件至少包含了两层意思，其一是发行新股的主体要成立满 3 年，其二是该主体要满足 IPO 规范运作的要求。

在中国证监会于 2023 年 2 月 17 日发布的《监管规则适用指引——发行类第 5 号》中对于规范运作做出了进一步解释，首次申报审计截止日后，发行人原则上不能存在内控不规范和不能有效执行的情形，以及"发行人已完成整改的，中介机构应结合对此前不规范情形的轻重或影响程度的判断，全面核查、测试，说明测试样本量是否足够支撑其意见，并确认发行人整改后的内控制度是否已合理、正常运行并持续有效，不存在影响发行条件的情形"。⊖

国家法律和证监会法规两个层面都对拟 IPO 企业的规范运作提出了具体要求，《监管规则适用指引——发行类第 5 号》更为具体地介绍了审核机构的标准，即拟 IPO 企业须在报告期内完成规范运作层面的整改。

在《首次公开发行股票注册管理办法》中规定，对于拟在主板上市的企业而言，监管法规还要求拟 IPO 企业最近 3 年内主营业务和董事、高级管理人员没有发生重大不利变化，实际控制人没有发生变更；对于拟在科创板、创业板上市的企业，相应的要求缩短为最近 2 年。

2023 年 2 月 17 日，北交所修订后发布了《北京证券交易所向不特定合格投资者公开发行股票并上市业务规则适用指引第 1 号》，规定"发行人应当保持主营业务、控制权、管理团队的稳定，最近 24 个月内主营业务未发生重大变化；最近 12 个月内曾实施重大资产重组的，在重组实施前发行人应当符合《上市规则》第 2.1.3 条规定的四套标准之一（市值除外）；最近 24 个月内实际控制人未发生变更；最近 24 个月内董事、高级管理人员未发生重大不利变化"。⊜

对于处于"135"战略模型第 1 年的拟 IPO 企业而言，无论是最近 3 年的规范性还是最近 3 年 / 最近 2 年的稳定性都在时间维度上要求拟 IPO

⊖ 资料来源：中国证监会官网《〈监管规则适用指引——发行类第 5 号〉》。

⊜ 资料来源：北交所官网"关于发布《北京证券交易所向不特定合格投资者公开发行股票并上市业务规则适用指引第 1 号》的公告"。

企业尽快判定自己选定的上市主体是否符合要求，以便在"坚持整改"和"另起炉灶"之间做出抉择。

（2）坚持整改

在实务中，许多拟 IPO 企业存在资产体量较重、具备某些生产资质、在手订单滚动执行不易中止以及主要客户的供应商名录较难进入等一种或多种现实情况，导致不宜改变上市主体，坚持整改成为第一选择。

科兴生物制药股份有限公司（简称"科兴制药"）于 2020 年申报科创板 IPO，所使用的报告期是"2017 年度至 2019 年度"，在该公司的历史沿革过程中，2018 年通过业务重组的方式解决同业竞争问题十分关键。

科兴制药在 2018 年 12 月从当时的控股股东正中产业控股集团有限公司收购了深圳科兴药业有限公司的 100% 股权以及深圳同安医药有限公司的 100% 股权（见图 2-5）。

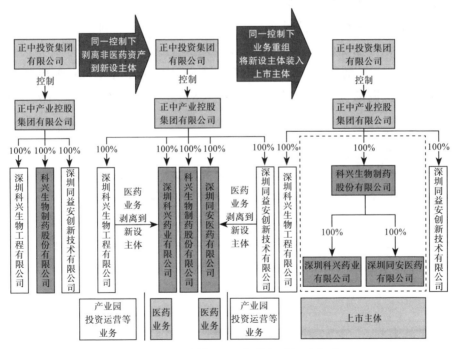

图 2-5　科兴制药 2018 年业务重组示意图

资料来源：科兴生物制药股份有限公司科创板首次公开发行股票招股说明书（注册稿）。

由图 2-5 可见，科兴制药的业务重整分为两步，第一步是将控股股东旗下其他法律主体中从事与拟上市主体相同或相似业务剥离并重整到新设主体中；第二步是由拟上市主体对新设主体进行同一控制下的企业合并。

图示以及文字表述将整个过程概括得较为简要，但科兴制药自 2018 年 3 月设立新的医药板块运营主体到 2018 年 12 月完成业务重组，花费了将近 1 年的时间。由于本次重整在同一控制之下进行，且被重组的业务体量远小于拟上市主体的业务体量，科兴制药的"坚持整改"并未过多影响整个 IPO 进程。⊖

（3）另起炉灶

与"坚持整改"路线相对应的是"另起炉灶"。"另起炉灶"具体指，拟 IPO 企业通过新设法律主体或将其既有业务直接转移到某个新主体中，使得新主体可以迅速满足各板块关于规范运作、主营业务变更，董事、高管以及实际控制人变更的要求。

广州三孚新材料科技股份有限公司（简称"三孚新科"）是一家表面工程专用化学品提供商，主要从事表面工程技术的研究及新型环保表面工程专用化学品的研发、生产和销售。该公司于 2020 年申报科创板 IPO。根据公开披露的资料，三孚新科及其子公司在历史上共经历了两次另起炉灶。

第一次：新设发行上市主体

三孚新科前身三孚有限是由广州市三孚化工有限公司（简称"广州三孚"）于 2009 年 4 月设立的全资子公司。

广州三孚系三孚新科历史股东，设立于 1997 年 6 月，为公司实际控制人上官 ××、瞿 ×× 控制并经营的企业，主营业务与三孚新科相同。

2009 年 4 月，三孚有限成立后，广州三孚逐渐将其资产、业务和人员转移至三孚有限，广州三孚于 2014 年 8 月办理注销登记。⊖

⊖ 资料来源：上交所官网"科兴生物制药股份有限公司首次公开发行股票并在科创板上市招股说明书（注册稿）"。

⊖ 资料来源：上交所官网"广州三孚新材料科技股份有限公司首次公开发行股票并在科创板上市招股说明书（注册稿）"。

第二次：收购新设的交易主体成为子公司

三孚新科收购南京宁美表面技术有限公司（简称"南京宁美"）之前，因考虑到南京宁美可能存在或有债务，于是 2015 年委托了保荐机构和申报会计师对南京宁美进行了尽职调查。

经调查，未发现南京宁美存在未记录在财务账面的隐性债务、担保、税务追索等或有债务情形。但考虑到南京宁美（2004 年设立）存续时间较久，出于谨慎性考虑，中介机构建议新设交易主体——宁美新科，并将南京宁美原有资产和业务装入宁美新科，然后，发行人对宁美新科进行了收购。

南京宁美已于 2017 年 12 月 25 日取得南京市栖霞区市场监督管理局出具的《公司准予注销登记通知书》，注销前已完成了债权债务清算手续。⊖

三孚新科在历史沿革中接连两次采取"另起炉灶"的情况较为罕见，监管机构对此表示了充分的关注，并在审核问询中关注原主体是否存在重大违法行为，是否有对现主体未来经营及业务发展构成重大不利影响等问题。

值得注意的是，三孚新科在 2015 年收购案中即已委托了保荐机构和申报会计师进行尽职调查，可见其启动实质的上市辅导的时间是比较超前的，但即便如此，三孚新科仍经历了首次 IPO 辅导验收不通过的尴尬，⊜这或许能够反映出三孚新科历史上可能存在惯性的不规范问题，因此才会选用"另起炉灶"的方式达到完成整改的目标。

需指出的是，当对拟 IPO 企业原法律主体进行整改已不可行或不经济时，方才需要考虑"另起炉灶"的方式。毕竟，"另起炉灶"是一种相对激烈且成本极高的整改手段。

2. 成长计划：未来 5 年的业绩筹划

处于"135"战略模型第 1 年的拟 IPO 企业应尽早制订属于自己的成长计划。结合当前 IPO 市场的审核进度，拟 IPO 企业至少应当对未来 4 年的业绩情况进行筹划，如为了在上市之后业绩不至于"变脸"，还会需

⊖ 资料来源：上交所官网"关于广州三孚新材料科技股份有限公司首次公开发行股票并在科创板上市发行注册环节反馈意见落实函的回复"。

⊜ 资料来源：中国证监会广东监管局官网"民生证券股份有限公司关于广州三孚新材料科技股份有限公司的辅导工作总结报告"。

要拟 IPO 企业将业绩筹划延长到未来第 5 年。

深圳市宝明科技股份有限公司（简称"宝明科技"）是一家专业从事 LED 背光源的研发、设计、生产和销售以及电容式触摸屏主要工序深加工的企业。该公司于 2017 年 6 月和 2019 年 3 月两次申报 IPO，宝明科技可供查询的财务数据能够追踪到 2014 年，因此我们可将宝明科技 2014 年到 2021 年的净利润数据变化情况进行整理（见图 2-6）。

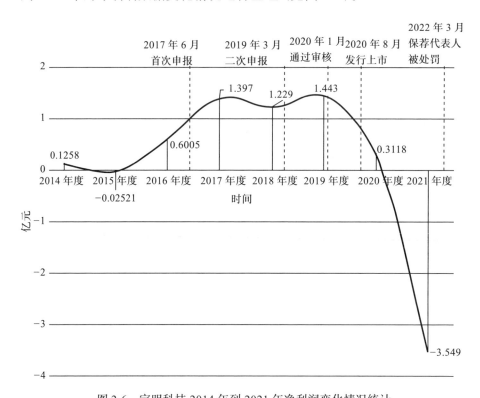

图 2-6　宝明科技 2014 年到 2021 年净利润变化情况统计

注：宝明科技的申报进度信息来源于中国证监会官网，搜索关键字"宝明科技"。
资料来源：作者根据 wind 数据整理绘制。

由图 2-6 可见，宝明科技在 2020 年 8 月发行上市时，所依据的净利润数据是 2014 年度至 2019 年度之间的最大值 1.443 亿元。但是，宝明科技上市之后业绩迅速变脸，触发了"发行人证券发行上市当年营业利润比上年下滑 50% 以上"的情形，导致宝明科技的 IPO 保荐代表人被中国证

监会处罚。○

宝明科技的成长计划仅执行了一半,其上市之后利润持续下滑的情况,已暂时无法为公司股东提供资产增值的渠道,使得上市公司平台的价值大打折扣。

3. 飞跃计划：利用投融资规划实现业绩增长提速

在 IPO 过程中的许多事项是串行的关系,即相关事项有着明确的先后顺序,例如拟 IPO 企业需先改制成为股份制公司后才能进行 IPO 申报。而在 IPO 过程中的一些事项是可以并行的,例如某一轮融资既可以在上市辅导前进行,也可以在上市辅导后进行。

投融资活动能够迅速提升企业的发展速度,使企业从"1 至 10"的发展阶段跨越至"10 至 100"的飞跃阶段。需要注意的是,拟 IPO 企业在报告期内进行的投融资运作都在 IPO 核查范围之内,因此拟 IPO 企业须将投融资计划与 IPO 计划相结合后做出综合判断。

二、企业 IPO 申报需要考虑时间窗口的影响

(一) 政策变化可能导致部分行业企业上市申报受限

当企业严格执行了前期制定的 IPO 规划,且时间也来到了"135"战略模型的第 3 年末,却有可能发现自身所处行业进入了某个板块的"负面清单"或被某项窗口指导意见限制,导致无法顺利完成 IPO 申报。

时间窗口打开与关闭的状态与当时的宏观政策环境关系密切,拟 IPO 企业在做好自身经营的基础上,需要密切关注政策变化,以备窗口再次开启时迅速完成申报。

1. 政策变化对行业企业 IPO 的影响极为深远

（1）房地产行业调控大背景下,房地产行业企业 IPO 数量极少

2010 年 4 月 17 日,国务院办公厅发布《国务院关于坚决遏制部分城市

○ 资料来源：中国证监会官网"关于对唐满云、陈默采取暂不受理与行政许可有关文件 3 个月措施的决定"。

房价过快上涨的通知》(国发〔2010〕10号)(简称"国发10号文"),第(八)条规定:"对存在土地闲置及炒地行为的房地产开发企业,商业银行不得发放新开发项目贷款,证监部门暂停批准其上市、再融资和重大资产重组。"⊖

此次在国务院层面提出对房地产行业的调控政策后,国内IPO市场上就鲜见房地产行业企业的身影了。该通知发布后至2022年末,国内A股市场共有五家IPO公司所属行业为房地产业,其中南都物业、新大正以及特发服务均为以物业管理为主业,新城控股为B股转A股,招商蛇口为"A+B股"转A股,近十年的A股IPO案例中已无传统意义上的房地产公司(见表2-11)。

表2-11 国发10号文发布后至2022年末房地产行业企业在A股完成IPO的情况

序号	股票简称	上市日期	证监会行业	上市板	备注
1	特发服务	2020-12-21	房地产业	创业板	物业管理
2	新大正	2019-12-03	房地产业	主板	物业管理
3	南都物业	2018-02-01	房地产业	主板	物业管理
4	招商蛇口	2015-12-30	房地产业	主板	"A+B股"转A股
5	新城控股	2015-12-04	房地产业	主板	B股转A股

资料来源:作者根据wind数据整理。

(2)"双减政策"限制学科类培训机构资本化运作

2021年7月24日,中共中央办公厅和国务院办公厅印发了《关于进一步减轻义务教育阶段学生作业负担和校外培训负担的意见》,该政策被称为"双减政策",双减政策提及,"学科类培训机构一律不得上市融资,严禁资本化运作"。双减政策发布后,教育行业内的所有企业都暂时丧失了包括IPO在内的资本运作能力。⊖

2. 科创板、创业板以及北交所通过"白名单"或"负面清单"明确自身板块定位

2022年12月30日,上交所修订后发布了《上海证券交易所科创板

⊖ 资料来源:中华人民共和国中央人民政府官方网站"《国务院关于坚决遏制部分城市房价过快上涨的通知》"。

⊖ 资料来源:中华人民共和国中央人民政府官方网站"中共中央办公厅 国务院办公厅印发《关于进一步减轻义务教育阶段学生作业负担和校外培训负担的意见》"。

企业发行上市申报及推荐暂行规定（2022年12月修订）》，本次修订的目标之一即是为了进一步明确科创板定位把握标准，支持和鼓励"硬科技"企业在科创板发行上市。从行业领域上，科创板使用的是"白名单"与"负面清单"相结合的制度，"白名单"要求拟IPO企业应当属于某些行业领域的高新技术产业和战略性新兴产业，具体包括新一代信息技术、高端装备、新材料、新能源、节能环保、生物医药以及符合科创板定位的其他领域；"负面清单"要求拟IPO企业不属于房地产和主要从事金融、投资类业务的企业。[一]

2022年12月30日，深交所修订后发布了《深圳证券交易所创业板企业发行上市申报及推荐暂行规定（2022年修订）》，该规定中明确了原则上不支持属于中国证监会公布的《上市公司行业分类指引（2012年修订）》中部分行业的企业申报在创业板发行上市（即"负面清单一"），但与互联网、大数据、云计算、自动化、人工智能、新能源等新技术、新产业、新业态、新模式（即"四新"）深度融合的创新创业企业除外。"负面清单一"中的相关行业包括"农林牧渔业；采矿业；酒、饮料和精制茶制造业；纺织业；黑色金属冶炼和压延加工业；电力、热力、燃气及水生产和供应业；建筑业；交通运输、仓储和邮政业；住宿和餐饮业；金融业；房地产业；居民服务、修理和其他服务业"。此外，该规定中还明确了"负面清单二"，具体为"禁止产能过剩行业、《产业结构调整指导目录》中的淘汰类行业，以及从事学前教育、学科类培训、类金融业务的企业在创业板发行上市"。[二]

2021年11月12日，北交所制定并发布了《北京证券交易所向不特定合格投资者公开发行股票并上市业务规则适用指引第1号》，在该指引中规定，北交所不支持属于金融业、房地产业企业、属于产能过剩行业（产能过剩行业的认定以国务院主管部门的规定为准）、《产业结构调整指导目录》中规定的淘汰类行业，以及从事学前教育、学科类培训等业务的企业在北交所发行上市，即北交所使用"负面清单"机制对行业企业上市

[一] 资料来源：上交所官网"关于发布《上海证券交易所科创板企业发行上市申报及推荐暂行规定（2022年12月修订）》的通知"。

[二] 资料来源：深交所官网"关于发布《深圳证券交易所创业板企业发行上市申报及推荐暂行规定（2022年修订）》的通知"。

进行监管。[注]

政策变化是天时的一部分，如拉长视角看待近30年证券市场的演变就会发现，某个行业整体遭遇IPO暂停的情况并不鲜见。各注册制板块制定的"白名单"或"负面清单"都是当下政策导向的外在表现形式，拟IPO企业需要提高信息敏感度，时刻关注所属行业的政策变化。

（二）政策变换触发时间窗口的开合

在新政策正式发布之前往往都有一段准备期，身处行业政策变换期的企业如果能够具备一定的预见性和判断力，则有可能提前识别出时间窗口的开合。

1."窗口指导意见"往往是政策正式出台前的实务操作指引

国内资本市场仍处于快速发展期，监管需求更新迭代的速度较快，有些政策因长期存在微调而一直未正式出台，这是实务中出现窗口指导意见等临时性操作指引的主要原因之一。

作为监管机构的补充管理手段，窗口指导意见是一种形象的叫法，指拟IPO企业或中介机构去监管部门的"窗口"咨询时，可以问询得来的实务操作指引。窗口指导意见不属于官方发布的正式规定，相关信息在公开渠道中无处不在却又难以查询到官方出处，有需求的拟IPO企业和中介机构一般通过直接咨询、口口相传或网络信息搜索等方式对现行有效的窗口指导意见进行更新。

拟IPO企业需时刻关注最新的窗口指导意见，防止因信息不对称导致无法按期申报或提交的资料无法按时受理等情况。以招股说明书上中介机构的签字盖章为例，在2010年上市的成都银河磁体股份有限公司（简称"银河磁体"）的招股说明书中，验资机构声明页只有注册会计师签字，同时期其他IPO项目也存在只有签字而无盖章的情况；时间来到2022年，在微导纳米招股说明书的验资机构声明部分，注册会计师除签字之外还加盖了印章，同时期其他IPO项目中仅签字的案例已很少见（见图2-7）。

[注] 资料来源：北交所官网"关于发布《北京证券交易所向不特定合格投资者公开发行股票并上市业务规则适用指引第1号》的公告"。

a）银河磁体　　　　　　　　　　b）微导纳米

图 2-7　银河磁体和微导纳米招股说明书中验资机构声明页的对比图

资料来源：截取自 2010 年银河磁体的招股说明书以及 2022 年微导纳米的招股说明书（注册稿）。

除"签名+盖章"这类细节外，一些专项问题的审核口径同样存在趋严或趋宽的窗口指导意见。但是，由于窗口指导意见的覆盖面非常广，拟 IPO 企业和中介机构往往难以实时掌握全部信息，因此在遇到具体问题时，拟 IPO 企业和中介机构一般会先对最新 IPO 案例进行分析，明确当前审核机构对该类问题的监管导向，而后在持续关注同类型案例的同时择机向监管机构确认是否已存在明确的窗口指导意见。

2. 从征求意见稿到新规发布前的短暂窗口期

除了"非正式"的窗口指导意见外，监管机构会依据市场变化的情况对监管政策进行正式修订。按照惯例，监管机构在政策正式修订颁布前的一段时间都会发布"征求意见稿"进行公开意见征集，监管机构在充分考虑市场意见后，择期公布修订后的新政策。

非上市公司信息披露内容较少，因此较难以案例形式直观体现 IPO 政策修订对企业上市的影响。为显示征求意见稿到新规发布前的时间窗口的重要性，以下以《上市公司重大资产重组管理办法》（简称《重组办法》）的修订对重大资产重组案例的影响进行举例分析，拟 IPO 企业可以此作为上市过程中的参考。

(1)《重组办法》的历次修订过程

2008年4月16日，中国证监会首次发布《上市公司重大资产重组管理办法》。

2011年8月1日，中国证监会发布《关于修改上市公司重大资产重组与配套融资相关规定的决定》。

2014年10月23日，中国证监会重新修订《上市公司重大资产重组管理办法》(简称《2014版重组办法》)。

2016年9月8日，中国证监会发布《关于修改〈上市公司重大资产重组管理办法〉的决定》(简称《2016版重组办法》)。

2019年10月19日，中国证监会发布《关于修改〈上市公司重大资产重组管理办法〉的决定》。

2020年3月2日，中国证监会发布《关于修改部分证券期货规章的决定》，本次修订的《重组办法》版本简称《2020版重组办法》。

自2008年首次发布以来，《重组办法》经历了力度不等的数次修订，对重组市场影响最大的当属2014年监管全面放松和2016年全面收紧的两次修订。以下分析的"南洋股份并购天融信股份一案"，就是发生在2016年重组政策全面收紧期间。

《2016版重组办法》相较《2014版重组办法》有了较大幅度的实质性修订，此次修订于2016年6月17日开始为期1个月的意见征求，在《2016版重组办法》的征求意见稿中取消了重大资产重组中的配套募集资金，该制度一旦开始执行，将导致众多涉及"类借壳"的重组案无法继续执行。为保证新旧制度有效衔接，维护投资者合法权益，新老办法过渡将以股东大会为界进行新老划断，即《2016版重组办法》发布生效时(即2016年9月8日)，重组上市方案已经通过股东大会表决的，原则上按照原规定进行披露、审核，其他的按照新规定执行。

(2)南洋股份并购天融信股份一案的时间线

上市公司广东南洋电缆集团股份有限公司(简称"南洋股份")为谋

求多元化战略转型,在 2016 年 4 月停牌筹划收购北京天融信科技股份有限公司(简称"天融信股份"),但在该收购案启动不久,市场上便开始出现《重组办法》即将全面修订的传言,最终《2016 版重组办法》的征求意见稿在 2016 年 7 月 17 日正式发布。

根据该《征求意见稿》,南洋股份和天融信股份的财务指标对比将使此次收购触发"借壳上市",大幅提升审核难度,而配套募集资金的取消又会降低本次并购案的落地性。因此,并购双方只能争分夺秒地完成股东大会审议,以期在新规正式实施前达成新老划断的必要条件。

在新规落地的一周前,南洋股份和天融信股份均完成了股东大会审议,最终保证了此次并购能够按照原政策执行(见图 2-8)。

图 2-8 南洋股份并购天融信股份的时间线

资料来源:根据作者高级管理人员工商管理硕士毕业论文《上市公司跨行业并购中的风险评估——以南洋股份并购天融信股份为例》的内容整理。

该并购案充分体现了监管政策修订对资本运作的重大影响。拟上市企业如在 IPO 过程中遇到新政策征求意见的情况,可类比此案例的处理方式,把握住新老划断的时机。

(三)重大的新政策颁布时应迅速决断

窗口指导意见以及征求意见稿尚有问询渠道,而一些足以改变市场格局的新政策发布却往往无迹可寻，发行人和中介机构既无法预知何时正式出台，也无法判断出台后推进速度如何，因此较难提前做好准备。

以注册制的推进进程为例，2013年11月首次提出注册制改革的概念，直至2019年注册制改革才随着科创板建立正式开始推进，之后注册制的发展速度走上了快车道，之后在2020年创业板进行注册制改革，在2021年北交所成立，注册制彼时已覆盖了除沪深主板外的所有其他板块。

2023年2月1日，中国证监会就全面实行股票发行注册制主要制度规则向社会公开征求意见；2023年2月17日，中国证监会发布全面实行股票发行注册制相关制度规则，自公布之日起施行。证券交易所、全国股转公司、中国结算、中证金融、证券业协会配套制度规则同步发布实施。此次发布的制度规则共165部，其中证监会发布的制度规则57部，证券交易所、全国股转公司、中国结算等发布的配套制度规则108部。短时间内政策高密度的颁布给市场带来的深远影响正在逐步显现。

在新政策推行以及新板块出现时，市场人士往往建议企业抓住时间窗口冲击"首批"，但这是一种正确却不及时的建议。以2020年创业板实行注册制为例，深交所采取了原在审企业平移的工作衔接，于2020年8月24日首批按照注册制规则发行上市的18家企业全部都是原核准制下平移过来的在审企业，显然，这种情况下的"首批"是没有办法追逐得到的（见表2-12）。

与创业板在审企业平移逻辑一致，为稳步推进全面实行股票发行注册制工作，确保发行上市审核工作有序衔接、平稳过渡，中国证监会发布了《关于全面实行股票发行注册制前后相关行政许可事项过渡期安排的通知》等要求。根据相关要求，上交所和深交所在全面实行注册制主要规则发布之日起10个工作日内接收主板在审企业提交的相关申请；全面实行注册制主要规则发布之日起10个工作日后，上交所和深交所开始接收主板新申报企业提交的相关申请。

从以上逻辑可以看出，因企业准备IPO所需的时间较长，而新规的发布又往往十分突然，真正能赶上"头啖汤"的都是已经排队时间较长的企业。

从政策发展的普遍趋势来看，新板块的政策总是由松到紧，因此，拟IPO企业虽不需要盲目追逐"第一批"，但在政策变换期越早启动，审核标准可能相对宽松，成功率可能越高。基于此分析，拟 IPO 企业需要做的就是尽早完成整改，以待时间窗口的到来。

表 2-12 创业板首批注册制上市企业名单

序号	股票代码	公司名称	首次预披露日期①
1	300860.SZ	北京锋尚世纪文化传媒股份有限公司	2018-06-22
2	300861.SZ	杨凌美畅新材料股份有限公司	2018-12-07
3	300862.SZ	安徽蓝盾光电子股份有限公司	2019-04-19
4	300863.SZ	宁波卡倍亿电气技术股份有限公司	2019-05-10
5	300864.SZ	南京大学环境规划设计研究院集团股份公司	2019-06-14
6	300865.SZ	成都大宏立机器股份有限公司	2019-05-10
7	300866.SZ	安克创新科技股份有限公司	2019-05-10
8	300867.SZ	圣元环保股份有限公司	2019-05-10
9	300868.SZ	深圳市杰美特科技股份有限公司	2019-04-26
10	300869.SZ	康泰医学系统（秦皇岛）股份有限公司	2018-06-29
11	300870.SZ	深圳欧陆通电子股份有限公司	2019-06-06
12	300871.SZ	武汉回盛生物科技股份有限公司	2019-05-10
13	300872.SZ	天阳宏业科技股份有限公司	2019-06-28
14	300873.SZ	江苏海晨物流股份有限公司	2019-06-06
15	300875.SZ	天津捷强动力装备股份有限公司	2019-05-31
16	300876.SZ	广东蒙泰高新纤维股份有限公司	2019-06-21
17	300877.SZ	安徽金春无纺布股份有限公司	2019-06-28
18	300878.SZ	浙江维康药业股份有限公司	2019-06-28

① 首次预披露日期以中国证监会发文时间为准。

资源来源：中国证监会官网预先披露板块，根据公司名称搜索可得到首次预披露的招股说明书信息。

三、IPO 审核、上会、批文发放环节的时间窗口

"申报不是结束，而是 IPO 的刚刚开始""通过上会审核不是结束，而是拿到批文的先决条件"，这样的语言逻辑在 IPO 执行过程中十分常见。这主要是由于整个 IPO 全流程中遍布着不确定性，无论企业处于 IPO 路径中的哪个阶段，只要还没有完成上市挂牌，就仍需要关注属于自己所处阶段的时间窗口，当时间窗口开启的时候要立即行动，严格遵照顺势而为的原则。

(一) 从柠檬微趣案例看 IPO 审核时间窗口

北京柠檬微趣科技股份有限公司(简称"柠檬微趣")的主营业务系移动游戏产品的研发、销售及维护,柠檬微趣上线了多款精品游戏,其中以"宾果消消消"最为知名,该公司的游戏产品得到中国以及北美洲、欧洲等多个地区的市场认可。经梳理,柠檬微趣的 IPO 之旅横跨了证监会核准制以及深交所注册制两个阶段,该公司从首次申报到最终选择撤回申请材料,时间跨度长达 3 年 8 个月。

1. 柠檬微趣在证监会审核期间已提交上会稿

(1)柠檬微趣在证监会审核期间的时间线

2017 年 7 月 28 日,柠檬微趣申报创业板 IPO 的招股说明书首次在中国证监会网站进行预披露。

2018 年 3 月 2 日,证监会出具了对柠檬微趣的反馈意见。

2018 年 4 月 23 日,柠檬微趣申报创业板 IPO 的招股说明书第二次在中国证监会网站进行预披露。[一]

根据当时有效的《首次公开发行股票并上市管理办法》(2015 年 12 月修订),在拟 IPO 企业提交的申请文件受理后以及发行审核委员会审核前,发行人应当将招股说明书(申报稿)在中国证监会网站预先披露,即拟 IPO 企业共有两次预披露:第一次是首次申报时,第二次是发审会审核前。[二]

在实务中,第二次预披露被称为"预先披露更新",发行人在报送此次预披露材料的同时,会再次向证监会提交全套申请文件的更新版本,这套文件被称为"上会稿"。"上会稿"是拟 IPO 企业根据反馈意见修订后的最新版本申请文件,供"初审会"[三]使用。

[一] 资料来源:中国证监会官网"政府信息公开板块——发审会公告",以"柠檬微趣"为关键字的搜索结果。

[二] 资料来源:中国证监会官网"【第 122 号令】关于修改《首次公开发行股票并上市管理办法》的决定"。

[三] 根据《中国证监会发行监管部首次公开发行股票审核工作流程》,初审会由审核人员汇报发行人的基本情况、初步审核中发现的主要问题及反馈意见回复情况。初审会由综合处组织,发行监管部相关负责人、相关监管处室负责人、审核人员以及发审委委员(按小组)参加。

之后审核的具体流程为，发行监管部门在发行人预先披露更新后安排初审会，初审会结束后，发行监管部门以书面形式将需要发行人及其中介机构进一步说明的事项告知保荐机构，并告知发行人及其保荐机构做好提请发审会审议的准备工作。㊀

初审会讨论决定提交发审会审核的，发行监管部在初审会结束后出具初审报告，并书面告知保荐机构需要进一步说明的事项以及做好上发审会的准备工作。再之后即是决定拟IPO企业命运的发审会审议环节。㊁

综合以上信息，可以看出柠檬微趣在证监会审核期间已经走到了发审会审核阶段，但柠檬微趣最终并未等到发审会的上会通知。

（2）与柠檬微趣同时期申报的深信服顺利获得证监会核准

与柠檬微趣同时期首次IPO申报的深信服科技股份有限公司（简称"深信服"）的在会时间线如下。

2017年8月4日，深信服申报创业板IPO的招股说明书首次在中国证监会网站进行预披露。

2018年3月9日，证监会发布了对深信服的反馈意见。

2018年3月12日，深信服申报创业板IPO的招股说明书第二次在中国证监会网站进行预披露。

2018年4月4日，深信服创业板IPO的申请经第十七届发审委2018年第57次工作会议审核通过。㊂

2018年4月23日，证监会发放了深信服创业板上市的批文。㊃

对比来看，柠檬微趣较深信服首次申报早了4天；柠檬微趣较深信服早7天收到证监会的反馈意见；柠檬微趣较深信服晚了1个月进行预披露

㊀ 资料来源：中国证监会官网"发行监管问答——关于首次公开发行股票预先披露等问题（2017年12月6日修订）"。
㊁ 资料来源：中国证监会官网"【行政许可事项】发行监管部首次公开发行股票审核工作流程及申请企业情况"。
㊂ 资料来源：中国证监会官网"第十七届发审委2018年第57次会议审核结果公告"。
㊃ 资料来源：除发审委会议结果外的信息来源为中国证监会官网"政府信息公开板块——发审会公告"，以"深信服"为关键字的搜索结果。

更新；深信服在预披露更新后的第 18 天经发审委审核通过，而柠檬微趣再无更新的信息，直至 2020 年创业板注册制的到来（见表 2-13）。

表 2-13 柠檬微趣和深信服的在会时间线对比表

审核阶段	柠檬微趣	深信服
IPO 受理	2017-07-14	2017-07-18
反馈意见	2018-03-02	2018-03-09
第二次预披露	2018-04-13	2018-03-12
发审会	—	2018-03-30
核发批文	—	2018-04-23

由表 2-13 可见，柠檬微趣或许是由于初审会环节未能过关，导致继续处于"待定"状态。

2. 柠檬微趣在深交所排队期间未收到审核问询

2020 年 6 月 12 日，中国证监会发布《创业板首次公开发行股票注册管理办法（试行）》，创业板注册制正式开始推行，为确保注册制实施前后发行上市审核工作有序衔接、平稳过渡，深交所在 2020 年 6 月 15～29 日（共 10 个工作日）接收中国证监会创业板首次公开发行股票在审企业提交的申请文件。㊀

柠檬微趣在深交所排队期间的时间线如下。

2020 年 6 月 22 日，柠檬微趣向深交所提交了申请文件并于 2020 年 7 月 1 日被受理。

2020 年 9 月 22 日，柠檬微趣向深交所提交了更新财务数据后的申请文件。

2021 年 3 月 4 日，柠檬微趣向深交所提交了《关于撤回北京柠檬微趣科技股份有限公司首次公开发行股票并在创业板上市申请文件的申请》。

根据 2020 年 6 月 12 日由深交所发布的《深圳证券交易所创业板股票发行上市审核规则》："对股票首次发行上市申请，本所发行上市审核机构自受理之日起二十个工作日内，通过保荐人向发行人提出首轮审核问询。"但柠檬微趣在深交所审核的 9 个月时间里，似乎并没有等来属于它的那份

㊀ 资料来源：深交所官网"关于创业板试点注册制相关审核工作衔接安排的通知"。

首轮问询函，该项目最终以主动撤回申请材料结束，也使得本案例具有了一定的特殊性（见图2-9）。㊀

图2-9 柠檬微趣创业板审核进度

资料来源：深交所发行上市审核信息公开网站，关于柠檬微趣的项目动态。

柠檬微趣撤回材料时，仍在IPO排队中的同类型企业还有制作了"开心消消乐"的运营商乐元素科技（北京）股份有限公司（简称"乐元素"），乐元素的IPO申请已于2021年9月1日终止审核㊁。

㊀ 资料来源：深交所发行上市审核信息公开网站之IPO详情——"北京柠檬微趣科技股份有限公司"。

㊁ 资料来源：中国证监会官网"【行政许可事项】发行监管部首次公开发行股票审核工作流程及申请企业情况"。

通过对前述案例的复盘，可以看出柠檬微趣在证监会审核期间曾很快进入初审会环节，或许正是在这个时间节点，属于柠檬微趣或其所在行业的时间窗口突然关闭，直至柠檬微趣撤回材料也未再开启。

（二）从三只松鼠案例看上会时间窗口

三只松鼠股份有限公司（简称"三只松鼠"）是行业领先的以休闲食品为核心的品牌电商，该公司主要通过天猫商城、京东、自营手机 app 等互联网平台以及团购、线下体验店等多元化渠道开展自有品牌休闲食品的销售，产品组合覆盖坚果、干果、果干、花茶及零食等多个主要休闲食品品类，该公司品牌在消费者群体中享有较高的知名度。

2017 年 4 月 21 日，三只松鼠申报创业板 IPO 的招股说明书首次在中国证监会网站进行预披露；2017 年 10 月 31 日，三只松鼠申报创业板 IPO 的招股说明书第二次在中国证监会网站进行预披露；原定于 2017 年 12 月 13 日的发审委会议被取消；三只松鼠于 2019 年 5 月 16 日通过发审委审核；三只松鼠于 2019 年 5 月 31 日获得中国证监会批文。㊀

经梳理，三只松鼠在审期间共经历了三届发审委。首先经历的是最后一届（第六届）创业板发审委（聘任日期 2014 年 8 月 31 日）；㊁在 2017 年证监会修订《中国证券监督管理委员会发行审核委员会办法》后，证监会依据新办法开始遴选新一届发审委委员，第十六届主板发审委和第六届创业板发审委工作到新一届发审委成立为止，㊂第十七届发审委于 2017 年 9 月 30 日正式聘任，㊃三只松鼠由此经历了第一届大发审委；第十八届发审委于 2019 年 2 月 1 日正式聘任，㊄三只松鼠最终在此期间获得发审委会议审核通过。

㊀ 资料来源：中国证监会官网，以"三只松鼠"为关键词的搜索结果。
㊁ 资料来源：中国证监会官网"【第 41 号公告】《关于聘任中国证券监督管理委员会第六届创业板发行审核委员会委员》"。
㊂ 资料来源：中国证监会官网"证监会发布修订后的发行审核委员会办法"。
㊃ 资料来源：中国证监会官网"【第 15 号公告】《关于聘任中国证券监督管理委员会第十七届发行审核委员会委员的公告》"。
㊄ 资料来源：中国证监会官网"【第 4 号公告】关于聘任中国证券监督管理委员会第十八届发行审核委员会委员的公告"。

1. 三只松鼠 IPO 在会审核的时间线

三只松鼠在会审核时间较长，除了前文中列示的主要时间节点外，三只松鼠在审期间还发生了许多较为特殊的节点性事件，将各节点性事件以及《补充法律意见书（一）》至《补充法律意见书（九）》按照时间顺序重新排列（见表 2-14）。

三只松鼠首次预披露和预披露更新的招股说明书中的签字律师发生了变化，即在审期间曾因更换律师触发了"中止审查"情形，当时有效的关于"中止审查"的法规是中国证监会于 2016 年 12 月 9 日修订的《发行监管问答——关于首次公开发行股票中止审查的情形》，该问答中规定，负责本次发行的律师事务所或者签字律师发生变更，属于实践中将这些企业列入中止审查名单的情形。以及，当中止审查事项已经消除后则恢复审查，恢复审查后将参照发行人首次公开发行申请的受理时间安排其审核顺序。[○]在"中止情形"消失后，三只松鼠又按照原排位继续审核。

三只松鼠 IPO 审核的转折点发生在 2017 年 12 月 12 日，原定于第二天召开的第十七届发审委第 72 次发审委会议取消了对三只松鼠发行申报文件的审核。一时间，舆论开始对三只松鼠取消审核一事进行关注。三只松鼠并未公开被取消发审会审核的原因，其在之后披露的补充法律意见书的"诉讼、仲裁"部分也并无相关案件的披露信息。

律师事务所于 2018 年 3 月 16 日出具的《补充法律意见书（五）》中披露的信息量较大。首先，三只松鼠报告期内的主要供应商之一临安小草食品有限公司（简称"小草公司"）遭受刑事调查，监管机构对此表示关注，并询问三只松鼠是否与该供应商存在串通行为；监管机构同时询问了三只松鼠在广告相关的费用披露上是否真实、准确、完整；此外，监管机构询问了三只松鼠已披露的食品安全风险提示是否充分、完整。监管机构的问询问题数量虽然不多，但都是新问题，且每个问题都是重量级的，其中尤其以小草公司走私案最重。根据披露信息，小草公司法定代表人已于 2017 年 4 月 18 日被刑事拘留。[○]

○ 资料来源："《发行监管问答——关于首次公开发行股票中止审查的情形》（2016 年修订）"。
○ 资料来源："临安市小草食品有限公司、佛山市禅城区福泰经贸发展有限公司走私普通货物、物品二审刑事裁定书"。

表 2-14　三只松鼠在会审核期间节点性事件时间线

节点性事件	发生日期①	备注
首次预披露	2017-04-21	
证监会聘任第十七届发审委	2017-09-30	创业板发审委变成"大发审委"
补充法律意见书（一）	2017-10-27	正式反馈回复
补充法律意见书（二）	2017-10-27	补充反馈回复
证监会披露反馈问题②	2017-10-31	
预披露更新③	2017-10-31	
补充法律意见书（三）	2017-11-22	补充反馈回复（与《补充法律意见书（一）》的问题有一定重叠）
第一次发审会会议公告	2017-12-08	第十七届发审委定于 2017 年 12 月 13 日召开 2017 年第 72 次发行审核委员会工作会议，审核三只松鼠创业板首发申请
第一次发审会会议公告的补充公告	2017-12-12	鉴于三只松鼠尚有相关事项需要进一步核查，决定取消第十七届发审委第 72 次发审委会议对该公司发行申报文件的审核
补充法律意见书（四）	2018-03-09	报告期更新
补充法律意见书（五）	2018-03-16	三道新问题（第一题为主要供应商涉嫌走私）
补充法律意见书（六）	2018-09-19	报告期更新
证监会聘任第十八届发审委	2019-02-01	
补充法律意见书（七）	2019-03-26	报告期更新
补充法律意见书（八）	2019-04-11	补充反馈回复
补充法律意见书（九）	2019-04-23	补充反馈回复，继续关注主要供应商走私问题
第 40 次发审会	2019-05-16	第十八届发审委审核通过
创业板上市	2019-07-12	

①表格中首次预披露、预披露更新以及反馈回复日期为证监会发文日期，补充法律意见书日期为文件签署日期。

②证监会官网上披露三只松鼠的反馈意见日期晚于首次反馈回复日期，具体原因不详。

③预披露更新的招股说明书中签字律师由原"桑××、都×"更换为"都×、韩××"。

三只松鼠主要供应商被立案调查一事直至其第二次发审会前都仍在被监管机构的关注范围内。最终，中国证监会第十八届发审委于 2019 年 5 月 16 日召开了 2019 年第 40 次发审委会议，审核通过了三只松鼠的 IPO 申请。2019 年 7 月 12 日，三只松鼠在耗时 812 天后成功在创业板发行上市。

2. 三只松鼠 IPO 案例所处的审核背景

三只松鼠在会审核期间正值创业板第六届发审委履职期间，第一次发审委会议原定于第十七届发审委履职期间，最终通过审核的发审委会议是在第十八届发审委履职期间。

从另一个维度来看，三只松鼠在会审核期间正值证监会清理 IPO "堰塞湖"，彼时监管机构将"推进首次公开发行（IPO）常态化"确认为尽快解决 IPO "堰塞湖"问题的有效方式。2016 年以来，中国证监会在坚持严格审核标准的前提下，加快审核节奏，缩短审核周期。据统计，截至 2017 年 11 月 9 日，在审首发企业 538 家（其中 31 家已过会），与 2016 年 6 月底最高峰时的 895 家相比净减少 357 家，按静态数字看，在审企业"堰塞湖"消减率接近 40%。堰塞湖问题有了缓解方案后，中国证监会继续传递了从严监管的审核理念，将"坚持依法全面从严监管，严格发行审核，督促中介机构勤勉尽责，提高首发企业申报质量，支持符合条件的企业上市融资，为资本市场和实体经济发展不断注入源头活水"。[一]

（1）三只松鼠在会期间，证监会清理 IPO "堰塞湖"的具体情况

三只松鼠首次预披露的时间是 2017 年 4 月 21 日，最终通过发审委审核的时间是 2019 年 5 月 16 日，三只松鼠在会期间每月末在审企业排队情况见图 2-10。

由图 2-10 可见，三只松鼠在会排队审核期间正值 IPO 排队企业"去库存"的大趋势中，尤其在第十七届发审委履职期间，在会审核企业数量由 529 家降至 265 家，降幅约 50%。

除加快审核速度外，证监会于 2017 年 12 月 7 日发布了《发行监管问答——首次公开发行股票申请审核过程中有关中止审查等事项的要求》，该问答提出发行人更换律师事务所、会计师事务所、资产评估机构或更换签字保荐代表人、签字律师、签字会计师、签字资产评估师均无须中止审查，大幅收紧了在审企业中止审查的方式。[二]三只松鼠在审期间每月末中止审查企业情况（见图 2-11）。

[一] 资料来源：中国证监会官网"关于政协十二届全国委员会第五次会议第 0248 号（财税金融类 026 号）提案的答复"。

[二] 资料来源：中国证监会官网《发行监管问答—首次公开发行股票申请审核过程中有关中止审查等事项的要求》。

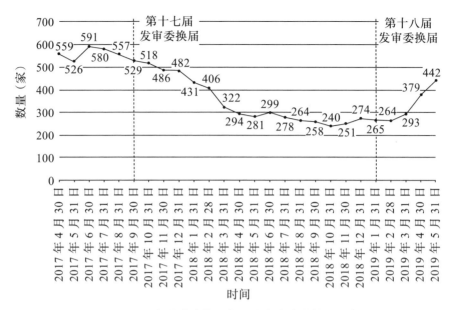

图 2-10 三只松鼠在会期间每月末在审企业数量示意图

注：数据选取每月末处于"申报受理"阶段后、"获得证监会批复"阶段前的所有企业数量。
资料来源：作者根据 wind 数据统计整理。

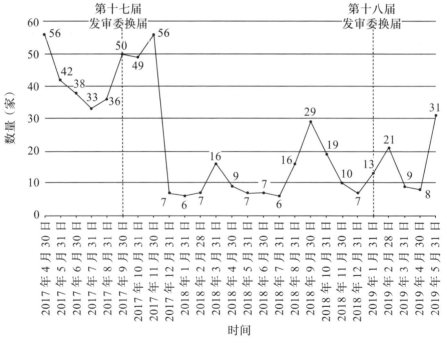

图 2-11 三只松鼠在会期间每月末中止审查企业数量示意图

资料来源：作者根据 wind 数据统计整理。

由图2-11可见，2017年12月，中止审查的企业数量由此前的56家迅速下降到7家，下降幅度为87.50%。正是由于监管机构在加快审核速度的同时，也收紧了对于中止审查的要求，使得困扰监管层多年的IPO"堰塞湖"现象得到迅速缓解。

（2）三只松鼠在会期间IPO审核通过率波动明显

2017年下半年正值第十七届发审委履职期间，中国证监会从严监管的理念更加清晰。中国证监会在这一时期设立了发行与并购重组审核监察委员会，对首次公开发行、再融资、并购重组等审核工作实施独立监察，旨在强化发审委运行监督。

在这样的大背景下，IPO审核通过率持续在低位徘徊（见图2-12）。

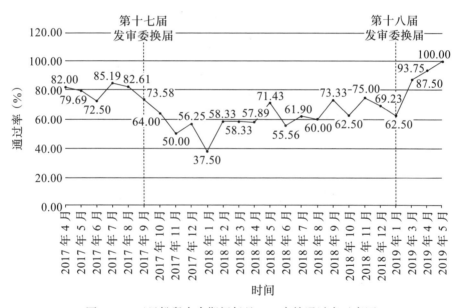

图2-12 三只松鼠在会期间每月IPO审核通过率示意图

注：本图缺少2019年2月的IPO审核通过率，是因为本月有春节假期，且假期前后均无IPO发审会召开。

资料来源：作者根据wind数据统计整理。

由图2-12可见，第十七届发审委履职期间，IPO审核通过率始终在低位徘徊，审核通过率甚至曾在2018年1月降至37.50%的"冰点"。彼时召开的发审委会议上，零通过率已不是个案，2018年1月23日，第十七届发审委进行了2018年第19次和第20次的会议审核，共有7家企业上会审核，却仅有1家企业获得审核通过（见表2-15）。

表2-15　2018年1月23日IPO审核通过情况

序号	发审会届次	公司名称	审核结果
1	2018年第19次	安佑生物科技集团股份有限公司	未通过
2	2018年第19次	温州康宁医院股份有限公司	未通过
3	2018年第19次	北京挖金客信息科技股份有限公司	未通过
4	2018年第20次	南通冠东模塑股份有限公司	未通过
5	2018年第20次	赣州腾远钴业新材料股份有限公司	未通过
6	2018年第20次	申联生物医药（上海）股份有限公司	未通过
7	2018年第20次	浙江锋龙电气股份有限公司	通过

资料来源：作者根据第十七届发审委2018年第19次工作会议公告以及第20次工作会议公告统计整理。

如表2-15所示，浙江锋龙电气股份有限公司成为当天的独苗，"七过一"的惨烈让在审企业对上会审核充满恐惧。

由于证监会是按照受理时间进行排队审核的，此前许多企业为了审核顺位靠前而提前启动IPO，却没想到盈亏同源，最终竟然会遇到了"不敢"上会的情况。

3. 复盘：三只松鼠"选择了"最佳的上会时间窗口

三只松鼠在2017年完成IPO申报，在审核加速的背景下，当年即被安排发审委会议审核，但在其上会前夕被监管机构通知取消审核。种种机缘巧合使得三只松鼠与第十七届发审委擦肩而过，该公司最终在各项数据趋暖的2019年5月经发审委审议通过，三只松鼠似乎"选择了"最佳的上会时间窗口。

三只松鼠的IPO案例充分证明了时间窗口的存在，其虽在首次上会前被取消审核，但却可能因此达成了彼时许多在审企业梦寐以求的"中止"状态。在三只松鼠恢复审核后，作为具有"扩内需"标签的三只松鼠又赶在"促消费"的时代大背景之下上会。从复盘的角度来看，三只松鼠连续把握住了上市过程中的重要时间窗口，最终顺利在创业板上市。

(三) 从甘李药业案例看批文发放时间窗口

甘李药业股份有限公司（简称"甘李药业"）的前身北京甘李生物技术有限公司成立于 1998 年 6 月，主要从事重组胰岛素类似物原料药及注射剂的研发、生产和销售。甘李药业在 2016 年申报 IPO 时是唯一掌握产业化生产重组胰岛素类似物的中国企业。

2016 年 6 月 3 日，甘李药业申报上交所主板 IPO 的招股说明书首次在中国证监会网站进行预披露；2018 年 1 月 16 日，甘李药业申报上交所主板 IPO 的招股说明书第二次在中国证监会网站进行预披露；甘李药业于 2018 年 4 月 3 日通过发审委审核；甘李药业于 2020 年 6 月 4 日获得中国证监会批文。⊖

1. 甘李药业 IPO 在会审核的时间线

甘李药业的在会审核时间非常久，除了前文列示的主要时间节点外，以下将各节点性事件以及《补充法律意见书（一）》至《补充法律意见书（九）》按照时间顺序重新排列（见表 2-16）。

由表 2-16 可见，甘李药业从首次预披露到通过发审会审核共耗时 669 天，从过会到获得批文之间又耗时 793 天，再将发行上市的 25 天考虑在内，甘李药业 IPO 合计耗时 1487 天，4 年有余。

2. 客观存在的批文发放时间窗口：长时间未获得批文的情况并非个案

（1）过会后 722 天获得批文

甘李药业在 2018 年 4 月过会，2 年 2 个月之后的 2020 年 6 月方才得到证监会批文，耗时甚久，但甘李药业的遭遇并非个案。以微生物检测与控制技术系统产品、有机物分析仪器等制药装备的研发、制造和销售为主营业务的浙江泰林生物技术股份有限公司（简称"泰林生物"）的 IPO 之路同样坎坷。

⊖ 资料来源：中国证监会官网，分别以"甘李""李药"为关键词的搜索结果。

表 2-16 甘李药业在会审核期间节点性事件时间线

节点性事件	发生日期[①]	备注
首次预披露	2016-06-03	
补充法律意见书（一）	2016-09-27	报告期更新
补充法律意见书（二）	2017-03-29	报告期更新
补充法律意见书（三）	2017-06-07	正式反馈回复[②]
补充法律意见书（四）	2017-09-20	报告期更新
证监会聘任第十七届发审委	2017-09-30	创业板发审委变成"大发审委"
证监会披露反馈问题[③]	2018-01-16	
预披露更新	2018-01-16	
补充法律意见书（五）	2018-03-16	报告期更新
发审会	2018-04-03	第十七届发行审核委员会2018年第56次发审委会议审核通过
补充法律意见书（六）	2018-09-12	报告期更新
补充法律意见书（七）	2019-03-29	报告期更新
补充法律意见书（八）	2019-09-26	报告期更新
补充法律意见书（九）	2020-03-30	报告期更新
证监会发放批文	2020-06-04	
主板上市	2020-06-29	

[①] 表格中首次预披露、预披露更新以及反馈回复日期为证监会发文日期，补充法律意见书日期为文件签署日日期。

[②] 根据《补充法律意见书（三）》，本次问题回复的是中国证监会于2017年3月10日出具的161284号《中国证监会行政许可项目审查反馈意见通知书》，本次反馈回复时使用的财务数据已更新至2016年年度报告。本次补充法律意见中原因的《反馈意见》与上文根据中国证监会网站披露的《反馈意见》存在版本差异。

[③] 根据《反馈意见》中所提问题引用的财务数据推断，审核所用的报告期应为2013年1月1日至2016年6月30日的三年一期。

2016年6月24日，泰林生物申报深交所创业板IPO的招股说明书首次在中国证监会网站进行预披露；2017年12月26日，泰林生物申报深交所创业板IPO的招股说明书第二次在中国证监会网站进行预披露；泰林生物于2018年1月3日通过发审委审核；⊖泰林生物于2019年12月26

⊖ 资料来源：中国证监会官网，以"泰林"为关键词的搜索结果。

获得中国证监会批文。[1]

泰林生物与甘李药业 IPO 申报时间相近，过会后获得批文同样旷日持久，泰林生物从过会到获得批文之间耗时 722 天，仅略短于甘李药业的 793 天。官方并未对两家公司获得批文速度突然降低的原因进行公告。通过对两家公司发审委会议问题进行摘录，可以发现发审委对于商业贿赂以及毛利率问题持续保持关注（见表 2-17）。

（2）生物谷与甘李药业同期获得批文

与甘李药业同期上市的还有一家名为云南生物谷药业股份有限公司（简称"生物谷"）的医药企业。

2020 年 5 月 12 日，生物谷申报精选层被股转公司受理，而后生物谷仅耗时 1 个多月，便在 2020 年 6 月 21 日通过挂牌委会议审核，并于 2020 年 6 月 24 日获得了证监会的最终核准。生物谷获得核准的日期仅晚于甘李药业 20 天（见图 2-13）。[2]

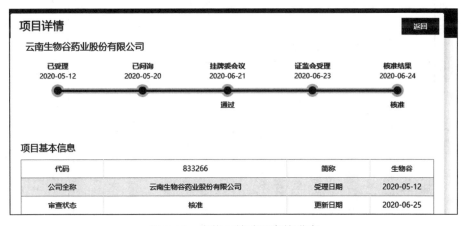

图 2-13　生物谷精选层审核进度

---

[1] 资料来源：深交所官网"泰林生物中国证监会关于核准公司首次公开发行股票的批复"。
[2] 资料来源：北交所官网发行上市板块之审核项目动态——"云南生物谷药业股份有限公司"。

表2-17 甘李药业与泰林生物发审委会议共性问题摘录

甘李药业发审委会议问题摘录①	泰林生物发审委会议问题摘录②	共同点
2. 2015年11月23日，湖北省荆州市荆州区人民法院就发行人销售人员涉嫌商业贿赂案作出有罪判决。发行人代表说明：（1）报告期内招待销售费用中招待费增长幅度较高，董事、监事、高级管理人员是否涉案，是否还存在其他尚未被发现的商业贿赂情形；……（3）发行人在内部控制方面是否存在缺陷或不足，发行人是否建立防范商业贿赂的内控制度并有效执行；……（5）招待费用大幅增长的原因及合理性，是否涉及商业贿赂行为。请保荐代表人说明核查过程、依据，并发表明确核查意见	2. 报告期内，发行人直销模式销售占比一直在50%左右，对不同直销客户销售同类产品的价格差异较大，产品定价不太透明。发行人称，随着产品销售渠道拓展、品牌知名度提升和客户资源积累，报告期内单位客户的平均开发费用呈下降趋势。请发行人代表说明：……（2）客户开发费用的具体内容，如何防控出现商业贿赂行为。请保荐代表人说明的具体核查方法、过程，并发表明确核查意见	关注商业贿赂
3. 报告期内，发行人营业收入、净利润逐年持续增长。同时，发行人主营业务毛利润增幅显著高于营业收入。2016年，2017年经营性现金流量净额显著低于净利润。发行人主营业务毛利率，分别为91.02%、90.61%、91.35%。请发行人代表结合产品类型、原材料价格、销售单价、单位人工、制造费用等因素说明：（1）净利润增幅显著高于营业收入的原因及合理性；（2）主营业务毛利率与同行业可比公司变化趋势一致，是否与同行业可比公司相比合理性。请保荐代表人说明核查过程、依据，并发表明确核查意见	3. 报告期内，发行人产品综合毛利率在60%以上，各产品均高于同行业可比上市公司的毛利率。发行人披露，公司产品在国内微生物检测与控制技术系统领域具有较强的技术优势，具有进口替代的实力。请发行人代表说明：（1）结合同行业比较情况，说明报告期内主要产品毛利率波动原因及其合理性；（2）与国外竞争对手的产品相比，说明发行人产品的技术竞争性情况，是否具有竞争优势，是否能够持续维持产品的高毛利率。请保荐代表人说明核查方法、过程，并发表明确核查意见	关注毛利率

① 中国证监会官网"第十七届发审委2018年第56次会议审核结果公告"。
② 中国证监会官网"第十七届发审委2018年第4次会议审核结果公告"。

资料来源：作者根据甘李药业与泰林生物发审委会议审核结果公告整理。

生物谷过会和上市的速度虽然飞快，但审核机构对于该公司在市场推广过程中是否存在商业贿赂的问题并没有放松，问询中明确问及有关销售费用、学术推广费用是否涉及商业贿赂。⊖在生物谷成为北交所上市公司后，北交所依然对生物谷的合规性表示关注。生物谷披露 2021 年年度报告后，曾被北交所再次问询是否涉及商业贿赂。⊜

（3）客观存在的时间窗口

结合甘李药业、泰林生物以及生物谷的案例，几家存在共性问题的同行业企业都在相近时间段获得了监管机构的批复，并最终完成了发行上市。

因此，从客观结果上来看，批文发放或许是存在时间窗口的。前述企业的实际经历正对应了"择天时"的概念，当时间窗口关闭时默默积累以待时机，当时间窗口打开时迅速通过。

四、拟 IPO 企业需要学会选择时机

通过对 IPO 过程中各个步骤的择时案例进行分析，我们可以看到 IPO 本身是一个充满了不确定性的过程。在这种现实状态下，只有当时间窗口处于打开状态时，事情方可为之，正所谓时来天地皆同力，学会如何择时是拟 IPO 企业的必修功课。

（一）拟 IPO 企业应提前着手准备

当其他企业追逐成为第一批科创板或第一批主板注册制上市公司的机会时，拟 IPO 企业应当反思自己是否已经具备抢占第一批的条件，例如是否已在辅导期或已处于在审排队状态。

一些现金流充裕的企业在经济形势上行时无上市计划，并将此作为企业强势地位的一种显示，而当宏观形势发生重大变化时，这些企业才开始

⊖ 资料来源：北交所官网"关于云南生物谷药业股份有限公司精选层挂牌申请文件审查问询函的回复"。

⊜ 资料来源：北交所官网"云南生物谷药业股份有限公司关于收到北京证券交易所对公司 2021 年年度报告问询函的公告"。

寻求登陆资本市场的机会，这种心态与股票二级市场的追涨杀跌心态并无不同，导致许多企业在 IPO 门槛越高时越要申请，门槛降低后却反而不着急。例如，科创板刚刚推行时，许多科技企业坚信自己的硬科技水准不需要跟风，于是按照原定计划从 A 轮融资到 F 轮，等到规模足够大了，返回身再看科创板时，却发现科创板的审核标准已经高很多了。

国内资本市场中著名的"AI 四小龙"（商汤科技、旷视科技、依图科技以及云从科技）里，只有云从科技科创板过会，商汤科技奔赴港股；骨科机器人领域在天智航上市后长时间并未迎来第二家；3D 视觉领域的奥比中光上市后，它的同行业竞争对手未能及时跟上。在市场竞争中，不慢于竞争对手应是所有企业必须重视的一个课题，在 IPO 市场中也遵循着同样的逻辑。

（二）当时间窗口到来时，拟 IPO 企业应提速以把握时机

IPO 实务中常发生这样的情况，一些 IPO 项目在收到地方证监局辅导验收通知时，可能恰巧在财务数据过期前的一周左右。在这种情况下，能够第一时间响应并通过验收的企业才有资格向中国证监会或证券交易所提交正式的 IPO 申请文件。

拟 IPO 企业应充分认识到资本市场里存在的各种易变性和不确定性，将所有具备确定性的工作提前做完，而后就是静待时机成熟。IPO 的整个流程像是制伞、卖伞，雨伞本身虽是具有成熟生产销售路径的成熟产品，但销售成绩的好坏却还是要看下不下雨，企业能做的就是把伞先做好，然后耐心等待，在下雨的第一时间把伞卖掉。

第三章

拟 IPO 企业选择券商的方法

对于许多企业而言,业务拓展、成本控制以及实现盈利或许尚在自身可控范围内,而与 IPO 有关的合规整改以及持续规范运作就有可能超出这些企业的能力边界。

在企业的 IPO 阶段,通过向外求的方式,寻找好的帮手和助力就成为企业的迫切需求。与 IPO 有关的助力中,券商是协助拟 IPO 企业把控前进节奏的最重要的证券服务机构之一,那么如何才能在几十家可供备选的券商之中选到真正合适的那一家,这是拟 IPO 企业需要解决的重点问题。

本章从券商 IPO 业务的运行逻辑讲起,将选择券商的技巧归纳为对等性、稳定性以及专业性三大维度,供拟 IPO 企业参考。有 IPO 意愿的企业在选定券商后,才算真正进入了 IPO 准备期。

第一节 券商 IPO 业务的运行逻辑

企业开始筹划 IPO 时,一般会在很短的时间内收到多家券商提交的项目建议书。这些项目建议书的结构大体相同:第一部分一般是券商的自我介绍，会重点突出该券商某项业绩在权威机构发布的排名中名列前茅的事实；第二部分一般是对拟 IPO 企业所属行业做的桌面研究，以及对拟 IPO 企业具体业务的一些浅层理解；第三部分一般是展示券商 IPO 业务团队成员的简历，包括公司董事长、分管投资银行业务的总裁或副总裁、投资银行业务部门负责人、前来承揽业务的团队负责人、团队中的核心保荐代表人以及未来可能参与到项目中的团队成员，数量在 10 人左右；第四部分一般是一份相对格式化的 IPO 推进计划。

券商的项目建议书一般遵循了从公司级到部门级再到个人级的叙事逻辑。然而，由于信息量过大且同质化严重，初涉 IPO 业务的企业很难通过项目建议书中的信息做出初步筛选。如果拟 IPO 企业对券商 IPO 业务的运行逻辑有一定的理解，将有助于其在与券商初接触阶段"读懂"券商真正的比较优势。

一、公司级竞争逻辑：券商投资银行业务的差异化竞争形势

投资银行业务是券商全部业务条线中的一部分，而 IPO 业务又是券商投资银行业务中的一部分，业务范围的由大到小本身就已经具备了多种统计口径。各券商为凸显竞争优势，往往会通过变换口径的方式突出自身特点，以进行差异化竞争。

券商的项目建议书中一般都会列示该券商某项业务处于行业前几名的排名数据，这些排名情况要么直接源自证券业协会发布的文件，要么是对行业数据重新整理后的结果，都是真实且有据可查的。

（一）券商投资银行业务排名有很多维度

拟 IPO 企业一般会先听说以"三中一华"[⊖]为代表的头部券商，而后再经过多渠道了解后发现全国性券商数量众多且实力似乎都还不错。但在

[⊖] "三中一华"特指中信证券股份有限公司、中信建投证券股份有限公司、中国国际金融股份有限公司以及华泰证券股份有限公司。

经过多轮筛选后，企业却发现不同券商对自身业务能力的包装过多，并且似乎提供的都是同质化服务，使企业方有时会陷入信息量过多反而无法判断的境地。正因如此，一些拟IPO企业最终选择了更为知根知底的本地券商。

中国证券业协会每年都会公布券商经营业绩的正式排名，相关文件一般在每年年中发布，资本市场中广为流传的"三中一华"的称谓或许就是源于这四家券商在"承销与保荐业务收入"维度的排名（见表3-1）。

表3-1　证券公司2019年度至2021年度承销与保荐业务收入前十名

（单位：万元）

2021年度			2020年度			2019年度		
序号	名称	金额	序号	名称	金额	序号	名称	金额
1	中信证券	616,922	1	中信建投	526,135	1	中信证券	302,992
2	中信建投	512,429	2	中信证券	502,591	2	中信建投	302,790
3	中金公司	371,350	3	中金公司	347,324	3	中金公司	227,508
4	华泰证券	347,581	4	海通证券	333,293	4	国泰君安	165,099
5	国泰君安	335,658	5	国泰君安	294,049	5	海通证券	152,289
6	海通证券	321,475	6	华泰证券	291,175	6	招商证券	139,911
7	招商证券	231,946	7	招商证券	189,259	7	华泰证券	134,292
8	民生证券	196,164	8	光大证券	186,029	8	国信证券	127,422
9	国信证券	187,828	9	国信证券	176,707	9	光大证券	120,751
10	光大证券	168,009	10	国金证券	158,821	10	广发证券	119,771

注：承销与保荐业务收入＝证券承销业务净收入＋保荐业务净收入。
资料来源：作者根据中国证券业协会官网证券公司业绩排名板块发布的《证券公司2019年经营业绩排名情况》《证券公司2020年经营业绩指标排名情况》以及《证券公司2021年经营业绩指标排名情况》整理。

由表3-1可见，2019年度至2021年度，全国证券公司的承销与保荐业务收入的前三名都是"三中"，而第四名则分别是国泰君安、海通证券和华泰证券，因此，华泰证券虽名列前茅，但"三中一华"的叫法似乎并不精准。但是，如果再从另一个"并购重组财务顾问业务"的维度看，各券商的排名情况又有所不同（见表3-2）。

表 3-2　证券公司 2019 年度至 2021 年度并购重组财务顾问业务收入前十名

（单位：万元）

2021 年度			2020 年度			2019 年度		
序号	名称	金额	序号	名称	金额	序号	名称	金额
1	中金公司	44,302	1	中金公司	35,730	1	中金公司	39,156
2	中信证券	16,707	2	中信证券	25,094	2	中信证券	35,621
3	华泰证券	16,128	3	中信建投	21,939	3	华泰证券	33,521
4	中信建投	13,154	4	华泰证券	18,771	4	中信建投	29,918
5	国泰君安	8,375	5	国泰君安	13,447	5	招商证券	17,034
6	华融证券	6,425	6	招商证券	7,984	6	国泰君安	12,129
7	信达证券	5,544	7	海通证券	7,064	7	国金证券	10,610
8	国金证券	5,068	8	平安证券	4,763	8	申万宏源	10,065
9	山西证券	4,517	9	东兴证券	4,081	9	国信证券	5,738
10	东兴证券	3,653	10	申万宏源	3,818	10	中天国富	5,647

资料来源：作者根据中国证券业协会官网证券公司业绩排名板块发布的《证券公司 2019 年经营业绩排名情况》《证券公司 2020 年经营业绩指标排名情况》以及《证券公司 2021 年经营业绩指标排名情况》整理。

由表 3-2 可见，在按照并购重组财务顾问业务收入进行排名的列表中，"三中一华"的叫法更加名副其实。

在前述排名信息中，并购重组和承销与保荐虽然都是券商的投资银行业务，但在证券业协会的统计中却属于口径不同的两类业务。显而易见的是，统计维度的变化导致各家券商的排名位次出现了变动，而在中国证券业协会每年发布的《证券公司经营业绩排名情况》中，官方排名的维度就多达 38 个。

统计口径的变化使得券商投资银行业务的排名出现了很大的变化，而券商恰好就是变换口径的高手。例如，在收入口径之外，还有融资规模、融资家数的口径，有的券商通过与其他券商的投资银行项目进行联合承销或组成承销团承销的方式，增加自身在承销数量口径上的统计业绩；有的券商会着力渲染自身在某一细分市场上的成绩；有的券商甚至会以"进步最快"作为展业口号，各种统计口径不一而足。

（二）不同券商在 IPO 业务线的比较优势

拟 IPO 企业无论与哪家券商接触，或许都能够得到一份该券商排名靠前的成绩单,这种情况使成绩单失去了参考价值。对于拟 IPO 企业而言,此时应拨开迷雾,迅速聚焦在 IPO 这一件事的具体执行上,只有券商仍能够拿出有别于其他机构的长处,才能至少证明该券商在"公司级"的竞争上是具有真实的比较优势的。

不同券商对同等规模的拟 IPO 企业的承销保荐费用报价往往会相差甚远,因此仅用收入维度进行统计并不能准确体现券商 IPO 业务的实力。从券商 IPO 项目成功经验的角度来看,使用成功 IPO 企业家数的口径进行统计或许更能客观地体现出不同券商在 IPO 业务上的真实市场占有率。

以 2022 年度成功在国内 A 股市场完成发行上市的企业数量为基础,将券商的成绩单按照保荐家数总计数量进行排名,可得到各家券商的成功 IPO 项目数据(见表 3-3)。

表 3-3 证券公司 2022 年度分板块 IPO 数量统计表(单位:家)

序号	公司名称	北交所	创业板	科创板	上证主板	深证主板	总计
1	安信证券	4	6	2	—	4	16
2	渤海证券	1	—	—	—	—	1
3	财通证券	3	—	—	—	1	4
4	川财证券	1	—	—	—	—	1
5	第一创业	—	—	—	—	1	1
6	东北证券	2	—	—	—	—	2
7	东方证券	1	4	2	—	—	7
8	东莞证券	3	1	—	—	1	5
9	东海证券	—	—	1	—	—	1
10	东吴证券	6	4	—	1	—	11
11	东兴证券	1	5	—	—	2	8
12	东亚前海	1	—	—	—	—	1
13	方正证券	—	1	3	—	—	4
14	光大证券	—	3	1	—	3	7
15	广发证券	1	—	1	2	—	4
16	国金证券	2	8	2	1	—	13
17	国融证券	1	—	—	—	—	1
18	国泰君安	4	11	11	3	1	30
19	国信证券	1	4	4	1	5	15

（续）

序号	公司名称	北交所	创业板	科创板	上证主板	深证主板	总计
20	国元证券	2	1	2	1	2	8
21	海通证券	2	8	17	3	—	30
22	红塔证券	1	—	—	—	—	1
23	华安证券	—	—	1	—	—	1
24	华林证券	—	1	—	—	2	3
25	华龙证券	—	—	—	1	1	2
26	华融证券	—	2	—	—	—	2
27	华泰联合	—	13	8	—	2	23
28	华西证券	—	—	—	1	—	1
29	华兴证券	—	1	—	—	—	1
30	华英证券	1	1	1	—	—	3
31	九州证券	—	1	—	—	—	1
32	开源证券	3	—	—	—	—	3
33	民生证券	1	8	4	—	3	16
34	南京证券	—	—	1	—	—	1
35	平安证券	—	1	—	—	—	1
36	瑞银证券	—	1	—	—	—	1
37	申港证券	—	1	—	—	—	1
38	申万宏源	9	3	4	—	1	17
39	首创证券	1	—	—	—	—	1
40	太平洋证券	1	—	—	—	—	1
41	天风证券	1	—	—	—	—	1
42	西部证券	1	1	1	—	1	4
43	西南证券	1	—	—	—	—	1
44	兴业证券	2	3	1	1	1	8
45	甬兴证券	—	—	—	1	—	1
46	长城证券	—	1	1	—	—	2
47	长江证券	5	6	2	—	—	13
48	招商证券	2	3	2	—	1	8
49	浙商证券	1	—	1	2	—	4
50	中德证券	1	1	—	—	—	2
51	中金公司	1	9	15	2	1	28

(续)

序号	公司名称	北交所	创业板	科创板	上证主板	深证主板	总计
52	银河证券	3	1	1	—	—	5
53	中泰证券	4	3	1	—	—	8
54	中信建投	7	14	14	3	4	42
55	中信证券	1	17	24	9	5	56
56	中原证券	—	3	—	—	—	3
57	中航证券	—	—	2	—	—	2
	总计	83	151	130	32	42	438

注：存在联合保荐的，在排名表中重复计算。

资料来源：作者根据 Wind 数据整理。

由于当前 IPO 板块共有 5 个，不同券商在不同板块完成 IPO 保荐的家数区别较大，因此可以以每个板块中排名第一的券商为参照，并将之定义为"1"，将其他券商保荐家数折算成占第一名的比例，则可得出每家券商在市场中的相对位置。

中信证券在深主板、沪主板、科创板以及创业板都占据着保荐家数第一名的位置，但其在北交所的保荐家数却仅为 1 家，相对应地，虽然申万宏源其他板块成绩远低于中信证券，但在北交所的保荐家数排名中却位列行业第一（见图 3-1）。

中信建投和中金公司的业务同属于全覆盖的类型，即在每个板块都有 IPO 项目的成功经验，相比之下华泰联合的市场覆盖情况就相对小一些。在这三家券商中，虽然中信建投的市场占有率最大，但从比较优势的角度依然可以得出中金公司完成的科创板 IPO 数量最多，华泰联合创业板 IPO 的业绩与中信建投相差不多等结论（见图 3-2）。

以上排名情况仅是基于 2022 年度的成功 IPO 项目数量的统计数据，如果将时间维度拉长，则呈现出来的成绩单就会发生较大变化。

需指出的是，仅从券商 IPO 成功案例数量的维度来看，统计数据虽然能得出某券商在"公司级"层面的成绩还不错，但拟 IPO 企业的上市运作是否可交由该券商负责，却还需要从更多的角度进行综合判断。例如，不同券商内部的运行逻辑以及薪酬体制等因素，会使各家券商在执业过程中展示出不同的特质，并对拟 IPO 企业的上市推进产生重要影响。

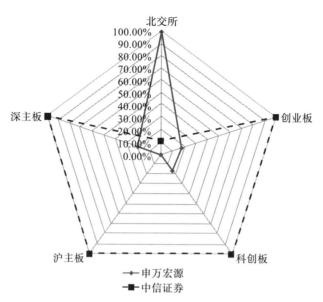

图 3-1 2022 年度 IPO 成绩单（申万宏源、中信证券）

资料来源：作者根据 Wind 数据整理后绘制。

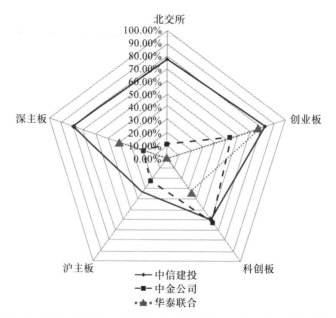

图 3-2 2022 年度 IPO 成绩单（中金公司、中信建投、华泰联合）

资料来源：作者根据 Wind 数据整理后绘制。

二、部门级合作逻辑：拟 IPO 企业如何与券商打交道

券商的业务范围是趋同的，因此人数占优的券商更容易形成规模效应，IPO 业务数量自然也会更多，这种情况导致了如果仅以 IPO 项目数量排名作为参考，那么往往只能筛选出人数较多的大型券商，信息量仍显不足。对于拟 IPO 企业而言，在与券商确立合作关系之前需要进一步补足的是对券商的工作流程以及工作机制的了解，以及认识到券商的不同部门对企业 IPO 推进的影响。

（一）拟 IPO 企业与券商合作的流程

结合若干家证券公司在申请 IPO 期间披露的招股说明书，对投资银行一般业务流程中的重要节点进行重绘，如图 3-3 所示。

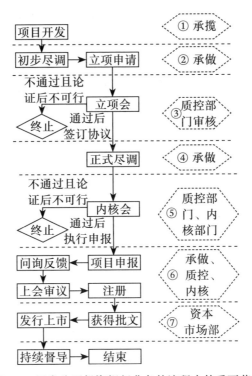

图 3-3　证券公司投资银行业务的流程中的重要节点

资料来源：作者根据 2022 年申报 IPO 的华宝证券、财信证券、渤海证券和首创证券披露的招股说明书以及中信建投 2017 年上市期间披露的招股说明书整理绘制。

图 3-3 是以证券公司内部视角整理的投资银行业务流程图，IPO 业务作为投资银行业务的一部分，需要严格遵循上述流程。虽然券商 IPO 业务的执行过程并不对外公开，拟 IPO 企业仅在 IPO 进程的某些具体环节才能接触到券商内部的各类角色，但正是这些不同的角色决定了企业 IPO 的走向。

将图 3-3 中投资银行业务流程转换为文字表述。

第一步，企业 IPO 启动后首先会遇到券商的承揽人员，此时拟 IPO 企业对承揽人员往往抱有极高期待，常希望承揽人员能够在券商内部"包打天下"。

第二步，拟 IPO 企业与券商建立初步合作意向后，券商承做团队开始进行初步尽职调查，当初步认定拟 IPO 企业不存在"硬伤"的情况下，将发起立项申请。

第三步，立项会是拟 IPO 企业的信息第一次在券商内部亮相，质量控制部门会对企业的基本情况进行了解，并提出业务承接前的关注要点。立项会审议通过后，券商就可以同拟 IPO 企业签订正式的服务协议。但需要指出的是，因涉及辅导、保荐类的协议有监管备案要求，此阶段的立项并不一定是"IPO 立项"，在实务中合作双方常以财务顾问协议或框架协议的方式明确合作关系。

第四步，立项审核通过后，IPO 工作就进入到漫长的正式尽职调查阶段，这段时间里，券商的尽职调查和拟 IPO 企业自身的整改工作是并行的。

第五步，正式尽职调查完成后，券商启动内核程序，内核程序包括现场核查阶段及内核会议审议阶段。内核会议是券商内部的最后一道关卡，内核委员会成员既包括券商合规部、风险管理部等重点部门的专业人士，有时还包括外部的行业专家。

第六步，项目申报被受理后进入审核期，在审核期内仍以拟 IPO 企业与券商承做人员的直接交互为主，券商的质量控制部门或内核部门的人员在此阶段会间接与拟 IPO 企业产生交集。

第七步，上会审议通过后，拟 IPO 企业就进入到与券商资本市场部合作为主的发行阶段。注册制发行遵循市场化定价原则，因此拟 IPO 企业与资本市场部的沟通变得极为重要。

综合前述信息，一个 IPO 项目的成功需要券商内部多部门的共同协作，具体工作内容包括前台承做部门的尽职调查、质量控制部门的过程管理、内核部门的风险把控以及资本市场部门的协助发行等。

（二）拟 IPO 企业与投资银行前台业务部门的相处之道

投资银行业务在券商体系中属于核心业务，从业人员数量众多，为了便于管理，券商往往会将投资银行部门分解为若干个二级部门，如有的券商按照行业分组，有的券商则按照团队分组。无论哪种分组方式，各二级部门一般由核心的承揽人员搭配若干承做人员构成。

在企业 IPO 全过程中，与拟 IPO 企业产生直接交互最多的是投资银行前台业务部门。在双方合作中至关重要的是，拟 IPO 企业需要学会判断承揽人员是否可靠，相应地，拟 IPO 企业也要了解如何获得承做团队的信任和重视。

1. 拟 IPO 企业须具备判断承揽人员可靠性的能力

对于资本运作经验相对较少的企业而言，券商提供的 IPO 承销保荐服务看起来似乎存在较大的同质性。因此在通常情况下，拟 IPO 企业最终选择哪家券商，很大程度上就要看券商承揽人员的营销能力。

（1）技术型承揽和资源型承揽

IPO 业务具有很强的专业性，因此有相当一部分承揽人员是从业务条线中成长而来的，即技术型承揽。这种类型的承揽人员对 IPO 流程极为熟悉，一般会深度参与到 IPO 业务的具体推进过程中，但因精力所限，其累计服务过的 IPO 案例数量不一定多。这类承揽人员的过往案例往往具有产业相关性，以其在某细分行业的良好口碑作为主要展业手段。

在 IPO 业务里，专业性固然十分重要，而对 IPO 项目关键节点的推进能力同样不可或缺，以项目推进能力为主要展业手段的承揽人员可定义为资源型承揽。资源型承揽的服务范围非常广，从 IPO 前的若干轮融资到 IPO 阶段的路演，甚至是企业上市后的资本规划，资源型承揽都可以为拟 IPO 企业提供相匹配的资源。

资源型承揽人员一般具有较高的业务职级，在证券公司内部乃至行业内都具有一定的影响力。但是，这类承揽人员不一定具有丰富的专业背景，因此在与拟IPO企业接触时往往会选择与业务团队相互配合，以弥补其在专业属性上的短板。

由于公开信息有限，拟IPO企业常无法判断资源型承揽人员的可靠性，在这种情况下，关注资源型承揽人员的个人特质就显得尤为重要，具体判断标准可以参考"做人有操守，行为无官气，做事多条理，说话少大言"的选人之道。

（2）"全员承揽"的行业现状

券商行业内的竞争日益增强，仅从从业人员数量这一维度来看，保荐代表人由2019年末的不足4000人发展到2022年末的接近8000人，已远超过上市公司的数量，这意味着许多保荐代表人可能处于无项目可做的状态。与此同时，许多券商推行的"市场化考核"机制将业绩指标分解到所有业务人员身上，导致许多从业人员都有参与业务承揽的强诉求。

当拟IPO企业遇到一位承揽人带着三至五位保荐代表人来洽谈业务时，要意识到这并不能说明企业受到券商的重视，反而有可能是由于该券商业务量过少，导致保荐代表人大量闲置。

拟IPO企业在与承揽人员交流时须看重实质，着重考察承揽人员和保荐代表人共同完成的成功IPO项目经验，并依此判断承揽人员的可靠性。

（3）拟IPO企业与承揽人员之间的黏性

黏性是指拟IPO企业对承揽人员的信任程度，这种信任感对企业IPO决策的影响较大，有的拟IPO企业甚至为追随某位承揽人员而选择更换IPO券商，但这种情况一般在拟IPO企业与中小型券商合作时较为常见。当拟IPO企业与大型券商合作时，拟IPO企业会更看重大型券商的品牌价值，与承揽人员之间的黏性相对较弱。

在大型券商从业的承揽人员更不易夹杂个人利益，因此在承揽环节的中立性更强，但其对所在券商的影响力往往较弱；在中小型券商从业的承揽人员因对IPO项目有把控力，在券商内部有更强的影响力，但在承揽环节的中立性就会偏弱。相较之下，有些券商将承揽人员汇集成立专门的承揽部门的做法似乎更具科学性。

总体来看，拟 IPO 企业应结合承揽人员所在券商平台的大小、个人成功案例以及团队成员经验等诸多方面对其进行综合评价。拟 IPO 企业在与承揽人员建立初步互信后，拟 IPO 企业是否要选择与承揽人员产生深度绑定，需要结合自身 IPO 项目进展情况等综合考虑。需要指出的是，拟 IPO 企业应秉持谨慎为先的原则，尽可能将主动权掌握在自己手中。

2. 拟 IPO 企业与承做团队之间应是相互信任和重视的关系

券商的 IPO 承做团队可类比制造型企业的生产部门，项目组成员可类比组装工人、油漆工人等。券商的承做团队承担了 IPO 尽职调查的所有实质性工作内容，项目组全体成员都会在最终申报的《保荐工作报告》上签字，以确保申报文件具有真实性、准确性、完整性和及时性。

（1）拟 IPO 企业与承做团队应尽快建立互信

IPO 承做团队的工作内容可概括为发现问题和解决问题。具体而言，承做团队在拟 IPO 企业的配合之下，对企业存在的潜在风险点进行全面排查，在发现问题后，承做团队可将所发现的问题按照"轻重缓急"的次序进行排序，并协助拟 IPO 企业依序解决，这个过程就是拟 IPO 企业的合规化改造。

拟 IPO 企业与承做团队应特别注意在合作之初的沟通方式。由于券商行业本身具备了较强的职业敏感性和职业怀疑精神，如果拟 IPO 企业与承做团队的沟通初期存在言不由衷的情况，就会动摇双方的合作基础。

前文曾提到，券商不属于传统的乙方，如拟 IPO 企业存在虚假记载却仍发行上市，券商在事后是需要承担连带赔偿责任的，负有责任的券商从业人员的职业生涯也会因此受到波及，因此合作双方建立相互信任就显得十分必要。

（2）券商承做团队更重视确定性强的项目

因为 IPO 项目执行期较久且成功率不是 100%，所以券商承做团队一般都会采取"一对多"的业务模式，即团队中的"投行熟手"在同一时期会参与到若干个投行类项目中，以防止因某项目推进不顺利而导致全年绩效考核不达标情况的发生。

正是由于业绩考核压力的存在，承做团队在项目执行过程中难免会出现"挑肥拣瘦"的现象。在承接 IPO 项目时，承做团队往往是"心理脆弱"的，当发现拟 IPO 企业存在硬伤又不配合整改时，承做团队或许就会重新衡量各个在手项目的权重，并将精力投入到其他确定性更强的项目上。

理解 IPO 承做团队的心理活动后，拟 IPO 企业在上市推进过程中就可以采取更具针对性的方案：其一，关注承做团队在本企业 IPO 推进过程中的出勤率及工作饱和度，判断承做团队是否已"进入状态"，即已将本企业 IPO 作为"基本盘"；其二，组织企业内部人员积极配合承做团队完成整改，主动向确定性强的项目特质靠拢。

（3）拟 IPO 企业应对承做团队进行适度支持

许多券商承做人员的职业寿命并不长，且在执业过程中往往不能得到"公司资源"的倾斜，因此，一些承做人员对券商平台的认同感和忠诚度不高，导致券商从业人员流动性较大的现实结果。

一些券商在内部激励机制的设定上，有可能会将 IPO 的签字权作为一种管理手段，因此可能会存在作为现场负责人的保荐代表人或项目协办人无法为项目签字的情况，这种情况的存在加剧了承做人员的流失。

企业发行上市既需要券商的承销保荐通道，也需要承做团队提供的服务。因此，随着 IPO 工作的深入，拟 IPO 企业可结合实际情况，从 IPO 成功的大方向出发，在与券商进行沟通时适度对承做人员的合理诉求予以支持。

需要指出的是，拟 IPO 企业对承做团队的支持应出于提升工作效率以及提高合规性的角度，而不应模糊相互之间的独立性。

3. 拟 IPO 企业应与投资银行前台部门保持独立

在实务中，有些拟 IPO 企业对发行上市流程的了解相对有限，在与券商合作初期态度暧昧，对整改事项的表达不尽不实，而随着券商团队的尽职调查深入后，又开始担心自身商业秘密或不合规事项发生泄露，进而提出相关问题在券商团队内部消化的诉求。存在这种思维模式的拟 IPO 企业就会有与券商团队深度绑定的诉求,进而产生 IPO 项目"跟着人走"或者"跟着团队走"的现象。

针对这种现象需要指出的是,券商团队仅是企业 IPO 过程中的重要角色之一,一个完整的 IPO 项目还需要经过券商中后台的审查,也需要其他中介机构的独立调查,最后还有监管机构和广大投资者的共同监督。因此,拟 IPO 企业应与券商团队保持相互独立的关系,先以完成合规化改造为目标,无须考虑"跟着谁走"的问题。

(三)券商中后台部门对企业 IPO 的顺利推进有重要影响

由券商投资银行业务流程图可以看出:在 IPO 项目前端,投资银行的中后台部门早在立项环节即已开始参与到 IPO 项目中;在 IPO 项目后端,IPO 申报文件需在内核会议审核通过后方能提交辅导验收,IPO 申报文件以及在审期间的历次问询回复都需要经券商审核流程通过方可提交。因此说,投资银行中后台部门参与到了整个 IPO 流程中,对企业 IPO 的顺利推进有重要影响。

从先后顺序上看,拟 IPO 企业在发行上市过程中将依次接触到负责质控和内核流程的质量控制部门、内核部门,而后在发行阶段会与资本市场部门产生合作。

1. 券商的质控内核体系对 IPO 执行的影响

券商的质控内核体系在 IPO 业务的立项、内核以及问询回复环节都发挥着内部监督作用。正是由于质控内核体系的存在,使得券商内部没有人能够"包打天下",监管机构所要求的独立性才能够落地。

在工作职责层面,质量控制包含了对投资银行业务实施贯穿全流程、各环节的动态跟踪和管理,最大程度前置风险控制工作,履行对投资银行项目质量把关和事中风险管理等职责;券商投行类业务的内核是指通过公司层面审核的形式对投资银行类项目进行出口管理和后端风险控制,履行以公司名义对外提交、报送、出具或披露材料和文件的最终审批决策职责。即质量控制部门的工作内容覆盖投行业务全程,做的是风险前置工作,而内核部门则是出口管理和后端风险控制职责,两者都是券商整体合规管理体系下的重要组成部分。

(1) 券商搭建质控内核体系的主要制度依据

2003年12月15日,中国证监会修订了《证券公司内部控制指引》(证监机构字〔2003〕260号),该指引中提及了"证券公司投资银行业务风险(质量)控制与投资银行业务运作应适当分离",此时所用词汇仅是"适当分离"。[一]

2018年3月23日,中国证监会发布《证券公司投资银行类业务内部控制指引》,该指引以完善券商内部"三道防线"为主要亮点,即项目组和业务部门、质量控制以及内核、合规、风险管理等部门或机构各司其职,形成分工合理、权责明确、相互制衡、有效监督的投行类业务内部控制体系。该指引明确指出券商的内核部门为常设机构,并将质量控制和内核的职责进行了区分,明确要求质量控制以及内核等中后台部门独立履职,且与前台业务运作相分离。[二]

2021年7月9日,中国证监会发布《关于注册制下督促证券公司从事投行业务归位尽责的指导意见》,该指导意见旨在扎实做好稳步推进全市场注册制改革准备工作,督促证券公司在从事投行业务时归位尽责,充分发挥资本市场"看门人"作用。该指导意见在强化证券公司内部控制机制上较《证券公司投资银行类业务内部控制指引》更为具体,要求做实"三道防线",按照穿透式监管、全链条问责的要求,对项目人员、内控部门、公司管理层等全链条上的责任人员进行追责,此外还要求督促证券公司严格投行业务执业过程管控,提升内控部门对业务前台的制衡作用。[三]

中国证监会发布的上述三个法规层层递进,从"前中后台业务分离"逐步发展到"强化内部制衡机制",在规则层面对证券公司内部不同部门之间的职能做出了清晰的划分,并指出"隔离墙"以及"独立性"的重要性,旨在通过制度设计,让证券公司内部实现充分的制衡,在提高各环节人员责任承担的同时降低投行业务的风险发生概率。

[一] 资料来源:"中国证券监督管理委员会关于发布《证券公司内部控制指引》的通知(2003)"。
[二] 资料来源:《证券公司投资银行类业务内部控制指引》。
[三] 资料来源:中国证监会官网"【第17号公告】《关于注册制下督促证券公司从事投行业务归位尽责的指导意见》"。

（2）质量控制部门和内核部门的风险承担逐步增强

无论是《证券公司投资银行类业务内部控制指引》，还是《关于注册制下督促证券公司从事投行业务归位尽责的指导意见》，都是监管机构建立健全工作机制，提升监管合力的重要方式，同时也是"立体追责"理念以及"申报即担责"原则的具体体现，通过对投行业务各环节责任人员穿透式监管和全链条问责，提升券商执业质量。

2022年5月27日，证监会网站发布题为"证监会进一步规范强化投行内控现场检查"的证监会要闻，要闻中强调了《证券公司投资银行类业务内部控制指引》发挥的重要作用，同时提及证监会在系统内印发《证券公司投资银行类业务内部控制现场检查工作指引》，旨在以强化现场检查为着力点，督促证券公司更好地发挥投行内控机制的监督制衡作用。值得注意的是，该工作指引中明确了四类应当予以处罚的主体，即检查发现证券公司及其管理人员、内控人员、业务人员等四类主体存在违法违规行为的，应当依法采取行政监管措施或者移送稽查部门、司法机关处理。⊖

1）案例一：东莞证券投资银行项目管理部总经理（履行质量控制职能）因同时担任项目保荐代表人被处罚

2020年9月28日，珠海天威新材料股份有限公司（简称"天威新材"）申报创业板IPO，在经历四轮问询后于2021年12月30日申请撤回首发申请材料。监管机构在第四轮问询问题中包含了深交所的现场督导问题。在此次现场督导中，深交所对于东莞证券负责质量控制职责的人员同时担任保荐代表人的情况提出了疑问，东莞证券于2021年12月6日将所涉人员进行了岗位调整，并于2021年12月18日完成现场督导的问询回复，但此轮回复显然并未足以将该IPO项目向前再推进一步，东莞证券和天威新材很快就启动了撤回IPO申请材料的程序。⊜

2022年6月2日，深交所在有关监管函中指出东莞证券存在天威新材创业板IPO项目的立项、质控程序对项目组成员、质控负责人的利益冲突审查不充分，质控负责人未严格执行回避管理规定等问题，深交所最终

⊖ 资料来源：中国证监会官网证监会要闻版块"证监会进一步规范强化投行内控现场检查"。
⊜ 资料来源：深交所发行上市审核信息公开网站——"珠海天威新材料股份有限公司"。

对东莞证券和保荐代表人采取书面警示的监管措施。①

2）案例二：安信证券质量控制部门负责人、项目内核负责人因并购项目存虚假记载被处罚

2015年，中小板上市公司浙江亚太药业股份有限公司（简称"亚太药业"）以支付现金的方式收购Green Villa Holdings LTD.持有的上海新高峰生物医药有限公司（简称"上海新高峰"）100%的股权（简称"亚太药业2015年重大资产购买项目"），本次收购完成后的2016年至2018年期间，上海新高峰在未开展真实业务的情况下，通过第三方企业以资金流转的方式虚增收入导致亚太药业2016年、2017年、2018年年度合并报告的财务数据及相关披露信息存在虚假记载。②

亚太药业2015年重大资产购买项目以及亚太药业2019年公开发行可转换公司债券项目均由安信证券承接，浙江证监局认为安信证券在此过程中未勤勉尽责，未能对亚太药业信息披露文件的真实性、准确性进行充分核查和验证，尽职调查不充分，未按规定履行持续督导义务，内部质量控制不完善。

2022年1月19日，浙江证监局除对安信证券采取责令改正措施外，也对安信证券时任分管投行业务的副总经理、时任投行业务部门负责人、项目执行时的财务顾问主办人及保荐代表人、时任质量控制部部门负责人、项目内核负责人采取了责令改正、认定为不适当人选、出具警示函以及监管谈话等行政监管措施。③

（3）质控和内核部门在执业过程中风险规避特征更为显著

券商的质控和内核人员往往拥有丰富的前台业务背景，有的更曾是战斗在一线的保荐代表人。在日常工作中，质控和内核人员可以接触到整个证券公司的所有投行类项目，并且时常需参加证监会、交易所及证券业协会组织的各类培训，使得其能够集合数量众多的专业信息，因而能够对前台业务人员的项目执行质量具有较高的敏感度和判断力，这样的专业性是

---

① 资料来源：深交所官网"关于对东莞证券股份有限公司、邢剑琛、潘云松的监管函"。
② 资料来源：中国证监会浙江监管局官网"市场禁入决定书〔2021〕1号"。
③ 资料来源：中国证监会浙江监管局官网"关于对安信证券股份有限公司采取责令改正措施的决定"，对其他个人的监管措施参见中国证监会浙江监管局官网政府信息公开板块于2022年1月19日披露的8项行政监管措施。

质控和内核部门能够承担起内部制衡作用的基础。

在天威新材及亚太药业两个案例中，券商中后台人员被认定在投行业务的违规行为中负有责任并受到监管机构处罚，这是监管机构"立体追责"监管导向的具体体现。也正是由于质控和内核部门在执业过程中所承担的风险迅速增大，倒逼券商中后台部门相应提高了内部审核标准，对拟 IPO 企业存在的重点不合规问题及整改过程进行了严格审视。在这种背景下，一些准备尚不充足的 IPO 项目无法通过券商的立项会已成为常态。

值得指出的是，由于券商质控内核体系对风险规避的诉求增强，使得券商在 IPO 业务承接环节的标准大幅提高，对其所辅导企业进行的整改也更加彻底。这种基于券商内部制衡机制逐步形成正反馈的逻辑，是契合风险控制前置的监管精神的，也正是由于内部制衡机制的存在，在券商内部做到"包打天下"的可能性已极低。

2. 资本市场部对 IPO 发行的重要性已显现

证券公司资本市场部的主要职能为证券的定价、风险评估及发行销售等。但是，在注册制推行前的很长一段时间里，券商资本市场部的定价职能是失效的。以 2019 年为例，首批科创板企业于 2019 年 7 月 22 日上市，在此之前的大部分 IPO 企业在发行阶段都是按照不高于 23 倍市盈率进行的首次公开发行（见表 3-4）。

由表 3-4 可见，在注册制之前，IPO 项目的发行市盈率相对固定，发行市盈率超过 23 倍的仅有红塔证券和中国卫通 2 家，发行市盈率介于 22 倍至 23 倍之间的有 46 家，占比 65.71%。因此，在此阶段拟投资新股的投资者对任何一只新股的发行价格都有较为明确的预期，导致券商资本市场部定价发行的职能未能得到施展，资本市场部在此阶段的工作内容主要包括制作发行文件、协助发行人领取批文、与交易所预约上市仪式时间等。

在科创板注册制落地后，IPO 发行价格日趋市场化，新股破发、超募的情况重新开始频繁出现。随着注册制实施进程的推进，各板块均已开始遵循市场化规律开展 IPO 发行，券商资本市场部的重要性因此获得大幅度提高。但是，由于注册制实施时间尚短，券商资本市场部在市场定价博弈中仍处于相对弱势的地位，因此曾发生过以"地板价"发行的 IPO 案例。

表 3-4　2019 年 1 月 1 日至 7 月 21 日各板块发行市盈率情况表

序号	股票简称	上市日期	发行市盈率	上市板块	序号	股票简称	上市日期	发行市盈率	上市板块
1	紫金银行	2019-01-03	10.85	沪主板	36	天味食品	2019-04-16	22.99	沪主板
2	罗博特科	2019-01-08	20.59	创业板	37	新媒股份	2019-04-19	22.99	创业板
3	华培动力	2019-01-11	22.98	沪主板	38	智莱科技	2019-04-22	14.57	创业板
4	青岛银行	2019-01-16	10.81	深主板	39	拉卡拉	2019-04-25	22.99	创业板
5	蔚蓝生物	2019-01-16	22.99	深主板	40	运达股份	2019-04-26	22.97	沪主板
6	华林证券	2019-01-17	22.98	沪主板	41	中创物流	2019-04-29	22.24	沪主板
7	苏州龙杰	2019-01-17	18.95	沪主板	42	有友食品	2019-05-08	13.92	沪主板
8	青岛港	2019-01-21	10.51	沪主板	43	日丰股份	2019-05-09	16.34	深主板
9	宁水集团	2019-01-22	22.98	沪主板	44	新城市	2019-05-10	22.99	创业板
10	明阳智能	2019-01-23	22.96	沪主板	45	鸿远电子	2019-05-15	16.50	沪主板
11	新乳业	2019-01-25	22.96	深主板	46	中简科技	2019-05-16	22.98	创业板
12	康龙化成	2019-01-28	22.99	创业板	47	宝丰能源	2019-05-16	22.07	沪主板
13	华致酒行	2019-01-29	22.98	创业板	48	帝尔激光	2019-05-17	22.99	创业板
14	威尔药业	2019-01-30	22.99	沪主板	49	三角防务	2019-05-21	20.29	创业板
15	恒铭达	2019-02-01	22.99	深主板	50	惠城环保	2019-05-22	22.99	创业板
16	福莱特	2019-02-15	9.56	沪主板	51	泉峰汽车	2019-05-22	22.98	沪主板
17	立华股份	2019-02-18	16.05	创业板	52	福蓉科技	2019-05-23	22.55	沪主板
18	七彩化学	2019-02-22	22.99	创业板	53	鸿合科技	2019-05-23	22.99	深主板

序号	名称	日期	数值	板块	序号	名称	日期	数值	板块
19	威派格	2019-02-22	22.97	沪主板	54	德恩精工	2019-05-31	22.99	创业板
20	华阳国际	2019-02-26	22.99	深主板	55	因赛集团	2019-06-06	22.98	创业板
21	西安银行	2019-03-01	10.28	沪主板	56	国茂股份	2019-06-14	22.98	沪主板
22	奥美医疗	2019-03-11	22.03	深主板	57	卓胜微	2019-06-18	22.99	创业板
23	上海瀚讯	2019-03-14	22.99	创业板	58	西麦食品	2019-06-19	22.99	深主板
24	金时科技	2019-03-15	22.99	深主板	59	元利科技	2019-06-20	20.72	沪主板
25	锦浪科技	2019-03-19	19.68	创业板	60	朗进科技	2019-06-21	22.98	创业板
26	新诺威	2019-03-22	22.99	创业板	61	松炀资源	2019-06-21	22.69	沪主板
27	每日互动	2019-03-25	22.98	创业板	62	海油发展	2019-06-26	22.93	沪主板
28	永冠新材	2019-03-26	22.98	沪主板	63	新化股份	2019-06-27	14.18	沪主板
29	青农商行	2019-03-26	10.74	深主板	64	中国卫通	2019-06-28	26.01	沪主板
30	亚世光电	2019-03-28	22.99	创业板	65	中信出版	2019-07-05	15.15	创业板
31	震安科技	2019-03-29	13.95	沪主板	66	红塔证券	2019-07-05	35.56	沪主板
32	三美股份	2019-04-02	13.06	创业板	67	三只松鼠	2019-07-12	22.99	创业板
33	迪普科技	2019-04-12	22.99	沪主板	68	值得买	2019-07-15	17.45	创业板
34	德方纳米	2019-04-15	21.46	创业板	69	移远通信	2019-07-16	22.99	沪主板
35	博通集成	2019-04-15	22.99	沪主板	70	宏和科技	2019-07-19	22.96	沪主板

注：表格中删除了 A+H 股上市的中国外运以及重新上市的招商南油。

资料来源：作者根据 wind 数据统计，按照时间顺序排序。

（1）上纬新材料科技股份有限公司（简称"上纬新材"）发行案例

上纬新材于 2020 年 9 月 15 日发布《上纬新材料科技股份有限公司首次公开发行股票并在科创板上市发行公告》，宣布本次 IPO 发行价为 2.49 元/股，扣除发行费用后，预计募集资金净额为 7,004.27 万元。从询价过程来看，有超过 99% 的询价对象都是以 2.49 元/股进行的报价。

上纬新材在《招股说明书》中披露，其选择的市值与财务指标上市标准为"预计市值不低于人民币 10 亿元，最近两年净利润均为正且累计净利润不低于人民币 5000 万元，或者预计市值不低于人民币 10 亿元，最近一年净利润为正且营业收入不低于人民币 1 亿元"。本次 2.49 元/股的发行价格对应的公司市值约为 10.04 亿元，即本次发行距离发行失败仅相差 400 万元市值，属于真正的"地板价"发行。

据上纬新材披露，其本次发行市盈率在 10.27 倍至 12.83 倍之间（因计算口径存在差别），远低于与其主营业务相近的上市公司康达新材及宏昌电子在同时期 42.01 倍的静态市盈率均值。[1]

（2）发行环节制度修订，提升市场参与者的市场化博弈水平

针对包括上纬新材在内的 IPO 企业在发行过程中遇到的问题，上海证券交易所第一届科创板股票公开发行自律委员会（简称"科创板自律委"）于 2020 年 9 月 21 日召开了第八次工作会议，对当时新股发行过程中出现的新情况做出了行业倡导，与会机构委员认为部分网下投资者在参与新股认购过程中存在"协商报价"的嫌疑，而部分主承销商也存在未能独立、审慎、规范撰写投资价值研究报告的情形。科创板自律委继而倡导，建议各市场机构坚守法律规则底线，理性规范参与市场博弈。[2]

上纬新材等 IPO 案例在资本市场上引起了广泛讨论，监管机构在此之后根据市场发行情况动态修订了各板块股票发行与承销相关的业务规则。以科创板为例，上交所于 2021 年 9 月 18 日发布《上海证券交易所科创板

---

[1] 资料来源：上交所官网"上纬新材料科技股份有限公司首次公开发行股票并在科创板上市发行公告"。

[2] 资料来源：上交所官网"科创板第一届自律委召开工作会议 倡导建议买卖双方规范开展科创板新股发行业务"。

股票发行与承销实施办法（2021 年修订）》（已于 2023 年 2 月 17 日废止），对最高报价剔除比例、延迟申购安排、定价不在投价报告估值区间范围内以及进一步明确网下投资者参与新股报价要求等事项进行了修订，旨在进一步优化科创板新股发行承销制度，促进买卖双方博弈更加平衡，引导投资者审慎参与网下发行。㊀

2023 年 2 月 17 日，中国证监会发布实施全面实行股票发行注册制制度规则，此次发布的各项规则中，主要内容即包括了优化发行承销制度的相关规则。对新股发行价格、规模等不设任何行政性限制，完善以机构投资者为参与主体的询价、定价、配售等机制。

具体而言，在充分借鉴前期科创板和创业板试点注册制成功经验的基础上，中国证监会发布了修订后的《证券发行与承销管理办法》，用以平衡好发行人、承销机构和投资者之间的利益，实现新股市场化发行。同时，上交所和深交所为分别统一各自市场证券发行承销主要制度，规章层面明确定价、配售、发行程序、信息披露和监管处罚等制度的重点问题，上交所发布《上海证券交易所首次公开发行证券发行与承销业务实施细则》，沪主板和科创板统一适用；深交所发布《深圳证券交易所首次公开发行证券发行与承销业务实施细则》，深主板和创业板统一适用。㊁

随着 IPO 企业迅速增多，一级市场的新股供给量大幅增加，资金端有了更为多样的选择，拟 IPO 企业的首次公开发行难度随之提升。也正因如此，券商资本市场部的重要性开始逐步显现，券商的定价发行能力已经成为拟 IPO 企业遴选券商的重要指标之一。

三、个人级流动逻辑：影响券商前台业务人员行为模式的因素

券商在公司级层面有比较优势的区别，在部门级层面又存在着制衡机制。而除了这两个维度以外，拟 IPO 企业在与券商洽谈合作之前，还应对券商前台业务人员个人级的行为模式有所了解。毕竟，IPO 推进时的具体工作总会落实到项目组的每一个成员身上。

㊀ 资料来源：上交所官网"上交所修订科创板股票发行与承销业务规则"。
㊁ 资料来源：中国证监会官网"【第 208 号令】《证券发行与承销管理办法》"。

(一) 职级晋升体系对券商前台业务人员的影响

在证券业协会的官方网站上，有专门的"从业人员基本信息公示"模块，在此可以查询全部处于注册状态的券商从业人员的职业信息，例如可以查询到某位保荐代表人历年服务过的券商，以及其登记为保荐代表人的具体时间。

有了信息查询手段后，拟 IPO 企业虽然常会发现前来洽谈合作的券商团队的业务人员具有较大的流动性，但却无法判断导致这种现象的真实原因是什么。实际上，券商行业人员流动性大的现象既可能与从业人员的执业能力有关，也有可能是由于券商的职级晋升体系相对固化导致的。

1. 相对固化的职级体系是导致人员流动性较大的原因之一

拟 IPO 企业与券商接触时会发现双方的职级体系差别很大，尤其是券商一侧的职级称谓都与企业高级管理人员趋同，这种现象或许与多数券商执行的"MD 制"职级体系（见表 3-5）有关。

表 3-5 投资银行"MD 制"职级体系示意表

职级简称	英文称谓	中文称谓
A	Associate	分析师、高级经理
SA	Senior Associate	高级分析师
VP	Vice President	副总裁、业务副总裁
SVP	Senior Vice President	高级业务副总裁
D	Director	董事、业务董事
ED	Executive Director	执行董事、执行总经理
DMD	Deputy Managing Director	董事副总经理
MD	Managing Director	董事总经理

注：本示意表无官方依据，但现实中的确如此执行。不同证券公司在执行"MD 制"职级时有所区别，例如许多证券公司并无 DMD 职级。

拟 IPO 企业筹备上市事宜时一般会由财务总监或董事会秘书等高级管理人员负责，"MD 制"可以使券商团队成员的职级看起来与拟 IPO 企业有对等性，这对券商业务推进是有一定帮助的。

在券商内部，"MD 制"一般仅对应业务职级，MD 职级已经是投资银行前台序列的最高业务职级。在证券公司中，能够真正作为高级管理人员的人员，遵循的则是超出"MD制"范畴的管理职级。

"MD制"较易达到与企业对等对话的需求，且具备层次清晰的优点，因而在券商行业十分常见。但是，由于"MD制"属于科层制体系，员工在本单位内部的直接晋升往往极为不易，有的券商在某一职级内会再拆分出若干个小级别，使得每年优秀员工的晋升比例和晋升幅度都不高，这种相对僵化的机制是导致员工出现离职的重要原因之一。

一些券商准备提高投行业务的发展增速时，常会通过"更高职级＋更高薪资"的方式提升自身吸引力，当具备良好业绩或项目储备的团队或个人加盟时，新员工往往可顺势获得职级跃迁和薪资提升。

需要指出的是，"MD制"虽具有普遍性，但由于不同券商间业务规模相差较多，因而不同券商同一职级的含金量会存在较大差距。行业内从业人员一般的跳槽规律是"大跳小升职级，小跳大涨薪资"。无论出于哪种诉求的跳槽，都客观形成了从业人员频繁流动的现实情况。

2.成为保荐代表人是券商前台业务人员实现职级跃迁的重要方式

在投资银行生态中，数量相对较少的承揽人员可通过其掌握的业务资源在券商内部获得较高职级，数量相对较多的承做人员则只能以经验积累和专业资格获得职级晋升，保荐代表人即是承做人员的首选专业资格。

在中国证券业协会关于证券从业人员的登记信息中，将从事投资银行业务的从业人员的执业岗位分为"一般证券业务"和"保荐代表人"，[⊖]以截至2022年10月31日的数据为例，保荐代表人数量占券商从业人员总数的2.18%，保荐代表人数量仍处于相对稀缺的状态。

此外，在券商保荐业务执行过程中，券商作为保荐机构需指定2名保荐代表人具体负责保荐，数量相对稀缺叠加保荐业务"双签"的刚性需求，使保荐代表人的执业资格具有了较高的含金量。

（1）申请保荐代表人执业资格的三个阶段

申请保荐代表人的执业资格大体经历了"考试""考试＋协办"以及"综合认定"三个阶段。

⊖ 除从事投资银行业务的从业人员外，证券公司分公司、营业部的在职人员也存在将执业岗位登记为"一般证券业务"的情况。

2003年12月28日,证监会公布《证券发行上市保荐制度暂行办法》,该办法自2004年2月1日起施行,国内IPO市场自此开启了执行保荐制度的时代。该办法中规定,具备证券从业资格的个人可通过参加考试的方式申请保荐代表人资格。在2004年举办的首次保荐代表人考试中,仅有609人通过。

2008年10月17日,证监会发布《证券发行上市保荐业务管理办法》,该管理办法自2008年12月1日起施行。该管理办法提出注册保荐代表人除需通过保荐代表人考试外,还需在最近3年内在保荐业务中担任过项目协办人。这种认定方式大幅提升了保荐代表人的认定门槛。业内开始有了"准保荐代表人"的称谓,特指已通过考试但尚未担任过项目协办人的群体,这种情况使得券商内除保荐代表人有签字权外,又增加了项目协办人的签字权。

2020年12月4日,中国证券业协会发布《证券公司保荐业务规则》,该业务规则自发布日起施行。该业务规则的发布代表着在注册制推行后,保荐代表人管理模式发生了调整,例如将保荐代表人资格由准入型考试改为非准入型的水平评价测试,将执业资格管理改为综合认定模式等。该规则的后续修订版本并未对保荐代表人资格认定方式进行修改。2020年新规发布后,按照新规注册的保荐代表人数量陡增(见图3-4)。

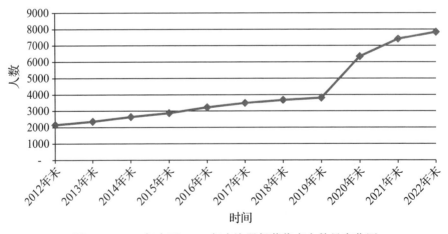

图3-4 2012年末至2022年末注册保荐代表人数量变化图

资料来源:2012年末至2016年末的数据引自"高青松,谢子凡.注册制改革背景下保荐人制度存在的问题及对策研究[J].区域金融研究,2022(5):86-92.",2017年末至2022年末的数据来自wind数据。

截至 2023 年 6 月 30 日，在册保荐代表人数量已超过 8000 人，仍保持较大幅度的上升趋势。在保荐代表人数量激增的背景下，部分券商对于按照综合认定方式获得执业资格的新保荐代表人采取了分类管理模式，即新老方式注册的保荐代表人在职级和薪资层面仍会存在差别。

需要注意的是，新老方式注册为保荐代表人的主要差别是作为项目协办人的保荐项目成功经验，因此当前项目协办人的签字权仍是券商内部备受重视的稀缺资源。

（2）财务造假案给券商从业人员带来的警示

2017 年 12 月 14 日，证监会公布了对于江苏雅百特科技股份有限公司（简称"雅百特"）及 21 名责任人员的处罚决定，在行政处罚决定书中载明，雅百特于 2015 年至 2016 年 9 月通过虚构巴基斯坦旁遮普省木尔坦公交工程项目、虚构国际贸易和国内贸易等手段，累计虚增营业收入达 5.8 亿元，虚增利润约 2.6 亿元，其中 2015 年虚增利润占当期披露利润总额达 73%，2016 年前三季虚增利润占当期披露利润总额约 20%。㊀

雅百特案发的原因之一是 2016 年其在申万宏源保荐下启动了非公开发行股票的尝试，监管机构在对此次申报文件审核过程中发现，该公司曾预测山东雅百特科技有限公司（简称"山东雅百特"）在 2015 年实现收入 115,000.00 万元，净利润 25,379.15 万元，而在 2015 年结束时山东雅百特实现收入 92,563.55 万元，净利润 26,619.05 万元。审核机构对于收入完成率 80.49% 的情况下完成了 105% 的利润指标的现象提出问询。㊁

之后事件的发展或许远远超出了雅百特的预料，2017 年 4 月 6 日，雅百特发布了《关于终止公司非公开发行股票事项的公告》；2017 年 4 月 7 日，雅百特公告其因涉嫌信息披露违法，中国证监会决定对其立案调查。

证监会对于雅百特的调查和处罚并不是案件的全部，2019 年 6 月 19 日，中国证券业协会在官方网站上发布了《关于对周乐采取自律措施的决定》，载明在申万宏源任职的时任雅百特非公开发行股票项目协办人、承

㊀ 资料来源：中国证监会官网"中国证监会行政处罚决定书（江苏雅百特科技股份有限公司、陆永、顾彤莉等 21 名责任人员）"。

㊁ 资料来源：深交所官网"申万宏源证券承销保荐有限责任公司关于江苏雅百特科技股份有限公司非公开发行股票申请文件反馈意见的回复"。

揽人周乐，应证监会发行部的核查要求，在2016年9月28日至30日期间会同金元证券、众华会计事务所、君泽君律师事务所等相关人员前往巴基斯坦对雅百特木尔坦项目进行现场走访，而其却以伊斯兰堡公交车站照片冒充木尔坦项目现场核查照片，导致申万宏源出具的《关于江苏雅百特科技股份有限公司木尔坦地铁公交项目之专项核查报告》存在虚假陈述。最终，证券业协会给予周乐以注销执业证书（一般证券业务）、三年内不受理执业注册申请的纪律处分。[⊖]

作为证券从业人员的周乐在应监管机构要求进行核查时，竟然采取"移花接木"的方式偷换工作底稿，一定程度上能够从反面印证该项目对其重要性，周乐既是雅百特非公开发行股票项目的承揽人又是项目协办人，或许正是多种利益的交结，方才使其铤而走险。

（二）薪资结构对券商前台业务人员的影响

雅百特案在一定程度上能够印证与保荐代表人有关的签字权对券商前台业务人员的重要性。部分券商会以项目签字权作为管理手段，一些准保荐代表人也会因签字权的问题选择"跳槽"。事实上，准保荐代表人为了签字权而更换工作的情况在业内较为常见，在成为保荐代表人后，除了职级提升外，薪资水平也会有较大幅度的提升。

但是，券商前台业务人员最终的薪资水平仍要遵循证券公司整体的薪资结构。在券商内部，薪资结构和职级体系是既独立又交叉的关系。

1. "大锅饭"制度及"包干"制度

（1）"大锅饭"制度的优势和劣势

券商行业的"大锅饭"制度指前台业务人员的综合收入与个人职级以及当年的KPI考核分数挂钩，即同职级员工在KPI考核水平相近的情况下，收入水平也相近。

"大锅饭"制度本质上是一种增强标准化的制度，一些规模较大的券商较早采用了此种制度，其优势之一是统一管理能力较强，由于全公司执

⊖ 资料来源：中国证券业协会官网《关于对周乐采取自律措施的决定》。

行一致的内部培训机制、底稿制作标准以及业务流程，执业质量往往较为稳定。并且，因券商内部不同团队之间不存在过多的竞争关系，内部协同效应也比较好。此外，由于员工收入与其承做项目并不直接挂钩，因而前台业务人员更愿意将许多模块化的工作进行"外包"以提高工作效率，例如通过聘请律师事务所、会计师事务所的方式协助业务团队完成法律、财务方面的尽职调查并辅助底稿制作等。

"大锅饭"制度的劣势同样明显，因投资银行业务的个性化程度较强，IPO实务中负责不同模块的人员的实际工作量可能相差甚远。因此，在"大锅饭"制度下难免会发生"搭便车"的现象，导致一些工作量较大的员工逐渐丧失积极性。此外，该种制度可能导致部分员工逐渐成为"螺丝钉"，即仅擅长某一模块的工作，却无法锻炼出对IPO项目的全局把控能力。

（2）"包干"制度的由来及其显著劣势

投资银行业务的种类较多，股权业务除IPO外，还包括并购重组、再融资等上市公司业务；在股权业务之外，券商投资银行部还可承接包括公司债、企业债、资产证券化等在内的固定收益类业务。

在实务中，不同投行团队侧重的项目类型有所不同，例如有的投行团队被称为债权团队，有的投行团队被称为股权团队。由于不同类型项目的市场供需关系和政策环境往往不同步，不同类型的投行团队每年业绩的完成程度差别很大，因而时常会出现当年业绩好的投行团队提出"独立核算"的诉求，"包干"制度即是为满足此类诉求发展而来的。事实上，"包干"制度是一种以部门或团队独立核算、分配为核心的薪酬分配制度。

不同券商的"包干"制度在具体执行时略有差别，具体而言，有的券商投行团队在每个项目成功之后即按照一定比例提取"承揽奖金"和"承做奖金"；有的券商则可能在每一年度终了之后对业务团队的收入和支出计算总账，以总收入减去总支出之后的剩余部分按一定比例提取为整个团队的综合奖金。

"包干"制度提倡市场竞争，一个投行团队可以在承揽、承做、上市以及持续督导的全流程服务企业客户，优化效率的同时也增强了与企业客户的黏性。执行此种模式的券商团队成员收入水平一般较高，可以招揽到资源更多、专业水平更高的从业人员，进而迅速提升市场占有率。

但是，"包干"制度的劣势却更为突出，尤其该制度会造成大量的风险积累。具体而言，执行"包干"制度的券商团队成员的薪酬与具体业务收入挂钩，会导致员工在逐利思维下故意隐瞒项目存在的风险；而在奖励发放后，员工又可能以离职实现获利了结，不再关注后期项目风险是否爆发；此外，由于"包干"制度下投行业务的预期收益都十分明确，因此潜在利益输送问题也会比较严重。这些累积的风险如出现爆发，既会使券商及其从业人员付出巨大代价，还会给投资人带来巨额损失。

2. 制度改革旨在淘汰"包干"制

中国证监会于 2018 年 3 月 23 日发布的《证券公司投资银行类业务内部控制指引》中，明确了"证券公司不得以业务包干等承包方式开展投资银行类业务，或者以其他形式实施过度激励"，同时规定了"证券公司应当对投资银行类业务承做实行集中统一管理，明确界定总部与分支机构的职责范围"。

在薪酬收入方面，该指引明确了"证券公司不得将投资银行类业务人员薪酬收入与其承做的项目收入直接挂钩"，并规定了收入递延支付制度。具体为："证券公司应当针对管理和执行投资银行类项目的主要人员建立收入递延支付机制，合理确定收入递延支付标准，明确递延支付人员范围、递延支付年限和比例等内容。对投资银行类项目负有主要管理或执行责任人员的收入递延支付年限原则上不得少于 3 年。"

在法规层面，监管机构从激励、管理、薪酬等多角度明示了对"包干"制度采取的全面禁止态度。收入递延支付制度提高了员工的离职成本，由证券公司统一管理员工薪酬，纠正了"包干"制度之下某些团队负责人或部门负责人权限过大而产生道德风险的情况。

新规在推动券商取消"包干"制度方面取得了显著成效，但相关配套制度尚待进一步完善，例如该指引明确了收入递延支付制度，但仅强化了"留存"的概念，并未明确"留给谁"，使得投行员工离职后难以获得收入补发的现状仍然存在。2019 年，中泰证券离职员工因前东家不予发放其离职前的留存奖金而申请法律程序，该次申诉使得中泰证券被动公开了部

分内部管理制度，最终券商扣发奖金的做法未获得法院支持。㊀

3. 薪资结构影响券商前台业务人员行为模式

随着保荐代表人数量的急速增长，保荐代表人执业资格所对应的"金领"级别收益随之摊薄，一些资历较老但执业能力未能跟上改革步伐的保荐代表人正逐步被新人取代。

从承揽人员和承做人员的角度来看，收入与项目不再直接挂钩叠加按年度递延支付的机制，可以有效降低承揽人员的道德风险，能够使其在承揽项目的过程中以企业质量为优先指标；承做人员因薪酬机制的变化，更加注重拟 IPO 企业的合法合规性，最大限度规避可能存在的风险。

总体而言，当前券商行业的薪资结构对前台业务人员的影响主要体现在收入金额的降低、获得收益的时间拉长等方面。拟 IPO 企业可结合前述信息去理解券商前台业务人员的思维逻辑，进而找到与券商团队打交道的方法。

第二节　拟 IPO 企业如何选择券商

并不是所有拟 IPO 企业都有选择券商的苦恼，少数生态位占绝对优势的发行人会让各券商趋之若鹜，甚至不纠结于保荐机构或承销机构的身份，只要能够进入中介机构服务团队即可。

一、有些企业无须为选择券商烦恼

按照"初步尽调、立项会、正式尽调、内核会、项目申报、注册、获得批文、发行上市"的过程，一单 IPO 全流程耗时 2 年左右是比较正常的。但凡事总有特例，市场上偶尔会出现一些火速完成 IPO 的知名企业，这类企业往往无须纠结"选择券商"一事。

㊀ 资料来源："中泰证券股份有限公司与兰立滨劳动争议二审民事判决书（2019）京 02 民终 5120 号"。

(一) 大行业的头部企业可以"全都要"

大行业中的头部企业生态位占优,审核流程可能会相应缩短,项目承做和发行的风险都比较低,因此极受券商追捧,各券商为争取承销额度定会倾尽全力。这类发行人只需在规模最大、口碑最好的若干机构中进行选择就好。

1. 一些大型企业完成 IPO 速度非常快

科创板的大型企业代表中芯国际集成电路制造有限公司(简称"中芯国际")和主板的大型企业代表中国移动有限公司(简称"中国移动")均属于火速完成 A 股 IPO 的企业,两个案例的速度较常规化审核的 IPO 项目快出许多,这或许与各企业的生态位不同有关。

1)案例一:红筹企业回归科创板

2018 年 3 月 22 日,国务院办公厅发布《国务院办公厅转发证监会关于开展创新企业境内发行股票或存托凭证试点若干意见的通知》;2018 年 6 月 6 日,中国证监会发布了《试点创新企业境内发行股票或存托凭证并上市监管工作实施办法》;2020 年 4 月,中国证监会发布了《关于创新试点红筹企业在境内上市相关安排的公告》。监管机构从法律法规层面明确"为有意愿在境内主板、中小板、创业板和科创板上市的创新试点红筹企业(以下简称红筹企业)提供路径,促进创新创业,提高上市公司质量"。[一]

在此背景下,中芯国际集成电路制造有限公司(简称"中芯国际")是相关制度完善后完成红筹回归的重点企业,中芯国际于 2020 年 5 月 6 日向中国证监会上海监管局进行了辅导备案登记,经过海通证券和中金公司 19 天的辅导,辅导机构于 2020 年 5 月 25 日向证监局提交了《海通证券、中金公司关于中芯国际集成电路制造有限公司辅导工作总结报告公示》。[二]

中芯国际科创板 IPO 申请于 2020 年 6 月 1 日被上交所受理,在其申报后的第 19 天(2020 年 6 月 19 日)即获得了上市委会议审核通过,而后

[一] 资料来源:中华人民共和国中央人民政府官网"《关于创新试点红筹企业在境内上市相关安排的公告》"。

[二] 资料来源:中国证监会上海监管局官网"《海通证券、中金公司关于中芯国际集成电路制造有限公司辅导工作总结报告公示》"。

于 2020 年 6 月 29 日注册生效（见图 3-5）。①

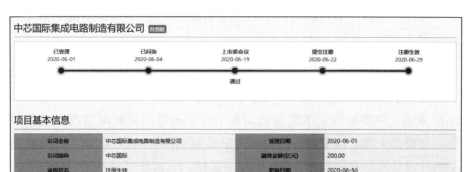

图 3-5　中芯国际科创板审核进度

资料来源：上交所官网发行上市审核板块。

回顾中芯国际 IPO 的时间节点，上市辅导耗时 19 天，从辅导结束到注册生效耗时 35 天，合计 54 天。

2）案例二：红筹企业回归沪主板

中国移动有限公司（简称"中国移动"）于 2021 年 5 月 26 日进入 IPO 辅导环节，担任辅导机构的是中金公司和中信证券，辅导机构于 2021 年 5 月 17 日向中国证监会北京监管局提交了《中国国际金融股份有限公司、中信证券股份有限公司关于中国移动有限公司首次公开发行人民币普通股（A股）股票并在上海证券交易所主板上市之辅导基本情况表》。②两家辅导机构于 2021 年 8 月 9 日分别向中国证监会北京监管局提交了《辅导工作总结报告》。③

中国移动主板 IPO 申报材料首次进行预披露的日期是 2021 年 8 月 13 日，根据中国证监会网站公布的审核信息，中国移动于 2021 年 11 月 4 日获得主板发审委的审核通过，④而后于 2021 年 12 月 13 日获得中国证监会

---

① 资料来源：上交所发行上市审核板块之项目动态——"中芯国际集成电路制造有限公司"。
② 资料来源：中国证监会北京监管局官网"《中国国际金融股份有限公司、中信证券股份有限公司关于中国移动有限公司首次公开发行人民币普通股（A股）股票并在上海证券交易所主板上市之辅导基本情况表》"。
③ 资料来源：中国证监会北京监管局官网"中信证券股份有限公司关于中国移动有限公司首次公开发行人民币普通股（A股）股票并在上海证券交易所主板上市辅导工作总结报告"和"中国国际金融股份有限公司关于中国移动有限公司首次公开发行人民币普通股（A股）股票并在上海证券交易所主板上市辅导工作总结报告"。
④ 资料来源：中国证监会官网"第十八届发审委 2021 年第 119 次会议审核结果公告"。

出具的《关于核准中国移动有限公司首次公开发行股票的批复》。㊀

回顾中国移动 IPO 的时间节点，上市辅导耗时 84 天，从辅导结束到获得批文耗时 126 天，合计 210 天。

3）案例三：中芯国际同时期其他科创板公司的审核节奏

以下选取与中芯国际同日被受理并最终实现注册的 5 家科创板公司为比照案例，并整理列示了这些公司在 IPO 审核阶段的耗时情况。选取的公司分别是上海之江生物科技股份有限公司（简称"之江生物"）、河南翔宇医疗设备股份有限公司（简称"翔宇医疗"）、南通星球石墨股份有限公司（简称"星球石墨"）、盛美半导体设备（上海）股份有限公司（简称"盛美上海"）以及广东纬德信息科技股份有限公司（简称"纬德信息"）（见表 3-6）。

表 3-6　5 家科创板公司上市时间节点对照表

公司简称	辅导起始	辅导总结	辅导耗时	注册生效	审核耗时	总耗时
之江生物①	2020-04-16	2020-05-22	36 天	2020-12-08	190 天	226 天
翔宇医疗②	2020-02-27	2020-05-11	74 天	2021-01-26	239 天	313 天
星球石墨③	2019-12-19	2020-04-30	133 天	2021-02-18	262 天	395 天
盛美上海④	2019-12-04	2020-05-20	168 天	2021-08-17	442 天	610 天
纬德信息⑤	2019-10-30	2020-05-12	195 天	2021-12-07	554 天	749 天

注：辅导起始、辅导总结日期均以相应文件的签署日期为准，注册生效日期均来源于上交所发行上市审核板块之发行上市动态模块，输入公司名称后搜索得来。

① 之江生物辅导起始及辅导总结报告时间来源于中国证监会上海监管局官网"海通证券关于上海之江生物科技股份有限公司辅导工作总结报告公示"。

② 翔宇医疗辅导起始时间来源于中国证监会河南监管局官网"河南翔宇医疗设备股份有限公司辅导备案公示"；辅导总结报告时间来源于中国证监会河南监管局官网"海通证券股份有限公司关于河南翔宇医疗设备股份有限公司辅导工作总结报告"。

③ 星球石墨辅导起始及辅导总结报告时间来源于中国证监会江苏监管局官网"华泰联合证券关于南通星球石墨股份有限公司首次公开发行股票并上市辅导工作总结报告"。

④ 盛美上海辅导起始时间来源于中国证监会上海监管局官网"盛美半导体设备（上海）股份有限公司辅导备案基本情况表"；辅导总结报告时间来源于中国证监会上海监管局官网"海通证券关于盛美半导体设备（上海）股份有限公司辅导工作总结报告公示"。

⑤ 纬德信息辅导起始及辅导总结报告时间来源于中国证监会广东监管局官网"中信证券股份有限公司关于广东纬德信息科技股份有限公司的辅导工作总结报告"。

㊀ 资料来源：中国证监会官网"《关于核准中国移动有限公司首次公开发行股票的批复》"。

由表 3-6 可见，5 家科创板 IPO 案例中审核速度最快的之江生物总耗时 226 天，是中芯国际的审核时长的 4 倍多，同时也慢于核准制下中国移动的审核速度。

2. 生态位占优的大型企业常组建豪华的承销保荐服务团队

除时间节奏的差距外，前述案例中不同生态位的企业所获得的承销保荐资源同样存在很大差距（见表 3-7）。

表 3-7　7 家上交所上市公司承销保荐团队对照表

公司简称	上市日期	融资规模①	保荐机构	承销机构②
中芯国际	2020-07-16	462.87 亿元	海通证券、中金公司	海通证券、中金公司、国泰君安、中信建投、国开证券、摩根华鑫
中国移动	2022-01-05	486.95 亿元	中金公司、中信证券	中金公司、中信证券、中信建投、华泰联合、中银国际、招商证券
之江生物	2021-01-18	21.04 亿元	海通证券	海通证券
翔宇医疗	2021-03-31	11.53 亿元	海通证券	海通证券
星球石墨	2021-03-24	6.11 亿元	华泰联合	华泰联合
盛美上海	2021-11-18	36.85 亿元	海通证券	海通证券、中金公司
纬德信息	2022-01-27	6.01 亿元	中信证券	中信证券

① 指发行人在行使超额配售选择权之前，本次发行的募集资金总额。
② 资料来源为上交所官网上市公司信息模块，输入证券简称后，搜索关键字"上市公告书"，公告类型筛选为"5.首次公开发行"。

由表 3-7 可见，中芯国际与中国移动的承销保荐服务团队极为豪华，中国移动更是聘请了"三中一华"全部成员，而其他几家企业则以 1～2 家承销保荐机构为主。

生态位占优的大型企业因募集资金规模庞大，能够支撑足够多的承销保荐服务团队，因此这些企业在遴选券商环节可以直接采取复选的方式。而各券商为了竞争大客户，往往会提出各式优惠条件争取入围。

（二）存在"交换行为"的发行人只有单项选择

有些拟 IPO 业务只有单项选择，因此也无须为选择券商苦恼。例如有的券商通过"直投＋保荐"的方式竞争 IPO 业务，即某券商的直投子公司对发行人进行投资后，该券商的保荐团队就有较高概率拿下这一单 IPO 保荐业务。

但需注意的是，监管机构对"直投 + 保荐"的认可态度有所反复，历史上曾一度对该模式加以限制。根据中国证券业协会于 2012 年 11 月 2 日发布的《证券公司直接投资业务规范》第十五条之规定："证券公司担任拟上市企业首次公开发行股票的辅导机构、财务顾问、保荐机构或者主承销商的，应按照签订有关协议或者实质开展相关业务两个时点孰早的原则，在该时点后直投子公司及其下属机构、直投基金不得对该企业进行投资。"⊖即《投资协议》签署在前而《保荐协议》签署在后是合规的，但《保荐协议》签署在前而《投资协议》签署在后则是不合规的。

"直投 + 保荐"的业务模式在 2021 年迎来转机，中国证监会于 2021 年 11 月 26 日发布《监管规则适用指引——机构类第 1 号（2021 年 11 月修订）》，规定："发行人拟公开发行并在北京证券交易所上市的，在保荐机构对发行人提供保荐服务前后，保荐机构或者控股该保荐机构的证券公司，及前述机构的相关子公司，均可对发行人进行投资。"⊖

二、中小型拟 IPO 企业选择券商的三大维度

如前文所述，大行业中的头部企业与存在"交换行为"的企业往往无须为选择券商而苦恼。除了这两类企业以外的中小型企业，在 IPO 阶段一般都需要非常严肃地考虑遴选券商一事。

单次 IPO 申报遵循"全或无定律"，发行人要么成功上市，要么撤回材料或审核被否。决定成败的因素除了发行人自身的"内功"外，还包括券商的能力和责任心。

对于大多数中小型企业而言，自身融资规模无法承载多家券商的收益诉求，因而只能同多家券商进行不断博弈，以期选到最适合自己的那一家券商。

⊖ 资料来源：中国证券业协会官网"关于发布《证券公司直接投资业务规范》的通知"。
⊖ 资料来源：中国证监会官网《监管规则适用指引——机构类第 1 号（2021 年 11 月修订）》。

所有拟IPO企业都希望能够选到最适合自己的那家券商，可毕竟人海茫茫，或许存在那个唯一的最优解，但在大多数情况下，处于最佳匹配状态的双方往往无法相遇，因此拟IPO企业最终选择的常是在"尚可接受"范围内的次优解。

经历过IPO全流程或者已经更换过几任券商的"过来人"，可能会提出"选券商就是选团队""选券商就是选人""选大券商总不会错"等观点，这些观点各有道理，但却没有讲清如何客观做出选择。比如券商负责人的个人品质很重要，但从何种维度方能够迅速做出判断？选择与大型券商合作的风险显然更低，但如何能够确保自己的项目能够得到大型券商的重视？带着这些问题，以下将选择券商一事整理为三大维度，分别是对等性、专业性和稳定性。

（一）从存在更换券商或多次申报情况的经典IPO案例讲起

在对选择券商的三大维度具体展开前，以下列举一些存在更换券商或多次申报情况的IPO经典案例，并将这些案例与对等性、稳定性和专业性进行初步对应，最后再从多维度进行分析。

1. 对等性维度案例："大换小"后科创板IPO成功

江苏微导纳米科技股份有限公司（简称"微导纳米"）曾两次冲击科创板IPO，其首次IPO尝试由大型券商中信证券保荐，以主动撤回材料告终；之后微导纳米将保荐机构变更为中小型的浙商证券，第二次申报获得成功。

在中信证券保荐下，微导纳米于2020年6月22日首次申请IPO，历经半年时间三轮问询，最终于2020年12月15日撤回申请材料。㊀

微导纳米撤回首次IPO申请材料后立即启动了再次申报的准备工作，其在中信证券辅导下于2020年12月28日向中国证监会江苏监管局报送辅导备案文件，进入辅导期。

2021年8月9日，在第二次IPO辅导进行8个月之后，中信证券向中国证监会江苏监管局报送了《中信证券股份有限公司关于终止江苏微导

㊀ 资料来源：上交所发行上市审核板块之项目动态——"江苏微导纳米科技股份有限公司"。

纳米科技股份有限公司首次公开发行股票并上市辅导工作的申请报告》。[一] 2021年8月17日，微导纳米将辅导机构变更为浙商证券，[二] 最终在浙商证券的保荐下，微导纳米于2022年8月1日获得科创板上市委会议审核通过。[三]

在第二次IPO申报的问询阶段，微导纳米对前次撤回IPO申请材料的原因进行了介绍，主要是由于微导纳米历史上曾接受了上市公司先导智能的委托经营管理，监管层无法打消对微导纳米独立性的疑虑。同时，微导纳米对于保荐机构变更一事做出了解释："综合比较了保荐机构对项目的重视程度、服务能力、行业理解、本次发行具体方案和申报时点等因素，发行人最终决定与中信证券终止合作关系，保荐机构变更为浙商证券，签字人员也发生相应变化。"微导纳米表示其更换券商的第一条原因是"保荐机构对项目的重视程度"，这种在公开披露文件中直接表示自身项目未得到保荐机构重视的情况虽非个案，但也实属罕见。[四]

2. 稳定性维度案例：国科恒泰选定长城证券多次上会

国科恒泰（北京）医疗科技股份有限公司（简称"国科恒泰"）成立于2013年2月，是中国科学院控股有限公司（简称"国科控股"）旗下公司，主要从事医疗器械的销售业务，并在业务开展过程中提供仓储物流配送、渠道管理等专业服务，该公司的法定代表人和董事长是王戈先生。

国科恒泰于2017年6月首次申报上交所主板IPO，保荐机构为长城证券，保荐代表人为漆传金、张涛。[五] 在第十七届发审委审核期间，国科恒泰首先在2018年8月经历了一次发审委暂缓表决，而后又在2018年

[一] 资料来源：中国证监会江苏监管局官网 "《中信证券股份有限公司关于终止江苏微导纳米科技股份有限公司首次公开发行股票并上市辅导工作的申请报告》"。

[二] 资料来源：中国证监会江苏监管局官网 "江苏辖区企业辅导备案信息公示表（2021年8月14日—2021年8月31日）"。

[三] 资料来源：上交所发行上市审核板块之项目动态——"江苏微导纳米科技股份有限公司"。

[四] 资料来源：上交所科创板官网 "关于江苏微导纳米科技股份有限公司首次公开发行股票并在科创板上市申请文件的审核问询函之回复报告"。

[五] 资料来源：中国证监会官网 "国科恒泰（北京）医疗科技股份有限公司首次公开发行股票招股说明书（申报稿2017年6月7日报送）"。

11月被发审委否决。○

时隔两年后，国科恒泰于2020年7月28日再次冲击IPO，此次选择的板块是已实行注册制的创业板，经过一年的审核，国科恒泰于2021年7月23日获得上市委会议通过，并于2021年11月12日提交证监会注册。此次国科恒泰选定的保荐机构依然为长城证券，保荐代表人为张涛、李宛真，保荐服务团队似乎并无变化。○

国科恒泰与长城证券团队之间的合作关系从2017年算起已经将近六年，经过查询，国科控股旗下的北京东方中科集成科技股份有限公司（简称"东方中科"）于2014年4月申报深交所中小板IPO，并最终于2016年11月11日成功上市，东方中科时任法定代表人和董事长同样是王戈先生，而彼时东方中科选定的保荐机构同样是长城证券，保荐代表人为田爱华、漆传金，东方中科与国科恒泰的保荐代表人亦存在重叠。○

3. 专业性维度案例：密集更换券商的"拟在北交所上市的企业"

前文中曾详细介绍过我国新三板制度的历史沿革，传统的新三板挂牌业务与北交所IPO业务之间存在较大差别。当新三板挂牌公司筹划北交所IPO时，其原有的券商新三板团队往往因无法快速完成专业转型而被更换。

由于北交所制度设计的原因，挂牌公司选择新任券商提供保荐服务前，要提前与原券商解除《持续督导协议》，在审的北交所IPO企业中有许多发行人曾有过更换持续督导券商的历史信息（见表3-8）。

随着筹划北交所IPO的挂牌公司数量的增多，更换持续督导券商的案例也越来越多，在持续督导券商变更的表象之下往往是IPO项目团队更换的本质，挂牌公司经过新三板的洗礼之后，此次的选择更多会从专业性维度出发。

○ 资料来源：中国证监会官网"第十七届发审委2018年第123次会议审核结果公告"以及中国证监会官网"第十七届发审委2018年第180次会议审核结果公告"。

○ 资料来源：深交所发行上市审核信息公开网站——"国科恒泰（北京）医疗科技股份有限公司"。

○ 资料来源：深交所官网"北京东方中科集成科技股份有限公司首次公开发行股票上市公告书"。

表 3-8　部分北交所在审企业变更持续督导券商的披露信息

文件名称	引用文字
恒立钻具：招股说明书（上会稿）①	自挂牌之日起至 2019 年 6 月 11 日期间，发行人主办券商为中信建投。经发行人与中信建投协商一致，并经发行人第二届董事会第四次会议、2019 年第三次临时股东大会审议通过，发行人与中信建投解除持续督导协议并与长江证券签署持续督导协议书。2019 年 6 月 11 日，经全国中小企业股份转让系统同意，公司主办券商变更为长江证券
远航精密：招股说明书（上会稿）②	2015 年 11 月 12 日，公司经海通证券推荐在全国股转系统挂牌。挂牌后至 2021 年 12 月 23 日，公司主办券商为海通证券。经公司与海通证券协商一致，并经公司第四届董事会第七次会议及 2021 年第二次临时股东大会审议通过，公司与海通证券解除持续督导协议并与国金证券签署持续督导协议；全国股转公司于 2021 年 12 月 23 日出具了《关于对主办券商和挂牌公司协商一致解除持续督导协议无异议的函》，自 2021 年 12 月 23 日至本招股说明书签署日，公司主办券商为国金证券
朗鸿科技：招股说明书（注册稿）③	发行人 2016 年聘请长江证券股份有限公司（以下简称"长江证券"）担任推荐主办券商，并经长江证券推荐，获准于全国股转系统挂牌，纳入非上市公众公司监管。 经公司第二届董事会第十六次会议、2021 年第二次临时股东大会审议通过，公司与长江证券解除持续督导协议并与财通证券签署持续督导协议书。2021 年 4 月 6 日，发行人与原主办券商长江证券签署了《杭州朗鸿科技股份有限公司与长江证券股份有限公司解除持续督导协议书》，并于同日与财通证券签署附生效条件的《持续督导协议书》。 2021 年 4 月 12 日，全国股份转让系统公司出具《关于对主办券商和挂牌公司协商一致解除持续督导协议无异议的函》，发行人持续督导主办券商变更为财通证券

① 资料来源为北交所官网"武汉恒立工程钻具股份有限公司招股说明书（申报稿）"。
② 资料来源为北交所官网"江苏远航精密合金科技股份有限公司招股说明书（申报稿）"。
③ 资料来源为北交所官网"杭州朗鸿科技股份有限公司招股说明书（申报稿）"。

4. 多维度案例：第一创业陪伴保隆科技 IPO 成功

上海保隆汽车科技股份有限公司（简称"保隆科技"）成立于 1997 年，其产品包括气门嘴、平衡块、空气弹簧、空气减震器等橡胶金属部件，排气系统管件、汽车结构件等汽车金属管件，汽车胎压监测系统、汽车传感器、基于摄像头和毫米波雷达等技术的汽车驾驶辅助系统等汽车电子产品；是大众、丰田、通用、现代起亚、福特、菲亚特克莱斯勒、捷豹路虎、上汽、东风、一汽、长安、北汽、广汽、长城、吉利等国内外知名汽车厂的合格供应商。㊀

保隆科技首次申请 IPO 选择的板块是深交所中小板，保荐机构为第一创业证券有限责任公司，但此次 IPO 尝试未能获得发审委审核通过。2011 年 7 月 22 日，在中国证监会下发的《关于不予核准上海保隆汽车科技股份有限公司首次公开发行股票申请的决定》中提及，导致保隆科技此次 IPO 被否的原因是保隆科技在报告期内存在多起责任诉讼案件以及存在多次召回事件，发审委认为这些事件可能对保隆科技未来持续经营构成不利影响，与《首次公开发行股票并上市管理办法》的相关规定不符。㊁

保隆科技首次 IPO 申报未能获得通过并未打消其上市预期，保隆科技曾于 2013 年 4 月向中国证监会第二次申请 IPO，后因 2013 年度经营业绩较 2012 年度出现一定程度下滑，保隆科技和时任保荐机构未就本次发行方案达成一致，最终于 2014 年 4 月撤回第二次 IPO 申请。㊂

2014 年 8 月 12 日，在第二次主动撤回 IPO 申请材料的 4 个月后，保隆科技第三次进入 IPO 辅导备案，此时的辅导机构换回了最初的第一创业（当时已更名为"第一创业摩根大通证券有限责任公司"）。㊃

保隆科技第三次 IPO 申请材料的报送时间是 2015 年 6 月 1 日，之后在审核排队 2 年之后，保隆科技终于在 2017 年 4 月 21 日收到了中国证监会出具的《关于核准上海保隆汽车科技股份有限公司首次公开发行股票的批复》，保隆科技于 2017 年 5 月 19 日成功登陆上交所主板。㊄

㊀ 资料来源：上交所官网"上海保隆汽车科技股份有限公司首次公开发行股票招股说明书"。
㊁ 资料来源：中国证监会官网"《关于不予核准上海保隆汽车科技股份有限公司首次公开发行股票申请的决定》"。
㊂ 资料来源：上交所官网"上海保隆汽车科技股份有限公司首次公开发行股票招股意向书附录"之"上海市瑛明律师事务所关于上海保隆汽车科技股份有限公司首次公开发行人民币普通股股票的法律意见书"。
㊃ 资料来源：中国证监会上海监管局官网"上海保隆汽车科技股份有限公司辅导备案基本情况表"。
㊄ 资料来源：上交所官网"上海保隆汽车科技股份有限公司首次公开发行股票上市公告书暨 2017 年第一季度财务会计报告"。

以上四个案例各具特点，微导纳米在公开资料中明示其更换券商是基于保荐机构对项目的重视程度，可将之归为对等性维度；国科恒泰在长城证券团队的陪伴下多次上会，可将之归为稳定性维度；北交所申报企业密集更换持续督导券商，可将之归为专业性维度；而最后一个案例，保隆科技七年里三次冲击 IPO，最终仍由第一创业保荐上市，则是三个维度兼而有之。

（二）对等性维度：考察券商对拟 IPO 企业的重视程度

选择券商的第一个维度是"对等性"，也就是要讲究"门当户对"，否则不论最终结果如何，合作过程都可能会十分痛苦且低效。

1. 不同保荐机构对同一个 IPO 项目的专业判断会有较大区别

在承接 IPO 业务前，券商一般会制定门槛指标范围，只有高于指标要求的项目方才能够承接或是向前推动进程。但是，由于不同券商团队的执业逻辑不同，导致不同券商对于同一个 IPO 项目的后续推进情况出现较大区别。这些情况的出现，使得在 IPO 市场中常可见到一类现象，例如 A 券商无法立项承接的项目却被 B 券商立项承接，或者 A 券商选择主动撤回材料的项目却在 B 券商保荐下获得审核通过。

为加强对券商的监管，提高在审项目质量，监管机构不断通过增加具体指标的方式，促使券商提高项目筛选标准。2022 年 5 月，证监会在系统内印发了《证券公司投资银行类业务内部控制现场检查工作指引》，该工作指引中明确了应当开展检查的情形有五种：投行项目撤否率高、投行执业质量评价低、负面舆情数量多或影响大、承销公司债券或管理资产证券化项目违约率高、因投行业务违法违规被采取重大监管措施或行政处罚。㊀

监管机构的政策导向十分明确，但由于不同券商自身的资源禀赋相差较大，导致不同券商根据同一监管要求设定的门槛指标并不相同。

以微导纳米案例撤回 IPO 申请材料对保荐机构撤否率指标的影响为例，中信证券作为行业头部的保荐机构，平台自带的流量就已经能够支撑一年 60 单左右的 IPO 保荐业务，那么当微导纳米科创板 IPO 项目面临撤

㊀ 资料来源：中国证监会官网"证监会进一步规范强化投行内控现场检查"。

回材料的可能时，意味着中信证券有"1/60≈1.67%"左右的撤否率；相比之下，浙商证券或许一年内仅有 10 单以下的 IPO 保荐业务，那么微导纳米一旦撤回材料，就意味着浙商证券有"1/10=10%"以上的撤否率。从这个角度来看，中信证券的心理优势远高于浙商证券，但在微导纳米项目上，中信证券选择撤回申请文件而紧接着由浙商证券承接、申报并通过审核，或许正是其中的反差使微导纳米感受到自身项目"被重视程度"的区别。

微导纳米第二次申报时，最后一期扣除非经常性损益后归属于母公司所有者的净利润仅为 5,098.54 万元人民币，㊀微导纳米的盈利指标在同时期申报科创板的企业中并不具备优势。可以想象，该利润水平的 IPO 项目在中信证券和浙商证券内部的重要程度自然会有所不同，最终导致两家券商对同一 IPO 项目的重视程度有所差异是可以理解的。浙商证券为了不撤回材料、不被否决，势必会付出更多的人力、时间协助发行人完成整改。

2. 拟 IPO 企业应客观确定遴选券商的范围

现实生活中有一种"视觉下沉"的现象，指面对面站在同样高度的两个人，都会觉得自己站的位置比对方站的位置要高，这种"高人一等"的感觉实际上是视觉误差的一种表现。仍以微导纳米 IPO 项目为例，其在首次 IPO 期间就被行业头部券商中信证券所承接，难免会有类似于"中信证券和自己相得益彰"的心理状态。但是，可能正是这种心态导致微导纳米错判了双方的定位，选择了与自己并不对等的大型券商，因此在合作环节成为不被重视的一方。

拟 IPO 企业制定券商的遴选标准时，应当警惕"视觉下沉"的现象，尽可能使用客观的数据进行理性选择，过高的指标往往只能选出大型券商。

一般情况下，拟 IPO 企业应先将自身市场占有率、收入以及利润的金额与同行业其他公司进行简单的比较，识别自身在所属行业内的生态位。属于大行业前几名的，可以考虑选择头部大型券商；如果划分出来是细分赛道龙头企业的，那么就应把保荐代表人数量过百或排名前 20 的券商都纳入考察范围。

㊀ 资料来源：上交所发行上市审核板块之项目动态——"江苏微导纳米科技股份有限公司首次公开发行股票并在科创板上市招股说明书（申报稿）"。

3. 中小型拟 IPO 企业需以合作的心态选择券商

如果拟 IPO 企业的业务规模尚未成为细分行业龙头，或者利润规模仍相对较小，那么该拟 IPO 企业选择券商的范围可能会更有限。这种情况下，拟 IPO 企业在提升自身盈利能力的同时，应放低预期，以合作的心态判断备选券商是否合适。

麻雀虽小，五脏俱全。中小型企业的 IPO 流程并不会比大型企业的 IPO 流程简单。因而从性价比或风险收益比的角度来看，券商承接中小型企业的 IPO 项目往往是不经济的，特别是对于规模越大的券商而言是越不经济的。

IPO 项目的承销保荐费率是公开的信息，券商可根据拟 IPO 企业的净利润规模大体测算出 IPO 融资的金额，进而可以估算出该 IPO 项目对应的承销保荐费用的市场均价。如果最终拟 IPO 企业与券商谈定的费用金额低于市场均价，或低于该券商同时期其他保荐项目收费金额，那么双方的合作关系是有可能经受不住考验的。对于券商而言，类似募资规模的 IPO 项目的平均收费水平就是其承接该 IPO 项目所付出的机会成本的下限，此时对性价比的考量就变成了一个比较简单的数学问题。

举例来看，当某券商团队同时推进两单 IPO 项目，一单业务的收入预计为 1000 万元而另一单业务的收入预计为 5000 万元时，券商团队内部对两个项目有所偏向才是正常状态。收入高的项目意味着拟 IPO 企业的支付能力强，往往更能够支撑合规化改造过程中所需的成本，因此该项目的承销保荐风险也能相应降低。

综合以上信息，当拟 IPO 企业自身规模较小且复杂度较高时，在选择券商环节更应注重与之建立长期合作，即通过扩大未来收益预期的方式提高本公司 IPO 项目在券商团队内的受重视程度。

4. 拟 IPO 企业与券商在错误的时间相遇同样是一种不对等

券商内部对 IPO 项目的审核标准既会参照当年其他 IPO 企业的净利润水平，也会参照该拟 IPO 企业所在行业的平均净利润水平，券商对净利润水平较低的 IPO 项目审核往往会十分严格。

同时，在发行人的各项指标尚未达到 IPO 申报标准前，券商只要不提前投入过多人力就不会产生亏损。因而出于边走边看的想法，券商往往不会派驻过多人力到相对早期的 IPO 项目上，并且，被派驻到该 IPO 项目现场的业务人员有可能在同步完成其他项目的工作。

如券商进场并未带来上市工作的实质推进，拟 IPO 企业可能会对券商的推进能力、态度产生怀疑。而实际情况或许是，拟 IPO 企业与券商之间的这种不匹配仅仅是因为在错误的时间相遇而已。

（1）IPO 过程简述

河南百川畅银环保能源股份有限公司（简称"百川畅银"）[一]成立于 2009 年，自设立以来，深耕于环保行业，是国内第三方提供垃圾填埋气治理的主要服务商之一。百川畅银与垃圾填埋场的主管部门（城市管理局、环境卫生管理处等）、运营单位合作，收集垃圾填埋后产生的气体，并利用其发电。产品为生物质能，是可再生能源的一种。百川畅银在 IPO 报告期内（2018～2020 年）的主营业务收入均来源于沼气（主要为垃圾填埋气）发电业务。

百川畅银的 IPO 审核周期总耗时 297 天，呈现出先快后慢的特点。百川畅银的 IPO 申请于 2020 年 6 月 29 日被受理，于 2020 年 9 月 22 日通过上市委会议审议，于 2021 年 4 月 22 日注册生效（见图 3-6）。[二]

图 3-6　百川畅银创业板审核进度

资料来源：深交所发行上市审核信息公开网站，关于百川畅银的项目动态。

[一] 在深交所发行上市审核信息网站中，河南百川畅银环保能源股份有限公司的简称为"百川环能"。

[二] 资料来源：深交所发行上市审核信息公开网站之项目动态——"河南百川畅银环保能源股份有限公司"。

(2)百川畅银净利润指标的绝对值较高,但相对值较低

百川畅银首次申报时所使用的报告期是 2017 年度至 2019 年度。从净利润指标来看,百川畅银 2019 年年度经营数据较好,2019 年度扣除非经常性损益后归属于母公司普通股股东的净利润已达 1.24 亿元,但与同行业上市公司的平均经营数据对比,百川畅银的体量似乎就比较"小"了(见表 3-9)。

表 3-9　百川畅银收入规模与同行业可比公司对比情况　(单位:万元)

项目	2019 年度 /2019 年 12 月 31 日		2018 年度 /2018 年 12 月 31 日	
	营业收入	机器设备原值	营业收入	机器设备原值
东江环保	345,859.11	160,530.19	328,408.07	128,761.34
十方环能	20,803.93	14,044.72	19,313.66	13,677.88
中技能源	12,469.97	6,571.40	12,821.40	6,131.54
江苏新能	148,440.40	646,323.63	147,281.41	584,983.53
绿色动力	175,244.91	3,532.38	114,007.44	2,832.73
盛运环保	—	—	51,547.51	43,692.81
行业平均	**140,563.66**	**166,200.46**	**112,229.92**	**130,013.31**
百川畅银	46,416.07	73,760.58	31,393.43	59,880.67

资料来源:根据 2020 年 6 月 29 日百川畅银招股说明书(申报稿)数据整理。

由表 3-9 可见,百川畅银的营业收入以及机器设备原值规模远低于同行业可比公司的平均值。⊖

根据"经过压力测试的利润才是真实净利润"的理念,因百川畅银的收入构成中包含补贴电费的收入,审核机构在首次问询阶段就要求百川畅银进行了压力测试,模拟测算收入时点变更对报告期内主要财务数据的影响情况(见表 3-10)。

百川畅银指出该种测算方法"与企业实际情况、业务发展不匹配",但由表 3-10 可见,百川畅银在压力测试后的 2019 年度扣非后归母净利润大幅下降,由 12,404.64 万元降至 6,131.68 万元,降幅超过 50%。⊜

⊖ 资料来源:深交所发行上市审核信息公开网站——"河南百川畅银环保能源股份有限公司首次公开发行股票并在创业板上市招股说明书(申报稿)"。

⊜ 资料来源:深交所发行上市审核信息公开网站——"关于河南百川畅银环保能源股份有限公司首次公开发行股票并在创业板上市申请文件的审核问询函的回复"。

表 3-10 百川畅银模拟测算收入时点变更对报告期内主要财务数据的影响情况

(单位：万元)

项目	调整后			调整前		
	2019年12月31日/2019年	2018年12月31日/2018年	2017年12月31日/2017年	2019年12月31日/2019年	2018年12月31日/2018年	2017年12月31日/2017年
应收账款	14,456.19	4,769.13	4,153.72	26,336.82	8,960.52	8,253.41
营业收入	38,773.69	31,366.35	20,379.89	46,416.07	31,393.43	22,754.72
归母净利润	5,848.06	9,024.88	3,703.66	12,121.03	9,241.43	5,791.15
扣非后归母净利润	**6,131.68**	**8,922.51**	**3,682.73**	**12,404.64**	**9,139.06**	**5,770.22**
毛利率	38.57%	45.15%	39.73%	48.24%	45.08%	45.76%

资料来源：根据 2020 年 9 月 4 日《发行人和保荐机构关于河南百川畅银环保能源股份有限公司首次公开发行股票并在创业板上市申请文件的审核问询函的回复》数据整理。

百川畅银于 2020 年 9 月 22 日通过了创业板上市委会议审议，但审核机构在会后事项中仍继续关注百川畅银所在行业的补贴退坡风险。2021 年 4 月 20 日，百川畅银提交了更新 2020 年度经营数据的信息披露文件及历次反馈文件。经测算，百川畅银最终经受压力测试后的 2020 年度扣非后归母净利润为 5,468.56 万元，仍过了 5000 万元大关。⊖2020 年度数据披露后的第三天，证监会发布了百川畅银注册生效的结果，此时百川畅银已过会 200 多天。

（3）百川畅银与长城证券、中原证券之间的故事

2017 年 5 月 15 日，长城证券开始辅导百川畅银，选择的公司所属行业为"生态保护和环境治理业"，⊖2018 年 4 月 18 日，长城证券向中国证监会河南监管局报送了《河南百川畅银环保能源股份有限公司与长城证券股份有限公司之关于终止总服务协议、辅导协议的协议书》和《长城证券股份有限公司关于终止河南百川畅银环保能源股份有限公司首次公开发行

⊖ 资料来源：深交所发行上市审核信息公开网站——"关于河南百川畅银环保能源股份有限公司首次公开发行股票并在创业板上市申请文件的审核问询函的回复"。

⊖ 资料来源：中国证监会河南监管局官网"河南百川畅银环保能源股份有限公司辅导备案受理公示"。

股票并上市辅导工作的说明》，本次辅导在持续近 1 年后正式结束。○

2018 年 5 月 17 日，中原证券开始辅导百川畅银，选择的公司所属行业为"其他电力生产"，○本次辅导至 2019 年 6 月 6 日，持续时间 1 年 1 个月。○保荐代表人刘某同时是中原证券投资银行执委会委员。○

以百川畅银的 IPO 时间轴来看，长城证券辅导近 1 年，中原证券接着又辅导了 1 年 1 个月方才申报，说明项目本身具备一定难度。通过事后复盘分析，彼时的百川畅银或许是无法满足 IPO 申报条件的。对尚处于初级阶段的 IPO 项目，并不是通过券商的人海战术就能够提速推进项目申报的，只有随着时间的流逝，拟 IPO 企业申报上市的条件逐渐成熟，才能够顺势完成申报。

百川畅银与长城证券的合作或许就发生在百川畅银的 IPO 初级阶段，双方没有继续合作可能只是因为在错误的时间相遇罢了。在百川畅银与长城证券分手后，选择了位于河南本地的中原证券，而彼时的中原证券正值锐意进取且有强援的阶段。百川畅银上市后的再融资项目均由中原证券继续承销保荐，双方最终达到了一种互相成就的理想状态。

5. 拟 IPO 企业频繁更换券商会带来负面评价

当保荐机构从前任券商手中承接到新业务时，往往会习惯性地希望了解拟 IPO 企业与前任券商分手的真实原因。而当拟 IPO 企业频繁更换券商后，中介机构的心理内耗将大大增加，因此极有可能给拟 IPO 企业带来负面评价。

在整个 IPO 流程中，辅导备案阶段即已经披露保荐机构的名字。对于在辅导阶段频繁更换券商的拟 IPO 企业，无论出于何种合理原因，旁观者对该企业都可能会先入为主地进行潜在扣分，且一般会认为该拟 IPO 企业

○ 资料来源：中国证监会河南监管局官网"河南百川畅银环保能源股份有限公司终止辅导备案公示"。

○ 资料来源：中国证监会河南监管局官网"河南百川畅银环保能源股份有限公司辅导备案公示"。

○ 资料来源：中国证监会河南监管局官网"中原证券股份有限公司关于河南百川畅银环保能源股份有限公司首次公开发行股票并上市之辅导总结报告"。

○ 资料来源："百川畅银首次公开发行股票并在创业板上市网上路演"。

或许在某些方面仍无法满足 IPO 标准，而不会去质疑券商团队的胜任能力。

当拟 IPO 企业频繁更换辅导券商时，越靠后参与进来的券商越会提高核查标准。有些情况下，拟 IPO 企业虽将保荐机构更换为规模更小、报价更低的券商，但 IPO 推进的综合执行成本却可能不降反升。

2017 年 2 月，新三板公司上海利策科技股份有限公司（简称"利策科技"）向证监会上海局提交了上市辅导备案登记材料，开始接受西部证券的 IPO 辅导，㊀ 此时利策科技的新三板持续督导券商是中信证券。

2017 年 8 月，利策科技发布公告，将 IPO 辅导券商变更为长江证券。㊁ 而在 2017 年 9 月，利策科技将持续督导券商由中信证券㊂ 变更为长江证券。㊃

2018 年 10 月，利策科技与长江证券签署了《终止辅导协议书》，并向上海证监局报送了公司终止上市辅导的备案材料。㊄

复盘来看，利策科技的 IPO 筹划十分混乱，西部证券、中信证券、长江证券都依次与利策科技产生交集，但均未将该公司的上市辅导进行到底。利策科技的内部经营情况虽无从查起，但其更换券商的频率却足以让继任券商不安，尤其对长江证券而言，其对于利策科技的运营情况以及合规情况产生合理性怀疑才是比较符合常理的反应。

利策科技并未因各券商的加持而获得进步，最终却因为业绩下滑而丧失了 IPO 资格。

6."高攀"或"低就"都不是合适的状态

企业上市是一个拟 IPO 企业同中介机构相互成全的过程，如果在双方合作之初就存在"高攀"或"低就"的状态，那么是很难共同在 IPO 之路

㊀ 资料来源：中国证监会上海监管局官网"上海利策科技股份有限公司辅导备案基本情况表"。
㊁ 资料来源：全国中小企业股份转让系统官网"上海利策科技股份有限公司关于变更上市辅导保荐机构的公告"。
㊂ 资料来源：全国中小企业股份转让系统官网"中信证券股份有限公司关于与上海利策科技股份有限公司解除持续督导协议公告"。
㊃ 资料来源：全国中小企业股份转让系统官网"长江证券股份有限公司关于与上海利策科技股份有限公司签署持续督导协议的公告"。
㊄ 资料来源：全国中小企业股份转让系统官网"上海利策科技股份有限公司关于公司终止上市辅导的提示性公告"。

上前行的。

当拟IPO企业第一次更换券商时，市场可能会认同"遇人不淑"的解释，而当企业的IPO进程在更换两至三次券商后依然没有实质性推进时，市场对该拟IPO企业的评价一般会更趋向负面。拟IPO企业在进行多轮试错之后，反而换来对自身的负面评价，是得不偿失的。

在IPO市场中，如果某小型券商参与成功保荐如中芯国际这一体量的IPO项目，那么该券商将会获得许多鲜花和掌声；而如果某中小型企业在"三中一华"的保荐之下仍被否决，那么该企业可能只会得到"打铁还需自身硬"一类的低评价，这类低评价甚至可能影响该企业下一轮的IPO尝试。

综合前述信息，拟IPO企业在选择合作伙伴时，第一步非常重要，切勿贪大，门当户对或许更好。对于中小型的拟IPO企业而言，应优先考虑规模适中，且能够为发行人付出额外的、可量化的努力的券商。

（三）专业性维度：考察券商的胜任能力

拟IPO企业选择券商时，首先要评估自身被重视的程度，这一点在对等性维度中已进行论证，但仅仅被重视却是不够的，拟IPO企业还需判断潜在的合作券商是否具备将本公司IPO项目实施落地的能力，这一点就需要对券商的专业性维度加以考察。

专业性维度考察的是券商的胜任能力，从事承销保荐业务的券商都在同样的制度框架下进行执业，专业能力虽有差别，但这种差异信息并不公开，使得拟IPO企业无法基于量化指标做出理性判断。

在表3-8中，北交所在审企业在IPO申报前更换持续督导券商的信息从侧面向公众展示了专业性的重要。对于前述新三板挂牌企业而言，前任券商能够承接其新三板挂牌业务，至少说明双方曾在对等性维度达成一致，而到了北交所IPO阶段，曾经的新三板业务团队或许并不具备IPO保荐业务的专业能力，这些挂牌企业更换持续督导券商的行为即是代表着保荐团队的更换。

1. 券商对不同业务的取舍导致了专业性的差别

"一万小时定律"是作家格拉德威尔在《异类》一书中提出的："人们

眼中的天才之所以卓越非凡，并非天资超人一等，而是付出了持续不断的努力。一万小时的锤炼是任何人从平凡变成世界级大师的必要条件。"券商在 IPO 领域的专业性也是同样的逻辑，只有投入过大量时间、经历过若干项目，方才能够具备足够的经验，这样的券商才能够称得上是具有专业性的。

北交所开板后，A 股 IPO 板块已有五个，国内券商在执业过程中逐渐做出了取舍。以中信证券和申万宏源 2022 年度的 IPO 成绩单为例，中信证券除北交所以外的保荐家数都排名第一，而北交所保荐家数却仅为 1 单，相较之下，申万宏源虽在其他板块的成绩远低于中信证券，但在北交所保荐家数上却做到了全行业第一名。仅从这个对比数据来看，中信证券虽具有极强的业务实力，但其北交所 IPO 的经验却是不及申万宏源的。

各券商对不同板块的 IPO 项目有所取舍一般是基于差异化的竞争策略。以北交所为例，各券商在该板块投入精力的大小决定了该板块的市场竞争格局，随着北交所上市公司数量越来越多，不同券商的项目经验会产生越来越大的差距。拟登陆北交所的拟 IPO 企业在遴选保荐机构时，一般可重点关注新任券商的成功经验，这是代表券商专业能力的重要指标。

随着成功 IPO 项目数量的增加，以申万宏源为代表的券商将在北交所市场积累越来越多的项目经验，这些经验将逐步构成专业性壁垒。

2. 丰富的真实案例储备是券商具备专业性的基础

拟 IPO 企业可通过上交所发行上市审核专栏、深交所发行上市审核信息公开网站以及北交所官网查询已申报 IPO 企业的披露信息和审核进度。但是，一个 IPO 案例的成功或失败其中最主要的原因一般并不能够从这些公开信息中得到答案，往往只有具备经验的券商才能够窥出端倪。考察券商专业性的第一项指标正在于此，丰富的真实案例储备是券商具备专业性的基础。

第二章中曾以同辉信息申报精选层项目举例，该公司在经历了三轮问询后迟迟未能上会，直至 2020 年年度报告更新完成后方才通过上市委会议审议。与同辉信息相比，同时期申报精选层的浙江湖州金洁水务股份有限公司（简称"金洁水务"）以及生物谷的 IPO 之路又有许多不同（见表 3-11）。

表 3-11 同辉信息、金洁水务及生物谷的审核进度

发行人名称	同辉信息	金洁水务	生物谷
保荐机构	申港证券	浙商证券	华融证券
受理时间	2020-05-18	2020-05-07	2020-05-12
首轮问询时间	2020-05-25	2020-05-19	2020-05-20
二轮问询时间	2020-08-14	2020-08-27	—
三轮问询时间	2020-09-30		
挂牌委会议时间	2021-05-31	—	2020-06-21
证监会受理时间	2021-06-16		2020-06-23
核准结果	2021-06-28		2020-06-24
终止时间	—	2021-06-01	—

资料来源：北交所项目审核动态板块，关于同辉信息、金洁水务及生物谷的项目动态。

由表 3-11 可见，金洁水务远不如同辉信息幸运，该公司在 2020 年 8 月 27 日收到审核机构二轮问询之后，审核进度就未有进一步信息，直至同辉信息获得证监会核准的当月，金洁水务的精选层尝试以终止告终。阅读金洁水务的申报材料可以发现，这是一家以自来水供应、污水处理及市政用水工程设施建设为主营业务的公用事业服务型企业，主要业务集中在湖州市吴兴区织里镇，最近 3 年（2017～2019 年）的净利润均在 3000 万元以上，审核机构在前两轮问询函中并未问询到明显的"硬伤"问题。金洁水务撤回精选层申请之后，在其披露的 2021 年年度报告中显示，该公司业绩仍保持稳定增长，2021 年的净利润已超过 4000 万元。⊖

同样在第二章中简要介绍过的生物谷案例更为特别，该公司从申报精选层到被证监会核准仅用时一月有余。与同辉信息类似，审核机构在首轮问询中就关注到了生物谷存在未及时履行审议程序的对外借款事项，但这个问题并未影响审核速度。生物谷上市之后的发展并未如其上市过程一样顺利，2022 年 7 月 12 日，北交所官网信息披露板块中披露了与生物谷有关的 4 项纪律处分，导致监管处罚的具体原因即是资金占用问题，具体情况为，生物谷控股股东深圳市金沙江投资有限公司在 2021 年 8 月至 2022 年 3 月期间，通过上市公司向第三方背书银行承兑汇票、委托第三方理财的方式累计占用上市公司资金 3.56 亿元，日占用最高余额为 2.77 亿元。

⊖ 资料来源：北交所官网项目审核动态板块——"浙江湖州金洁水务股份有限公司"。

截至 2022 年 12 月 31 日，生物谷成为北交所开板以来唯一一家触发纪律处分的上市公司。⊖

以上三个案例都是在精选层刚刚设立时进行的申报，彼时精选层板块的审核导向尚不清晰，事后复盘时可供总结的信息更为全面，但似乎又会带来新的疑惑。同辉信息和金洁水务都经历了漫长的审核期，相比较而言，同辉信息存在的矛盾十分突出但终获通过，金洁水务看似没有明显的"硬伤"问题却主动终止；同辉信息和生物谷存在类似的核心问题，但当同辉信息在 2022 年 6 月被核准时，先一步上市的生物谷却已因资金占用问题被监管关注、处罚。

除监管机构外，能够明确知悉该 IPO 项目是如何通过、终止以及被处罚的真实原因的，或许只有发行人及券商了。在券商体系中，同辉信息、金洁水务及生物谷都属于难得的实战案例，这些案例中的经验教训都会以工作底稿的形式沉积到券商的经验池中，当券商遇到相同或类似问题时，就能够更加快速做出最佳的职业判断，而这正是体现出券商专业性的地方。

3. 质量控制部门及内核部门代表券商的专业厚度

一单 IPO 项目结束之后，如成功完成发行上市则需总结经验，如被否决或中途撤回则需整理教训，但无论结果如何，这些实务案例都是券商的宝贵财富，券商的质控内核体系就是这些财富的沉积之处，即便与该项目有关的前后台人员离职，也不会影响券商内部的经验留存。此外，对于成功的 IPO 项目，券商需要担负持续督导的职责，而对于暂时失败的 IPO 项目，券商可能需要应对监管机构的后续核查，或为拟 IPO 企业的下一次申报做准备，因此券商体系对项目的跟踪还具有一定的持续性。

（1）质量控制部门及内核部门对监管政策的变化更为敏感

质量控制部门和内核部门是券商对外报送正式文件的最终复核部门，所有前台业务团队的 IPO 项目在上市各环节所需的签字盖章文件都会经过券商中后台部门审核，这些环节包括上市辅导、辅导验收、首次申报、若干轮的问询回复以及现场检查或现场督导等。随着券商内部 IPO 案例的增

⊖ 资料来源：北交所官网信息披露板块纪律处分部分。

加，质控内核体系就能够汇集到越来越多的审核机构关注重点，并可依此指导前台业务团队在新的 IPO 项目中的核查工作。

同时，质量控制部门和内核部门是将最新监管政策在券商内部"上传下达"的核心环节，这项工作至关重要，因监管要求中每一项小的变化都可能对应着一次申报文件的补正。一般而言，监管机构会不定期将审核过程中发现的问题以及关注要点通过"上市板块发行上市审核最新动态""保荐代表人专题培训"或窗口指导等方式向各保荐机构传达，质量控制部门和内核部门就是券商一端的"接口"。

以《首发业务若干问题解答》相关文件的演进过程为例，2018 年 6 月，监管机构对于 IPO 审核过程中的常见问题以问答指引的方式向券商发布，各投行团队需从各自公司的质量控制部门或内核部门获取到具体文字版本的《IPO 审核 51 条问答指引（2018 年 6 月）》。该指引分为两部分，包括 26 条首发审核财务与会计知识问答、25 条首发审核非财务知识问答。在首个注册制板块科创板开板后，为明确市场预期，提高科创板股票发行上市审核透明度，上交所于 2019 年 3 月 3 日按照"急用先行"原则，就科创企业发行条件和上市条件相关事项制定并发布了《上海证券交易所科创板股票发行上市审核问答》，○而后在证监会指导下，上交所于 2019 年 3 月 24 日制定并发布了《上海证券交易所科创板股票发行上市审核问答（二）》。○在此背景下，为增强审核工作透明度，提高首发企业信息披露质量，便于各中介机构履职尽责，证监会发行监管部正式发布了《首发业务若干问题解答》，此次问答依然分为财务问题与非财务问题两部分，相较 2018 年 6 月的"51 条"略有变化，改为"50 条"；⊜2020 年 6 月 10 日，证监会发行监管部根据市场运行经验对相关问题进行了修订，发布了《关于发行审核业务问答部分条款调整事项的通知》，将相关问答改为"54 条"。㊃

2023 年 2 月 17 日，中国证监会发布实施全面实行股票发行注册制制

○ 资料来源：上交所官网"关于发布《上海证券交易所科创板股票发行上市审核问答》的通知"。

○ 资料来源：上交所官网"关于发布《上海证券交易所科创板股票发行上市审核问答（二）》的通知"。

⊜ 资料来源：中国证监会官网"关于发布《首发业务若干问题解答》的通知"。

㊃ 资料来源：中国证监会官网"《关于发行审核业务问答部分条款调整事项的通知》"。

度规则，此次发布的 165 部制度规则中由证监会发布的制度规则为 57 部，其中包括了《监管规则适用指引——发行类第 4 号》⊖以及《监管规则适用指引——发行类第 5 号》⊜。这两部《适用指引》是中国证监会基于对试点注册制以来实践经验的总结，将有关发行监管首发类业务的制度文件进行清理，是在原有的主板、科创板、创业板与首发业务相关问题的审核问答基础上进行整合后起草的。《首发业务若干问题解答》在同日迎来了废止。

《首发业务若干问题解答》相关文件的正式发布过程向公众展示了非公开的窗口指导意见逐步成为公开的规章制度的发展过程。值得注意的是，该指导文件早已在中介机构体系内流传多时，各券商在具体执业过程中均需严格执行相关要求，在这种情况下，券商的质量控制部门及内核部门对监管政策先知先觉的重要性得以充分体现。可以说，券商质控内核体系对监管政策的敏感度将对该券商前台业务团队的执业水平产生重要影响，甚至会影响该券商所承接 IPO 项目的成功率。

（2）质量控制部门及内核部门掌握着 IPO 实务中的核查尺度

大多数 IPO 申报文件都需要中介机构发表明确核查意见，中介机构在签字盖章后即对文件中所表述的内容负责。对于券商而言，质量控制部门及内核部门在执行复核职能时，肩上担负的便是券商"公司级"的责任重量，因此在 IPO 业务中，券商的核查尺度往往以质量控制部门及内核部门的意见为准。

仍以资金流水核查事项为例，在 2020 年有效执行的《首发业务若干问题解答（2020 年 6 月修订）》中要求，"保荐机构和申报会计师应当充分评估发行人所处经营环境、行业类型、业务流程、规范运作水平、主要财务数据水平及变动趋势、所处经营环境等因素，确定发行人相关资金流水核查的具体程序和异常标准"，以及"在符合银行账户查询相关法律法规的前提下，资金流水核查范围除发行人银行账户资金流水以外，结合发行人实际情况，还可能包括控股股东、实际控制人、发行人主要关联方、董事、监事、高管、关键岗位人员等开立或控制的银行账户资金流水，以及

⊖ 资料来源：中国证监会官网"《监管规则适用指引——发行类第 4 号》"。

⊜ 资料来源：中国证监会官网"《监管规则适用指引——发行类第 5 号》"。

与上述银行账户发生异常往来的发行人关联方及员工开立或控制的银行账户资金流水"。该问题解答为券商和会计师执行资金流水核查提供了制度依据。中国证监会于 2023 年 2 月 17 日发布的《监管规则适用指引——发行类第 5 号》对前述要求未做出实质性改变。

深圳民爆光电股份有限公司（简称"民爆光电"）的创业板 IPO 申请于 2022 年 5 月 11 日被受理，采取的财务数据报告期为 2019 年度至 2021 年度，民爆光电截至 2021 年 12 月 31 日的总资产为 14.28 亿元，净资产为 9.19 亿元，其 2021 年度的营业总收入为 14.97 亿元，净利润为 1.68 亿元。审核机构在首轮问询中例行询问了资金流水核查范围以及核查金额的重要性水平，民爆光电的回复为，"针对自然人银行账户资金流水的核查：结合目前社会收入及消费现状、深圳地区消费能力以及相关人员的所处社会地位及财富情况，按重要性水平对发行人董事（不含独立董事）、监事、高级管理人员及其在公司任职的关系密切的亲属、关键岗位人员（含部分核心销售人员、采购人员、财务人员）的单笔交易金额大于 1 万元人民币的资金往来逐笔核查；对实控人及其配偶单笔交易金额大于 5 万元人民币的资金往来逐笔核查"。⊖

深圳市通泰盈科技股份有限公司（简称"通泰盈"）的创业板 IPO 申请于 2022 年 5 月 19 日被受理，采取的财务数据报告期为 2019 年度至 2021 年度，通泰盈截至 2021 年 12 月 31 日的总资产为 2.94 亿元，净资产为 2.19 亿元，其 2021 年度的营业总收入为 3.13 亿元，净利润为 0.72 亿元。审核机构在首轮问询中例行询问了"发行人及其控股股东、实际控制人、发行人主要关联方、董事、监事、高管、关键岗位人员的银行账户流水的具体核查情况"，通泰盈的回复为："保荐人和申报会计师根据发行人控股股东、主要关联方 2019 年至 2021 年已开立银行账户交易流水的规模和性质，选取发行人控股股东、主要关联方与发行人、实际控制人、董事、监事、高管、关键岗位人员等主体之间发生的全部流水，以及单笔金额超过 5 万元的流水进行核查，并抽取部分记账凭证、业务合同或相关文件资料，核查发行人控股股东、主要关联方的交易真实性，确认是否存在与发

⊖ 资料来源：深交所官网"关于深圳民爆光电股份有限公司首次公开发行股票并在创业板上市申请文件的审核问询函的回复"。

行人客户及供应商之间发生资金往来、为发行人代垫成本费用等情形。"⊖

民爆光电及通泰盈均位于深圳，申报创业板 IPO 时间也相近。对于同样的资金流水核查事项，资产规模和业务体量较大的民爆光电选择对重要自然人单笔交易金额 1 万元以上的资金流水进行核查，而体量较小的通泰盈则对重要自然人单笔交易金额超过 5 万元的资金流水进行核查，仅此一项，保荐机构和会计师事务所核查的工作量就会拉开不小的差距。

民爆光电及通泰盈对于自然人资金流水核查采取不同标准的现象说明，即便在相同的监管指导意见之下，不同券商的质控内核体系会针对某些具体问题采用自由裁量权，导致不同券商对同一问题的核查尺度有较大区别。

需要注意的是，如尺度选取过紧，常会导致核查工作的泛化，工作量巨大却不着重点，泛化核查甚至可能是中介机构的"偷懒行为"，即通过堆积核查底稿来体现自身的勤勉尽责，这种重视表面工作量而忽视业务实质的行为是值得警惕的；相对应地，如果尺度选取过于宽松，又可能成为"挤牙膏式"的核查，并因此总是无法打消审核机构的怀疑，导致审核机构继续下发多轮问询，有的拟 IPO 企业在问询回复时间消耗完毕前依然无法完成上会，只能以撤回申请材料告终。

4. 前台业务部门是体现券商专业水准的窗口

一个券商完成申报的 IPO 案例越多，质控内核体系中沉积的项目经验也就越多，在遇到具体问题时，往往能够从更多维的角度找到解决方案。但这并不意味着项目数量较多的大型券商在项目执行层面就必然优于中小型券商，这主要是由于前台业务部门在 IPO 实务操作中体现出来的专业水准与券商的规模并不直接相关。

（1）前台业务部门的专业性首先体现在对规则的熟知与敬畏

经过多年的发展，IPO 业务的执行体系已经十分成熟，首先由监管机构制定规则，而后券商中后台根据规则和经验总结出核查尺度，最后由券

⊖ 资料来源：深交所官网"关于深圳市通泰盈科技股份有限公司首次公开发行股票并在创业板上市申请文件的审核问询函的回复"。

商前台业务部门对具体细节进行落实。但是，在实际的项目执行过程中，规则和尺度虽已具备行业共识，却仍有可能被无视规则的业务人员违背。

浙江野风药业股份有限公司（简称"野风药业"）的创业板 IPO 申请于 2021 年 5 月 25 日被深交所受理，在经历 2 轮问询后于 2022 年 6 月 24 日终止。野风药业的 IPO 披露文件中并未显示其撤回申报材料的具体原因，但在 2022 年 9 月 30 日，证监会披露了《关于对安信证券采取监管谈话措施的决定》，在该决定中载明安信证券作为浙江野风药业控股有限公司创业板发行上市的保荐机构，相关保荐代表人擅自删减、修改已通过公司内核程序的申报文件内容，未重新履行内核程序即向证券交易所提交。㊀此行为明显违反了中国证监会于 2020 年 6 月 12 日发布的《证券发行上市保荐业务管理办法》第三十四条之规定："保荐机构对外提交和报送的发行上市申请文件、反馈意见、披露文件等重要材料和文件应当履行内核程序，由内核机构审议决策。未通过内核程序的保荐业务项目不得以公司名义对外提交或者报送相关文件。"㊁2022 年 11 月 4 日，中国证监会对该名保荐代表人下发了处罚决定，由于其擅自修改通过公司审批的申报文件，未按公司要求重新履行审批程序的行为，中国证监会对其处以认定其为不适当人选 6 个月的措施。㊂

安信证券作为业内知名券商，其质控内核体系显然具备承担 IPO 业务的能力，而此次被处罚的保荐代表人同样具有多年证券从业经验，野风药业案例的出现，可能还是由于个别前台人员对规则的漠视。

（2）前台业务部门的专业性源自直接的实务操作经验

规模越大的券商越能够积累更多的项目经验，这正是大型券商在 IPO 业务竞争中的核心优势。大型券商可从众多 IPO 项目实战经验中抽象出若干共性问题的标准解决方案，可以对前台业务部门的项目执行提供强大技术支持。但需要特别指出的是，券商质控内核体系的经验积累固然十分重要，但这些经验毕竟都属于间接经验，更多起到辅助作用，IPO 实务中仍

㊀ 资料来源：中国证监会官网"《关于对安信证券采取监管谈话措施的决定》"。
㊁ 资料来源：中国证监会官网"【第 170 号令】《证券发行上市保荐业务管理办法》"。
㊂ 资料来源：中国证监会官网"关于对于右杰采取认定为不适当人选 6 个月措施的决定"。

要依靠前台业务人员自身具备的专业能力解决问题。一般认为，券商前台业务部门的专业性主要源于其团队成员所具备的直接的实务操作经验。

大多数券商在 IPO 申报环节都会与一家名为北京荣大科技股份有限公司（简称"荣大科技"）的公司产生交集。荣大科技在业内被称为"荣大"或"券商之家"，其主要业务为协助发行人及券商完成 IPO、再融资以及公司债券等证券业务的申报工作。仅以 IPO 业务而言，荣大科技与绝大多数券商及拟 IPO 企业都有合作关系，由于多年来经手的 IPO 项目数量众多，荣大科技已在其自身的业务体系内沉积了数量极为庞大的案例库，以至于券商前台业务人员在执业过程中会将荣大科技作为非官方的权威咨询机构。随着荣大科技对企业上市相关业务的深度挖掘，该公司的业务已从传统的印务逐步成长为涵盖业务咨询及软件服务的综合性公司，荣大科技开发的金融信息披露检索工具"荣大二郎神"已成为券商前台业务人员常用的工具。

这样一家与券商业务贴合度极高的公司在 2021 年 6 月 21 日向中国证监会报送了上交所主板的上市申请，其选聘的保荐机构为国金证券。荣大科技使用的报告期为 2018～2020 年度，根据其招股说明书中披露，报告期内，A 股市场新增上市公司 704 家，与荣大科技有合作关系的有 692 家，比例为 98.30%。2018～2020 年度，A 股市场新申报 IPO 企业数量分别为 248 家、406 家和 950 家，与荣大科技在 IPO 申报文件制作及咨询业务上开展合作的分别有 239 家、399 家和 932 家，占有率/应用率分别高达 96.37%、98.28% 和 98.11%。由前述披露信息可见，荣大科技在其细分赛道中占据了绝对的垄断地位。○一

但是，荣大科技后续的 IPO 之路却并不顺畅，其在 2021 年 7 月 4 日被中国证监会发行监管部抽中现场检查。○二而后审核机构在出具的反馈意见中对荣大科技的业务范围及垄断情况等提出了较为尖锐的问题，荣大科技的 IPO 排队时间并没有持续太久，最终于 2022 年 7 月 22 日被中国证监会终止审查。○三

○一 资料来源："北京荣大科技股份有限公司首次公开发行股票招股说明书"。
○二 资料来源：中国证监会官网"首发企业信息披露质量抽查抽签情况（2021 年 7 月 4 日）"。
○三 资料来源：中国证监会官网于 2022 年 10 月 28 日发布的"【行政许可事项】发行监管部首次公开发行股票审核工作流程及申请企业情况"。

荣大科技是行业内 IPO 案例积累最多的公司，但这些经验似乎并没有在其自身 IPO 申报过程中起到作用，这或许正是由于"案例积累≠实战经验"，荣大科技自身并不具备 IPO 全流程的实战经验，因而其在前期业务规划时难以做到按照 IPO 标准进行全面布局。

荣大科技的 IPO 尝试对证券公司具有一定的参考价值，客观来看，任何一家券商的质控内核体系中积累的案例数量都无法与荣大科技相比较。但是，券商对其承做的每一单 IPO 业务的理解深度又会高于荣大科技，并且基于牌照优势，券商还具备将经验教训在新的 IPO 业务中完成验证的能力。

综合来看，在 IPO 业务中仅有案例储备是不充分的，每一个发行人面临的问题往往是个性化且没有标准答案的，只有实战经验丰富的专业人士才具备形成原创性解决方案的能力。

（3）券商前台业务人员的能力画像

拟 IPO 企业在筹划上市的过程中，会遇到各种规模券商的承做团队，其中既有平台资源丰富的大型券商，也有专注于某个特定行业领域的中小型券商。面对数量众多的潜在合作方，拟 IPO 企业需要具备评判券商业务人员专业水平的能力。

1）从业经历是形成业务能力的最主要部分

在 IPO 实战中，券商前台业务人员的个体能力参差不齐，不同规模券商的职业体系或许是造成这种现象的原因之一。

大型券商体系健全且项目储备丰富，具备培养出业务骨干的各项背景条件，但由于大型券商往往项目数量多，出于成本和效率的考虑，有时可能会将一些工作进行外包，在这种业务模式下，部分前台业务人员的能力可能会迅速"螺丝钉"化，遇到常规、标准化问题或有先例问题时反应迅速，但当遇到无先例的新问题时就力有未逮了。

相对应地，中小型券商常存在项目储备少以及因经验不足导致项目推进效率低等问题。但盈亏同源，中小型券商的前台业务人员一般可以坚持将一单 IPO 业务从头跟到尾，且由于收费水平不高，项目的具体执行工作一般都会由前台业务人员亲自完成。在这种业务模式下，中小型券商的前台业务人员攻坚能力更强，但工作流程完善度不足，并且有可能因平台较小而导致视野偏窄。

拟 IPO 企业可重点考察相关业务人员过往实际操作案例的具体情况，同时可以通过如"某位保荐代表人是在哪个项目上完成注册的"等相对具体的问题对业务人员的能力进行更细化的了解。

2）解决问题的能力是从业人员的能力核心

发现问题、解决问题是投行人员最基本的工作技能，也是拟 IPO 企业真正需要的服务内容。无论是语言沟通能力、文字表达能力还是逻辑思维能力，在 IPO 实践中最终都会转变为从业人员解决具体问题的能力。

对于拟 IPO 企业而言，整个 IPO 过程中最重要的任务就是在券商等中介机构的辅导下完成财务、业务以及法律部分的合规化改造。在这些改造任务中，财务事项的整改主要依赖于会计师事务所，法律事项的整改主要依赖于律师事务所，而业务事项的整改往往主要依赖于企业自己，券商前台业务团队更多起到协调和复核作用，因此券商团队更被看重的是沟通协调及解决问题的综合能力。

IPO 实践中，券商从业人员解决问题的能力比较容易考察，因为每一个问题的解决方案都具备一定的逻辑层次，例如先需要了解法律法规的底线要求，然后列举类似案例的解决方案，最后是依据典型案例与本公司存在问题之间的异同，确认潜在的解决思路。

正如前文提到的，每一个拟 IPO 企业都可能存在极为个性化的问题，没有足够的直接经验积累的券商从业人员往往不具有解决实际问题的逻辑思维，更难以具有解决个性化问题的能力。

因此，拟 IPO 企业可以在专业人士的指导下将自身存在的棘手问题整理出来，而后请不同券商的前台业务团队提出解决思路。在此过程中，拟 IPO 企业并不一定能够找到合适的问题解决方案，但却一定能够考察出前台业务人员的实际功力。

3）信息咨询渠道能够拓宽从业人员的能力边界

执行 IPO 业务的券商从业人员既需要具备丰富的财务知识和法律知识，还需要对拟 IPO 企业所在行业有较为深入的了解。但人的精力毕竟是有限的，即便是专注于某个行业 IPO 业务的个人和团队，也难以掌握该行业中所有类型企业的 IPO 承做特点。正常情况下，从业人员在 IPO 项目执行过程中总会遇到问题需要向外部咨询，也正因如此，信息咨询渠道成为考查从业人员能力的重要组成部分，丰富的信息咨询渠道可为从业人员增加更多元地解决疑难问题的可能。

券商从业人员的信息咨询渠道主要包括审核机构、同行业其他券商以及律师、会计师等合作伙伴。一般情况下，有大型券商工作经历的从业人员与审核机构沟通机会较多，可能具有一定优势；工作年限较久，且曾在多个券商任职的从业人员在同行业信息方面具有优势；具备律师事务所或会计师事务所从业经历的从业人员在获取合作伙伴的信息方面具有优势。

（四）稳定性维度：考察券商对具体 IPO 项目的成功预期

在券商的选取维度中，对等性维度对应着券商对拟 IPO 企业的重视程度，专业性维度对应着券商的胜任能力，最后的稳定性维度则对应着券商在具体项目执行上的成功预期。

在数量众多的拟 IPO 企业中，利润好、规范程度高且又是行业龙头的明星企业是极少数的，大多数拟 IPO 企业或多或少都存在着需花费大量时间及精力进行整改的事项，在这种情况下，稳定的券商 IPO 团队就显得至关重要。

IPO 是一场马拉松。在漫长的马拉松比赛过程中，运动员并不需要时刻准备着加速冲刺，反而需要将更多的精力放在持续稳定的步伐和节奏上，节奏越稳，跑得越远。

国科恒泰携手长城证券保荐团队多次上会终于通过审核，在这个过程里，除了发行人不断根据审核机构的要求完成整改外，长城证券的助力与陪伴同样不可或缺。国科恒泰管理层与保荐团队已合作近 10 年，在券商行业人员高流动性的背景下，双方持续多年的合作关系就显得更加难能可贵了。

拟 IPO 企业与具备稳定性的保荐团队合作，可使沟通成本迅速降到最低，国科恒泰与长城证券之间的合作模式为广大拟 IPO 企业提供了参考范本。

1. "责权利"不匹配是投行业务团队人员不稳定的重要原因

在 IPO 项目执行过程中，券商一般只会派出数量有限的小型业务团队，与 IPO 有关的海量工作内容会在该团队中做出明确分工。在漫长的项目执行过程中，一旦出现券商团队成员离职的情况，就有可能导致项目执行周期拉长。即便新老员工交接过程顺畅，新接手项目的员工往往需要较长的时间对老员工的工作进行复核，甚至是重新执行，这就会造成工作内容大量重复。

在 IPO 实务中，业务团队人员不稳定是许多券商都要面对的共性问题，只是不同规模的券商对此问题的应对方式有所不同。大型券商依靠成熟的管理制度保证其服务质量的稳定性，重视流程标准化的同时，最大程度降低人员流失造成的负面影响，是典型的"铁打的营盘，流水的兵"的运行模式。中小型券商不具备大型券商的资源储备，因此需要依靠薪酬、职级等方面的激励措施来保证团队核心成员的稳定，以实现留住重要业务团队的目标。

仅就人员流动来看，券商体系内"责权利"不匹配的情况是导致从业人员离职的重要原因，薪资、职级都是"责权利"的外在表现形式。许多从业人员期待通过跳槽完成在新券商的"责权利"关系重构。

在筛选券商时，拟 IPO 企业可以从"责权利"角度出发，迅速在备选券商团队中识别出导致团队不稳定的风险点。一般情况下，投行团队的稳定性如出现问题，以团队负责人、保荐代表人以及业务骨干这三个角色为主的团队骨架会首先出现变化。

2. 保持稳定是团队负责人领导力的体现

团队负责人是券商业务团队中最为重要的角色之一，"业务团队是否具备稳定性"本质上是一个管理问题，使团队具有持续且相对的稳定性是团队负责人拥有卓越领导力的体现。

在券商的业务管理架构中，业务团队负责人可以通过一定的财务权力和人事权力实现对团队的管理。

（1）薪酬体制改革使团队负责人具备了更多的管理属性

自 2018 年 3 月中国证监会发布《证券公司投资银行类业务内部控制

指引》以来，行业监管机构就开始要求券商打破以前按照项目收入金额计提"承揽""承做"奖金的方式。监管机构对此政策的落地保持了持续性关注，2021年11月3日，中国证监会福建监管局发布了《关于对华福证券有限责任公司采取出具警示函措施的决定》，该决定中指明，监管机构发现华福证券存在业务人员绩效奖金主要与承做项目收入挂钩，未考虑专业胜任能力、合规情况等因素的情况，并要求华福证券限期整改问责。㊀

进入到2022年后，主管机构更为密集地发布了有关券商行业薪酬改革的自律规则和政策。2022年5月13日，中国证券业协会发布《证券公司建立稳健薪酬制度指引》，要求"证券公司在制定薪酬制度时，应当建立严格的问责机制增强薪酬管理的约束力，包括但不限于奖金、津贴等薪酬止付、追索与扣回等内容，对违法违规或导致公司有过度风险敞口的高管和关键岗位等相关责任人员追究内部经济责任"；㊁2022年5月31日，中国证监会发布《关于加强注册制下中介机构廉洁从业监管的意见》，要求"证券公司应当建立科学合理的激励约束机制和内部问责机制，不得将从业人员薪酬收入与其承做或承揽的项目收入直接挂钩，不得以业务包干等过度激励方式开展投资银行业务，应当在劳动合同、内部制度中明确，对存在廉洁从业违法违规行为的从业人员，可采取要求其退还与违规行为相关的全部或部分奖金，或者停止对其实施长效激励措施等问责措施"。㊂

前述制度改革通过收入递延、止付、追索与扣回等方式，建立科学合理的激励约束机制和内部问责机制，使券商切实终止包干制，并在业务承接和承做的过程中贯彻合规为先的理念。近年出台的相关制度法规使得券商行业总体的薪酬格局发生了较大变化，大型券商和中小型券商的收入水平在未来可能会向趋同的方向发展。

薪酬体制改革鼓励业务团队注重长期成长性，避免过度聚焦产生短期效益但却大幅增加长期违规风险的业务。对于团队负责人而言，财务权力作为管理工具中的一种，其管理属性已越发凸显，员工薪酬虽已不再与

㊀ 资料来源：中国证监会福建监管局官网"《关于对华福证券有限责任公司采取出具警示函措施的决定》"。

㊁ 资料来源：中国证券业协会官网"《证券公司建立稳健薪酬制度指引》"。

㊂ 资料来源：中国证监会官网"【第37号公告】《关于加强注册制下中介机构廉洁从业监管的意见》"。

项目收入直接挂钩，但在综合判定员工具体绩效时，团队负责人意见的权重并未实际减弱，团队负责人仍可以通过绩效考核的方式对下属员工进行管理。

（2）绩效考核的公正性是团队具备稳定性的基础

行业监管机构通过制度约束的方式督促证券公司进行改革，以去除以往重视承揽、轻视承做和风控的短期行为。当前在券商前台业务部门担任团队负责人的大多是在以往制度中迅速成长起来的资深人士，他们往往都具备较强的项目资源及营销渠道。由于一些团队负责人依然存在惯性思维，有时这些人会成为行业改革过程中的阻力源。或许正是这种情况的存在，导致了规模尚小的华福证券在《证券公司投资银行类业务内部控制指引》执行近3年后仍未完成整改。

在当前薪酬制度改革过程中，许多前台业务团队的负责人恰好属于因薪酬水平过高而需向下调整的人员，因此就存在这样一个风险，即当团队负责人按照新规执行团队考核时，可能会夸大自身重要性以保持其薪酬水平，而这将大大损害绩效考核的公正性，并损害到团队中其他成员的利益，最终导致团队核心人员出现流失。

拟IPO企业在判断潜在合作券商的业务团队负责人是否具备可靠性时，可着重考察该团队多数成员共同完成的IPO项目，并对该项目的《发行保荐工作报告》签署页上项目组成员信息进行双向印证。而后，可请该团队负责人对包含其自身在内的团队成员在IPO项目中的具体贡献做出客观评价。

（3）"责权利"相匹配方可使团队长期稳定

团队负责人可以通过提高责权利匹配程度的方式提高团队稳定性，这种方式与监管机构的思路是相吻合的。以下是德邦证券承销的"15五洋债"违约后的有关信息，以此来介绍券商团队内部可能存在的责权利失衡的情况。

"15五洋债"是指德邦证券在2015年8月14日完成承销的，由五洋建设集团股份有限公司（简称"五洋建设"）发行的"五洋建设集团股份有限公司2015年公司债券（第一期）"。2017年8月14日，五洋建设发布公告称其因现金流暂时性短缺、资产处置进度不及预期以及筹融资渠道受限等原因，无法按时、足额筹集资金用于偿付"15 五洋债"的应付利息及回收款项，构成实质违约。㊀ 在"15 五洋债"正式违约之前的 8 月 10 日，五洋建设收到了中国证监会的《调查通知书》。2018 年 1 月 17 日，五洋建设收到了中国证监会行政处罚事先告知书，该告知书对五洋建设涉嫌的主要违法事实进行了列举。2018 年 7 月 9 日，中国证监会正式下发对五洋建设的行政处罚决定书。

2019 年 11 月 11 日，中国证监会对德邦证券以及周丞玮、曹榕等相关责任人员的处罚决定书正式下发，该处罚决定书披露了监管机构认定的周丞玮、曹榕等人在券商团队内部的角色定位。其中，周丞玮作为五洋建设债券项目的项目负责人，直接负责项目主要核查工作，并在核查意见上签字，曹榕作为五洋建设债券项目的承做部门负责人，对整个项目进度和人员奖金具有主导作用，二人是德邦证券违法行为直接负责的主管人员。周丞玮和曹榕对自身的责任承担情况提出了不同的主张，项目负责人周丞玮主张其只是挂名签字负责人，没有参加现场尽调，也没有获得承做奖金，曹榕是五洋债项目真正的负责人；部门负责人曹榕则主张其不是项目组成员或负责人，没有在募集说明书和核查意见上签过字，没有参与债券销售过程，虽然担任项目组所在部门总经理，但不是业务负责人。㊁

在上述的时间线内，同步还发生了德邦证券前固定收益联席总经理兼债券融资部总经理曹榕与德邦证券之间的劳动合同纠纷。事情的起因是，德邦证券在 2018 年 4 月 4 日以曹榕"2018 年以来未经批准而累计旷工超过五日"为由向其发出《解除劳动合同通知书》。根据上海市第二中级人民法院于 2020 年 1 月 23 日发布的《曹榕与德邦证券股份有限公司劳动合同纠纷二审民事判决书》，曹榕认为其所在的债券融资部与德邦证券公司之间系内部承包关系，其诉讼请求为德邦证券向其支付工资、奖金以及劳动合同赔偿金等合计超过 2.6 亿元人民币，其中包含了其认为德邦证券克

㊀ 资料来源：上交所官网"五洋建设集团股份有限公司关于'15 五洋债'无法按时兑付本息的公告"。

㊁ 资料来源：中国证监会官方网站"中国证监会行政处罚决定书（德邦证券、周丞玮、曹榕等 6 名责任人员）"。

扣的五洋债项目奖金。本案一审法院判定德邦证券向曹榕支付工资及交通补贴等 2 万余元，驳回了曹榕的其他诉讼请求，而最终二审法院驳回了曹榕的全部诉讼请求，维持原判。㊀

监管机构、法院从不同的维度对"15 五洋债"、德邦证券以及曹榕之间的关系进行了解读和披露，从中可看出曹榕作为券商前台业务部门的负责人，在主观认识上认为其与德邦证券之间系承包关系，因而对德邦证券提出了超过 2.6 亿元人民币的高额赔偿诉求。但与此同时，曹榕又不认可监管机构就其在五洋建设案中的责任承担的认定。两相对比之后，涉及该事件的德邦证券债券融资部成员间的责任、权力以及收益不对等的特征就十分明显了。

拟 IPO 企业在选择券商过程中，可着重考察团队负责人对责任、权力以及收益匹配情况的认知水平。五洋建设案例中，监管机构详细介绍了对周丞玮、曹榕等人责任承担的认定逻辑，可作为拟 IPO 企业"选人"之参考。

3. 责任及风险承担是影响保荐代表人稳定的主要因素

在"责权利"三要素中，拟 IPO 企业考察团队负责人时，可着重一个"利"字。在完成判定团队负责人是否合意之后，拟 IPO 企业紧接着需要考察的就是保荐代表人。保荐代表人是一个 IPO 项目的技术核心，其稳定性是对 IPO 项目推进节奏的重要保障。拟 IPO 企业考察保荐代表人时，可着重一个"责"字。

由于保荐代表人具有稀缺性，其基础薪资在券商体系内处于较高水平，即便在《证券公司投资银行类业务内部控制指引》发布后，在券商行业开始建立递延收入支付机制的背景下，保荐代表人的收入水平仍能够维持在相对高位。有关保荐代表人的另一个信息是，保荐代表人的责任承担正在逐步加重的过程中。中国证监会于 2023 年 2 月 17 日发布修订后的《证券发行上市保荐业务管理办法》，该办法规定："保荐机构应当建立健全内部问责机制，明确保荐业务人员履职规范和问责措施。保荐业务人员被采取自律监管措施、自律处分、监管措施、证券市场禁入措施、行政处

㊀ 资料来源：《曹榕与德邦证券股份有限公司劳动合同纠纷二审民事判决书》。

罚、刑事处罚等的，保荐机构应当进行内部问责。保荐机构应当在劳动合同、内部制度中明确，保荐业务人员出现前款情形的，应当退还相关违规行为发生当年除基本工资外的其他部分或全部薪酬。"这是券商行业内执行的被称为"追缴机制"的制度依据。㊀

也就是说，保荐代表人在不发生执业风险的情况下，可以拥有较高的收入水平，而在出现监管处罚等事项时则会存在以往收入被追缴的风险。因此，收入较高的保荐代表人在行为模式上往往会具备较强的风险规避属性。

对于保荐代表人而言，执业风险对收入端的影响仅是其一，如其所做项目受到监管处罚，职业发展路径受到的伤害将会更大，带来的负面影响也会更持久。

2021年11月12日，中国证监会公布了对北京蓝山科技股份有限公司（简称"蓝山科技"）的行政处罚决定，该决定中披露了蓝山科技通过未如实披露的关联方以及外部客户、供应商虚构无实际生产、无实物流转的采购销售循环业务，在采购、生产、销售、库管、物流运输、财务记账等各个环节实施全链条造假。㊁

作为蓝山科技申报精选层保荐机构的华龙证券因该案受到处罚。2021年11月2日，中国证监会公布了对华龙证券的处罚结果：对华龙证券责令改正，给予警告，没收业务收入150万元，并处以300万元罚款；对赵宏志、李纪元给予警告，并分别处以50万元罚款。㊂

蓝山科技造假案案发时新《证券法》已经开始实施，因此华龙证券和两位保荐代表人都被处以数额不菲的罚款，是得不偿失的典型案例。

对于保荐代表人来说，此次处罚不仅是财产上的损失，相应的处罚记录还会记入保荐代表人的执业质量评价和诚信档案，在未来会持续影响两位保荐代表人的职业生涯。两位保荐代表人中的赵宏志时任华龙证券北京分公司副总经理兼第三事业部总经理，李纪元时任华龙证券北京分公司质控部执行董事，两位保荐代表人均有超过10年的从业经验，在券商内部

㊀ 资料来源：中国证监会官网"【第207号令】《证券发行上市保荐业务管理办法》"。
㊁ 资料来源：中国证监会官网"中国证监会行政处罚决定书（蓝山科技）"。
㊂ 资料来源：中国证监会官网"中国证监会行政处罚决定书（华龙证券、赵宏志、李纪元）"。

已非基层员工。然而，根据证券业协会官网的信息，蓝山科技一案的两位保荐代表人赵宏志、李纪元已经于 2022 年 1 月分别被注销了保荐代表人执业资格（见表 3-12）。

表 3-12　涉蓝山科技案的两位保荐代表人的从业资格变化情况

姓名	登记日期	执业机构	执业岗位	登记状态
赵宏志	2004-04-05	长城证券	一般证券业务	离职注销
	2007-01-12	东海证券	一般证券业务	离职注销
	2007-11-27	华泰联合	一般证券业务	机构内变更
	2017-03-28	华泰联合	保荐代表人	离职注销
	2017-09-15	华龙证券	保荐代表人	机构内变更
	2022-01-05	华龙证券	一般证券业务	正常
李纪元	2004-12-03	华龙证券	一般证券业务	离职注销
	2008-03-18	华泰联合	一般证券业务	离职注销
	2012-10-15	银河证券	一般证券业务	离职注销
	2012-12-06	银河证券	保荐代表人	离职注销
	2017-08-21	华龙证券	保荐代表人	离职注销
	2019-12-11	华龙证券	保荐代表人	机构内变更
	2022-01-05	华龙证券	一般证券业务	正常

资料来源：作者根据中国证券业协会官网信息整理。

2022 年 3 月 24 日，股转公司发布《关于给予华龙证券股份有限公司及相关责任主体纪律处分的情况公示》，对华龙证券和两位保荐代表人处以公开谴责的监管措施。㊀

2022 年 6 月 15 日，中国证监会发布《关于对胡海全、李纪元采取监管谈话措施的决定》，该决定中载明，监管机构发现华龙证券股份有限公司在蓝山科技精选层挂牌项目中存在内控人员利益冲突、质控和内核部门对项目组落实质控及内核意见跟踪复核不到位等问题，李纪元作为时任质控部门负责人，对相关违规行为负有责任。㊁

蓝山科技案案发后，华龙证券以及两位保荐代表人在两年时间里持续

㊀ 资料来源：股转公司官网《关于给予华龙证券股份有限公司及相关责任主体纪律处分的情况公示》。

㊁ 资料来源：中国证监会官网《关于对胡海全、李纪元采取监管谈话措施的决定》。

受到监管机构的处罚，体现了主管部门对财务造假零容忍的监管导向。同时，通过对蓝山科技案的涉案保荐代表人进行严肃处理，能够在行业内形成监管威慑，督促保荐代表人归位尽责，提高执业水平。

蓝山科技案的处理结果有助于拟 IPO 企业理解保荐代表人对"责"字的看重。在合作之前，拟 IPO 企业可首先关注保荐代表人过往 IPO 案例在当前的业绩表现以及市场口碑。在此基础上，拟 IPO 企业还可依据保荐代表人对本企业存在的疑难问题提供的解决思路，判断该保荐代表人的执业风格。在当今的监管环境之下，只有具备较强合规意识的保荐代表人才能够在执业过程中规避风险，真正推进项目向前走。

4. 职业上升空间是影响业务骨干稳定的主要因素

业务骨干是投资银行业务得以顺利完成的人力资源保障，尤其对于 IPO 这种强度大、压力大的投行业务，业务骨干的重要作用就更为突出，每一名业务骨干的离职都会对 IPO 项目的进展造成较大的影响。

团队负责人从"利"的维度维持团队稳定，保荐代表人从"责"的维度判断项目是否值得持续投入，业务骨干则是从"权"的维度综合考虑自身的职业发展，其稳定与否的根源也在于此。成为保荐代表人是大多数股权业务条线从业者最直接的职业诉求，对于业务骨干而言，其有关"权"的诉求大多都与成为保荐代表人有关。

保荐代表人资格的登记方式范围有所放宽，增加了由保荐机构出具书面说明以证明候选人具备专业能力的方式。但是，通过中国证券业协会组织的保荐代表人专业能力水平评价测试仍是主流的登记方式，因此"备考权"是业务骨干关注的第一项权利。具体而言，实务操作能力越强的业务骨干，往往会花费更多的时间在 IPO 项目上，相应的备考时间就会受到压缩，从业多年仍无法通过考试的业务骨干的流失率往往较高。

项目协办人已不再是成为保荐代表人的必经之路。但在实务中，承担过项目协办人角色的从业人员在业内受到的认可度更高，因此通过考试后的业务骨干关注的权力即是"签字权"。具体而言，负责 IPO 项目重要工作内容的业务骨干一般对项目协办人的签字权预期较高，而长时间没有签字权的业务骨干的流失率较高。

此外，对业务骨干流动性有重要影响的还包括核心业务参与权、职级晋升权等，而这些"权"都具有一定的稀缺性，因此券商前台业务团队最终能够拥有多少名业务骨干，还取决于该团队核心业务的数量。

5. 与 IPO 业务有关的选人之道

在券商的选取维度中，"对等性维度"是公司级，旨在划定备选券商的大致范围；"专业性维度"是部门级，旨在判断备选券商前后台部门的胜任能力；"稳定性维度"是个人级，旨在选定具体的业务执行人。

就稳定性维度而言，大体可参考"做人有操守，行为无官气，做事多条理，说话少大言"的选人之道。"做人有操守"是券商所有从业人员都应恪守的执业底线；而团队负责人还应当做到"行为无官气"和"说话少大言"，即在团队管理过程中应对团队成员进行充分授权，并注重将业务资源向团队成员导流，同时客观评价自己以及团队中主要人员的业绩贡献；保荐代表人和业务骨干则应做到做事多条理。

除了这条选人之道外，拟 IPO 企业还可以从业务纯粹性、能力匹配性以及精力充足性等几个角度对券商前台业务人员进行考察。

（1）业务纯粹性

IPO 业务仅是券商在投资银行业务中的一小部分。

从大类上区分，投资银行业务可分为股权业务和债权业务两类，而股权业务又分为 IPO、再融资以及并购重组等，虽然存在某些横跨股权和债权两类业务的个人和团队，但具备这种经历和能力的个人和团队十分稀有，大多数投资银行前台业务人员会选择专注于某一类特定业务。

因此，以 IPO 作为目标的企业应着重关注团队成员过往的业务偏好，优选的应是持续专注于股权业务或当前的主要精力放在 IPO 业务上的个人和团队。

（2）能力匹配性

一般情况下，一单 IPO 业务的执行团队中至少应包括在财务、业务以及法律部分专长的人员，此外还需要有具备现场工作节奏把控能力的现场负责人，即在常规的 IPO 业务中，券商至少需派驻 4 名正式员工常驻项目现场。

在满足基础的人员数量要求后，券商团队人员的专业能力也需达到要求。具体而言，券商成员中负责财务部分的员工一般应具备财务专业背景或会计师事务所的从业经验，而负责法律部分的员工一般应具备法律专业背景或律师事务所的从业经验。

（3）精力充足性

2017年9月13日，创业板发行审核委员会2017年第71次发审委会议否决了世纪恒通科技股份有限公司（简称"世纪恒通"）的IPO申请；⊖同日，创业板发行审核委员会2017年第72次发审委会议否决了湖南广信科技股份有限公司（简称"湖南广信"）的IPO申请。⊜此次被否决的两家公司均由招商证券保荐，这两个项目还有同一个签字保荐代表人。在此，即便不分析两个项目自身的被否原因，仅从同一保荐代表人同日上会来看，该名保荐代表人的精力分配很有可能会出现问题，同一天面对两单IPO审核的压力非常人能够想象和承受。

世纪恒通和湖南广信的案例在IPO市场上并不多见，但该案例揭示了券商团队的精力充足程度与执业质量之间或许存在相关性。一般而言，成熟的券商前台业务团队虽能够同时跟进数个IPO项目，但这些项目往往都会分散在不同的阶段，使得券商团队能够实现时间错配。

IPO项目的工作内容较多，但由于项目周期十分漫长，因此工作量可以有忙时和闲时的不均匀分布，这就导致券商前台业务人员的精力同时分配在多个项目上是常见状态，而具体每个项目分配多少精力，则要看各项目"轻重缓急"的属性了。成语"轻重缓急"出自《管子·国蓄》："岁有凶穰，故谷有贵贱；令有缓急，故物有轻重。"券商前台业务人员会从自身的工作计划出发，首先完成又重又急的事项，而主观上认定为又轻又缓的事项则会被一拖再拖。

因此，拟IPO企业在选择合作团队时还需充分关注该团队成员同步进行的其他项目情况，以保证团队成员的精力足以支撑自身IPO项目的顺利推进。

⊖ 资料来源：中国证监会官网"创业板发审委2017年第71次会议审核结果公告"。
⊜ 资料来源：中国证监会官网"创业板发审委2017年第72次会议审核结果公告"。

第四章

与 IPO 有关的其他中介机构概述

企业 IPO 推进工作除了需要券商持续陪伴外,还需要会计师事务所、律师事务所和资产评估机构的全程参与。在项目具体执行过程中,券商是拟 IPO 企业的重要辅助方,在自主核查外还承担了协助发行人总体把握 IPO 推进节奏的任务;会计师事务所的主要任务是确认发行人财务数据的真实性;律师事务所的主要任务是对发行人所涉法律问题进行梳理和规范;资产评估机构的主要任务是确认发行人历史资产、股权定价的准确性。各中介机构形成合力,共同保证发行人在完成规范整改后能够符合发行上市要求。

除券商外的其他 IPO 中介机构中,会计师事务所的工作量最大,工作内容最为繁多;律师事务所的工作内容所跨时间最长,从企业设立至申报的所有法律问题都在核查范围内;资产评估机构的工作量虽相对较小,但都集中在企业历史沿革中的重要节点。

第一节 会计师事务所概述

会计师事务所指依法独立承担注册会计师业务的中介服务机构，会计师事务所独立于投资人与经营者之外，通过客观公正地对企业的经营活动进行评价，以维护投资人的合法权益。

一、会计师事务所从事的是高风险业务

会计师事务所是站在独立第三方的角度执行审计程序的，但由于被审计企业是审计费用的形式支付方，因而在实务中曾出现多起由于会计师事务所重大疏漏导致的财务造假案，有些会计师事务所因此也被拖垮。

安然公司曾是世界上大型能源、商品和服务公司之一，以其为主角的安然事件是指2001年发生的财务丑闻，在此次财务丑闻的调查过程中，一直负责为安然公司提供审计服务的安达信会计师事务所（简称"安达信"）在美国证交会启动对安然公司的监管调查程序后，仍然着手销毁有关安然公司的大量会计账册，造成轩然大波。最终，安达信受到"安然事件"的持续影响而解体。○

安然事件结束多年后，我国国内也发生了多起会计师事务所与被审计单位牵连的财务造假案例。康得新造假案导致大型会计师事务所——瑞华会计事务所（特殊普通合伙）业务量骤减，监管机构在公开信息中披露，"瑞华会计事务所因康得新、华泽钴镍、千山药机等多起审计失败案件相继被证监会行政处罚或立案调查，其2020年上市公司审计客户仅有1家"，监管机构认为，瑞华会计事务所业务量骤减属于市场主体选聘审计机构决策趋于科学理性，更加看重审计机构质量和声誉，执业质量差、内部管理混乱的会计事务所逐步从证券审计市场"出清"；○同时期曝出造假丑闻的康美药业案中，审计机构广东正中珠江会计师事务所（特殊普通合

○ 资料来源：张玉珍，徐寒. 安达信审计失败对注册会计师行业的影响 [J]. 西安航空技术高等专科学校学报，2003，21（3）：26-28，31.

○ 资料来源：中国证监会官网"2021年6月18日新闻发布会"。

伙）受到了监管机构"没一罚三"的处罚；㊀深圳鹏城会计师事务所的结局则更为惨淡，在云南绿大地生物科技股份有限公司欺诈发行案后，该所被撤销了证券服务业务许可。㊁

由以上案例可见，会计师事务所的业务具有"高危"属性，某一单审计业务的过错可能会迅速产生传导效应，导致整个会计师事务所的品牌就此没落。

相比较之下，受到造假案波及的证券公司的抗风险能力相对更强一些，以平安证券为例，历年来虽状况不断，但至今仍然能够继续正常经营。2013年9月24日，平安证券因万福生科IPO财务造假案被暂停保荐业务许可3个月；㊂2014年12月8日，平安证券因深圳海联讯科技股份有限公司IPO财务造假被处罚；㊃2022年6月22日，平安证券因在保荐乐视网信息技术（北京）股份有限公司IPO的执业过程中，因尽职调查未勤勉尽责、内控机制执行不到位，被处以暂停保荐机构资格3个月的监管措施。㊄

二、会计师事务所的分类及特点

在国内资本市场执业的会计师事务所数量很多，以下按照"国际所与本土所""证券所与非证券所"的维度进行介绍。

（一）从管理体系上可分为国际所与本土所

会计师事务所属于舶来品，以普华永道、德勤、毕马威及安永（即"四

㊀ 资料来源：中国证监会官网"中国证监会行政处罚决定书（广东正中珠江会计师事务所、杨文蔚、张静璃、刘清、苏创升）"。
㊁ 资料来源：中国证监会官网"中国证监会、财政部行政处罚决定书（深圳市鹏城会计师事务所有限公司）"。
㊂ 资料来源：中国证监会官网"中国证监会行政处罚决定书（平安证券有限责任公司、吴文浩、何涛等7名责任人）"。
㊃ 资料来源：中国证监会官网"中国证监会行政处罚决定书（平安证券有限责任公司、韩长风、霍永涛）"。
㊄ 资料来源：中国证监会深圳监管局官网"深圳证监局关于对平安证券股份有限公司采取暂停保荐机构资格监管措施的决定"。

大会计师事务所")为代表的国际会计师事务所(简称"国际所")很早就已进入中国,这些国际所既具有高的品牌价值,也具有完善的业务体系和内控流程,曾一度垄断了国内大型企业的年度审计项目。若会计主体涉及海外业务或会计主体本身就是外商投资企业的,几乎都会选择以四大会计师事务所为代表的国际所作为审计机构。

随着我国中小企业审计需求的迅速增多,发端于我国本土的会计师事务所(简称"本土所")因性价比更具优势而获得了更多的业务机会。在IPO领域,如企业拟赴美国上市,那么国际所依旧是主流选择;如企业计划在A股上市,则会以选择本土所为主。

1. 国际所的特点

具有外资背景的国际所极度重视"程序合规",以审计底稿归档流程为例,每一家国际所都会有一套规范的全球标准的工作底稿标注规范,完成标注后方可归档,当我们拿到国际所底稿时,一般都会看到底稿上花花绿绿的表示各类复核成果的符号。

国际所注重成本和收益的测算,即所聘员工的投入产出比。在招聘环节,为吸引更多人才加盟,国际所往往愿意付出高于本土所平均工资水平的薪酬。在成本提高的同时,为获取更多收益,国际所的服务价格往往远高于行业平均水平。

因国际所具备的前述特点,有可能导致其在A股IPO实务中出现效率降低的情况,拟IPO企业需要了解以下信息:

(1) 国内IPO政策存在"窗口指导意见"等临时规则,这些指导意见并不会以法律法规或正式通知的方式下达到每一个中介机构。并且,由于国际所承担国内A股IPO业务较少,许多项目组获取"窗口指导意见"的渠道有限,因而在IPO过程中有可能出现需要会计师事务所就某事项发表专项意见,但国际所无法及时响应的问题。

(2) 国际所注重成本收益,即便最终认可了"窗口指导意见"的要求,由于工作量以及额外出具的正式文件数量增加,有可能提出与拟IPO企业重新谈判价格的情况。

随着本土企业不断发展壮大，越来越多的年审任务包含了涉及境外业务的审计，因此本土会计师事务所纷纷与全球性的会计师事务所组织进行合作，以搭建可以承接涉及境外审计的业务架构。

例如，立信会计师事务所于2009年加入全球第五大国际会计网络——BDO国际，通过与境外成员所的交流，锻炼、巩固和发展了立信会计师事务所跨境业务的经验与优势；同年10月，原京都天华会计师事务所有限公司加入致同国际（Grant Thornton International，原名"均富国际"），成为其在中国的成员所。

2. 本土所的特点

本土所自诞生以来就深耕国内企业的年度审计任务，随着越来越多的国内企业具备IPO条件，本土所在承接IPO审计业务时具有明显的先发优势。同时，由于本土所的从业人员以本土员工为主，在与拟IPO企业和审核机构沟通时效率更高，能够更快响应拟IPO企业和审核机构的需求。并且，随着本土所积累的IPO业务经验增长，合作的券商数量越来越多，解决问题的能力也越来越强。

A股IPO市场的审计业务长期由本土所占据主流，当下已经形成了如立信会计师事务所（特殊普通合伙）、天健会计师事务所（特殊普通合伙）等具有品牌效应的大型本土所。这些本土所形成品牌后，已开始在全国范围内将具有一定业务资源的小型事务所收入囊中。但是，由于数量众多的小型事务所的从业人员专业能力参差不齐，导致部分大型本土所总体服务质量随着规模扩大反而呈现下降趋势。

如果类比连锁经营模式，国际所在国内普遍采取"直营"的模式，而本土所则既存在"直营"模式，也存在"加盟"模式。"直营"模式因受到总部统一管理，服务质量更高，虽然"加盟"模式中的加盟所执行与总部一样的多级复核机制，但实际执业质量往往低于总部标准。在IPO领域，监管机构通过对证券期货相关业务资格进行统一管理的方式，实现只有具备相关资格的会计师事务所总所才能承接证券类审计业务。

2017年6月28日，全国中小企业股份转让系统发布了《关于给予北京兴华会计师事务所（特殊普通合伙）纪律处分的决定》，该处罚决定列明了北京兴华会计师事务所（特殊普通合伙）（简称"兴华会计师"）在为上海誉德动力技术集团股份有限公司（简称"誉德股份"）新三板挂牌提供审计服务时，未勤勉尽责，以分所名义为誉德股份出具审计报告。兴华会计师上海分所并不具有证券期货相关业务资格，违反了《全国中小企业股份转让系统业务规则（试行）》第1.7条、《全国中小企业股份转让系统股票挂牌条件适用基本标准指引（试行）》第二（三）2条的规定。最终股转公司给予兴华会计师以通报批评的纪律处分。○一

（二）从业务资格上可分为证券所与非证券所

兴华会计师以分所名义为誉德股份出具审计报告的行为受到监管机构处罚，主要是由于兴华会计师违反了证券期货相关业务资格的规定，该案例明确了分所出具审计报告的效力与总所不同的客观现实。

1. 证券期货相关业务资格的由来

1997年12月31日，中国证监会和财政部发布了《关于注册会计师执行证券、期货相关业务实行许可证管理的暂行规定》，该规定要求对注册会计师以及会计师事务所、审计事务所执行证券、期货相关业务实行许可证管理制度，即注册会计师、会计师事务所执行证券、期货相关业务，必须取得证券、期货相关业务许可证。○二

1998年12月29日，全国人民代表大会常务委员会颁布了第一版《证券法》，该法自1999年7月1日起施行，第一版《证券法》第一百六十七条规定，"国务院证券监督管理机构在对证券市场实施监督管理中履行下列职责……（三）依法对证券发行人、上市公司、证券交易所、证券公司、证券登记结算机构、证券投资基金管理机构、证券投资咨询机构、资信评估机构以及从事证券业务的律师事务所、会计师事务所、资产评估机构的证券业务活动，进行监督管理"。○三

○一 资料来源：全国中小企业股份转让系统官网《关于给予北京兴华会计师事务所（特殊普通合伙）纪律处分的决定》。

○二 资料来源：《关于注册会计师执行证券、期货相关业务实行许可证管理的暂行规定》。

○三 资料来源：《中华人民共和国证券法》于1998年12月29日第九届全国人民代表大会常务委员会第六次会议通过。

2000年6月10日，中国证监会和财政部依据《证券法》，重新制定了《注册会计师执行证券、期货相关业务许可证管理规定》，该规定中延续了对注册会计师、会计师事务所执行证券、期货相关业务实行许可证管理的要求。注册会计师、会计师事务所执行证券、期货相关业务，必须取得证券、期货相关业务许可证。市场中将具备这一资格的会计师事务所称为"证券所"，需要具备相关资格的事务所方能对应展业。⊖

2. 证券期货相关业务资格取消，转为备案制

《证券法》虽经多次修订，但对于"证券所"的相关规定并没有实质性变化，直到2019年12月28日，在第一版《证券法》颁布的20年后，经第十三届全国人民代表大会常务委员会第十五次会议第二次修订，新《证券法》正式发布。

新《证券法》第一百六十条规定："会计师事务所、律师事务所以及从事证券投资咨询、资产评估、资信评级、财务顾问、信息技术系统服务的证券服务机构，应当勤勉尽责、恪尽职守，按照相关业务规则为证券的交易及相关活动提供服务。从事证券投资咨询服务业务，应当经国务院证券监督管理机构核准；未经核准，不得为证券的交易及相关活动提供服务。从事其他证券服务业务，应当报国务院证券监督管理机构和国务院有关主管部门备案。"新《证券法》中对于证券服务机构备案的要求实质上是"双备案"，以会计师事务所为例，除了中国证监会作为证券监管体系的主管单位外，财政部作为注册会计师行业的主管部门，也会出台相关备案要求。⊜

2020年7月24日，中国证监会、工业和信息化部、司法部及财政部共同公布了《证券服务机构从事证券服务业务备案管理规定》，该规定自2020年8月24日起施行。该规定要求会计师事务所等证券服务机构从事证券服务业务应当向有关主管部门备案。⊜

⊖ 资料来源：财政部 中国证券监督管理委员会印发《注册会计师执行证券、期货相关业务许可证管理规定》[J]. 中国注册会计师，2000（8）：44-46.

⊜ 资料来源：《中华人民共和国证券法》（2019年修订）。

⊜ 资料来源：中国证监会官网"【第52号公告】《证券服务机构从事证券服务业务备案管理规定》"。

2020年11月3日，财政部会计司官网发布了《从事证券服务业务会计师事务所备案名单及基本信息》(截至2020年10月10日)，首批实施备案的会计师事务所在原40家拥有《证券、期货相关业务许可证》的会计师事务所基础上，新增了6家会计师事务所，它们分别是深圳堂堂会计师事务所（普通合伙）（简称"深圳堂堂"）、唐山市新正会计师事务所（普通合伙）、鹏盛会计师事务所（特殊普通合伙）、北京国富会计师事务所（特殊普通合伙）、广东中职信会计师事务所（特殊普通合伙）和尤尼泰振青会计师事务所（特殊普通合伙）。㊀自此，证券所的范围有所扩大，完成备案的会计师事务所均可以承接证券服务业务。

3. 名为深圳堂堂的搅局者

在首批备案的"局外人"里，深圳堂堂成为第一个吃螃蟹的人，其于2020年3月26日承接了新疆亿路万源实业控股股份有限公司（简称"*ST新亿"）的2019年度审计业务，但随之而来的事情发展有些超出市场的预料。

上交所上市公司监管二部在深圳堂堂承接*ST新亿审计业务的当日即向*ST新亿发出《聘请年审会计师事项的问询函》（上证公函〔2020〕0277号），㊁而后上交所又连续于2020年4月2日和28日向*ST新亿发出问询函（上证公函〔2020〕0314号㊂、0420号㊃），上交所对于深圳堂堂拟承接*ST新亿的2019年度审计业务的情况表达了充分的关注，问询问题主要集中在深圳堂堂执行上市公司审计的人力资源是否足以应对*ST新亿的复杂事项，以及年报披露的剩余时间是否充足等方面。但是，上交所的连续问询并未打消深圳堂堂承接*ST新亿审计业务的决心。

㊀ 资料来源：中华人民共和国财政部会计司官网 "《从事证券服务业务会计师事务所备案名单及基本信息》（截至2020年10月10日）"。

㊁ 资料来源："*ST新亿 关于对上海证券交易所《聘请年审会计师相关事项的问询函》的回复公告"。

㊂ 资料来源："*ST新亿 关于对上海证券交易所《聘请年审会计师相关事项的二次问询函》的回复公告"。

㊃ 资料来源："*ST新亿 关于对上海证券交易所《聘请年审会计师相关事项的三次问询函》的回复公告"。

2020年5月19日，上交所再次下发了《关于*ST新亿聘请年审会计师关事项的监管工作函》（上证公函〔2020〕0539号），该监管工作函中提示深圳堂堂及相关审计人员应当本着对投资者负责的态度，妥善处理工作函中列明的重大事项，严格落实相关监管要求，并及时履行信息披露义务。对公司及有关责任人存在的违法违规行为，上交所上市公司监管二部将严肃追责，并提请证监会核查。[一]

在上交所的持续关注下，深圳堂堂于2020年8月25日为*ST新亿出具了保留意见的2019年度审计报告。针对2018年度无法表示意见事项，深圳堂堂出具了《关于新疆亿路万源实业控股股份有限公司2018年度审计报告无法表示意见所涉及事项的重大影响予以消除的专项说明》。

2021年4月24日，深圳堂堂继续为*ST新亿出具了2020年度审计报告，审计意见依然为保留意见。但在此前不久的1月18日，深圳堂堂已经收到了中国证监会的调查通知书。

在监管机构与深圳堂堂、*ST新亿长达一年的交锋中，情节委实跌宕起伏。2022年1月7日，证监会有关部门负责人在答记者问环节就深圳堂堂为*ST新亿提供审计服务过程中涉及的违法违规案件做出了公开回应，公布了监管机构对此事件的最终认定，"本案中，深圳堂堂在明知*ST新亿年报审计业务已被其他会计师事务所'拒接'的情况下，与*ST新亿签订协议，承诺不在审计报告中出具'无法表示意见'或'否定意见'，并要求如发生被监管部门处罚的情形，*ST新亿应予补偿。其审计独立性严重缺失，审计程序存在多项缺陷，审计报告存在虚假记载和重大遗漏，缺乏应有的职业操守和底线。我会拟对深圳堂堂采取'没一罚六'的行政处罚，相关主体涉嫌犯罪问题将移送公安机关"，以及"新《证券法》虽取消了会计师事务所从事证券业务的行政许可准入规定，但同时大幅提升了违法违规的法律责任，'门槛降低'并不等于责任降低。这意味着，会计师事务所获得了参与资本市场的公平机会，但也须担负相应的责任，无论大所小所，在遵守法律上一律平等，在监管要求上一视同仁"。[二]

[一] 资料来源："*ST新亿《关于*ST新亿聘请年审会计师关事项的监管工作函》的公告"。

[二] 资料来源：中国证监会官网"证监会有关部门负责人答记者问"。

公开渠道的信息整理至此，已可以大体梳理出深圳堂堂案的时间线，在新《证券法》实施后，看准机会的深圳堂堂火速入局，并在较短时间内就与*ST新亿达成合作协议。为避免风险，深圳堂堂除考虑购买执业保险外，还与*ST新亿签署了"补偿协议"，但深圳堂堂剑走偏锋的做法最终还是不可避免地演变成了一场闹剧。

深圳堂堂案明确传递了监管机构的态度，即证券期货相关业务资格虽已实行备案制，但监管机构并未放松对该类业务的重点关注。

三、会计师事务所在IPO过程中的具体工作内容

以创业板为例，拟IPO企业的上市申请文件需按《公开发行证券的公司信息披露内容与格式准则第29号——首次公开发行股票并在创业板上市申请文件（2020年修订）》的相关要求准备。⊖

（一）会计师事务所需出具的文件

需会计师事务所出具的IPO申报文件数量较多，在实务中将会计师事务所出具的5个正式报告称为"一大四小"（见表4-1）。

表4-1　会计师事务所5个正式报告在实务中的表述和准则名称对照

序号	实务中表述	准则中的名称
1	"大报告"或"三年一期审计报告"	《3-2-1 财务报表及审计报告》
2	"内部控制鉴证报告"	《3-2-4 内部控制鉴证报告》
3	"非经常性损益明细表"	《3-2-5 经注册会计师鉴证的非经常性损益明细表》
4	"会计师对纳税情况说明出具的意见"	《5-1-4 注册会计师对主要税种纳税情况说明出具的意见》
5	"会计师对原始报表与申报报表的差异说明"	《5-2-3 注册会计师对差异情况出具的意见》

除了表4-1中列示的5个正式报告外，会计师事务所还需出具《5-4

⊖ 资料来源：中国证监会官网"【第32号公告】《公开发行证券的公司信息披露内容与格式准则第29号——首次公开发行股票并在创业板上市申请文件（2020年修订）》"。

发行人的历次验资报告或出资证明》。由于拟 IPO 企业在发展过程中往往不会考虑到 IPO 筹划，因而可能存在缺失验资流程或提供验资服务的事务所属于非证券所的情况，所以在出具该文件前，会计师事务所还需要对验资流程中存在的瑕疵事项进行补充验资或验资复核。

IPO 在审期间，会计师事务所还需针对审核机构提出的问询问题进行答复，每次问询答复的内容都需要再次经过会计师事务所的内部审核流程，如涉及修改审计报告的，需及时按流程重新出具。

发行人 IPO 股票发行期间，会计师事务所还需要在最终募集资金到位后出具《验资报告》。

（二）审计报告的审计意见类型

在 IPO 业务中，需会计师事务所发表标准意见的报告是《3-2-1 财务报表及审计报告》及《3-2-4 内部控制鉴证报告》。

1."三年一期审计报告"的审计意见类型

审计意见类型包括无保留意见、保留意见、否定意见以及无法表示意见（见表 4-2）。

表 4-2 审计意见类型及其含义

意见类型		具体内容
无保留意见	标准的无保留意见	说明审计师认为被审计者编制的财务报表已按照适用的会计准则的规定编制并在所有重大方面公允反映了被审计者的财务状况、经营成果和现金流量
	带强调事项段的无保留意见	说明审计师认为被审计者编制的财务报表符合相关会计准则的要求并在所有重大方面公允反映了被审计者的财务状况、经营成果和现金流量，但是存在需要说明的事项，如对持续经营能力产生重大疑虑及重大不确定事项等
保留意见		说明审计师认为财务报表整体是公允的，但是存在影响重大的错报
否定意见		说明审计师认为财务报表整体是不公允的或没有按照适用的会计准则的规定编制
无法表示意见		说明审计师的审计范围受到了限制，且其可能产生的影响是重大而广泛的，审计师不能获取充分的审计证据

2.《内部控制鉴证报告》的鉴证结论类型

在企业 IPO 过程中，会计师事务所需依据《中国注册会计师其他鉴证业务准则第 3101 号——历史财务信息审计或审阅以外的鉴证业务》出具内部控制鉴证报告，《内部控制鉴证报告》的意见类型有：无保留结论、保留结论、否定结论和无法提出结论四种意见类型。

注册会计师如果提出无保留结论之外的其他结论，则应当在鉴证报告中清楚说明提出该结论的理由（见表 4-3）。

表 4-3　注册会计师不应当提出无保留结论的情形

存在下列事项，且判断该事项的影响重大或可能重大	保留结论	否定结论	无法提出结论
由于工作范围受到业务环境、责任方或委托人的限制，注册会计师不能获取必要的证据将鉴证业务风险降至适当水平	√		√
如果结论提及责任方认定，且该认定未在所有重大方面做出公允表达	√	√	
如果结论直接提及鉴证对象及标准，且鉴证对象信息存在重大错报	√	√	
在承接业务后，如果发现标准或鉴证对象不适当，可能误导预期使用者	√	√	
在承接业务后，如果发现标准或鉴证对象不适当，造成工作范围受到限制	√		√

资料来源：作者根据中国注册会计师协会官网发布的《中国注册会计师其他鉴证业务准则第 3101 号——历史财务信息审计或审阅以外的鉴证业务》（2006 年 2 月 15 日发布）整理。

3. IPO 申报仅能接受无保留意见的《审计报告》以及无保留结论的《内部控制鉴证报告》

在 IPO 申报时，拟 IPO 企业需要提交由会计师事务所出具的无保留意见的《审计报告》和无保留结论的《内部控制鉴证报告》，具体依据为《首次公开发行股票注册管理办法》第十一条："发行人会计基础工作规范，财务报表的编制和披露符合企业会计准则和相关信息披露规则的规定，在所有重大方面公允地反映了发行人的财务状况、经营成果和现金流量，最近三年财务会计报告由注册会计师出具无保留意见的审计报告。发行人内部控制制度健全且被有效执行，能够合理保证公司运行效率、合法合规和财务报告的可靠性，并由注册会计师出具无保留结论的内部控制鉴证报告。"㊀

需要指出的是，会计师事务所发现本所曾经出具的《审计报告》可能存在错误时，该所直接进行差错更正的难度较大，因此类情况导致会计师事务所与发行人无法继续合作的情况并不少见。

（三）会计师事务所在 IPO 过程中担负的责任

相较于年度审计业务，IPO 审计业务工作量更大、责任更重，会计师事务所在 IPO 项目上执行的核查标准一般更高。但是，即便会计师事务所已制定了较为严格的审计标准，在被审计单位出现风险爆发时，会计师事务所往往难以免责，这种现象导致了 IPO 审计程序中重要性水平的"失效"。

1. 重要性水平的"失效"

重要性水平是用金额表示的会计信息错报与错弊的严重程度，如果该错报与错弊没有被揭露，将影响会计信息使用者的判断或者决策。在审计实务中，审计风险越低，则重要性水平越高，代表注册会计师需收集的审计证据越少；反之，审计风险越高，则重要性水平越低，代表注册会计师需收集的审计证据越多。

在 IPO 的审计程序中，重要性水平已逐渐"失效"。这句话的含义是，当某些事项有可能引起审核机构特别关注时，会计师事务所可能需要在首次申报时执行附加的审计程序或标准，而这些审计程序或标准在常规的审计过程中可能是并不需要的。

举例来说，在某个拟 IPO 企业董监高银行流水的核查过程中，假设根据重要性水平测算，会计师事务所需对该企业董监高银行流水中单笔金额在 20 万元以上的进行核查，而当程序执行有效时就无须再扩大样本量。但是，当同时期在审的其他 IPO 企业纷纷将核查标准降至 1 万元后，就有

㊀ 资料来源：中国证监会官网"【第 205 号令】《首次公开发行股票注册管理办法》"。

可能导致会计师事务所需要同样以 1 万元作为核查标准，这种比照行为的出现，有时只是无效的"内卷"，却在客观上造成了重要性水平的"失效"。

在全面实行股票发行注册制度规则发布实施后，监管机构从中介机构归位尽责的角度出发，通过注重事后监管的方式进行管理，监管思路已向尊重中介机构专业性角度的方向回归，重要性水平的有效性有望逐步回归。

2. 勤勉尽责是会计师事务所必须遵循的行为准则

在审计行业，"实质重于形式"的理念根植于每位注册会计师心中，"每个数字都有来源"是完成审计工作的最低要求，勤勉尽责是所有注册会计师都要遵循的行为准则。但是，在诸多财务造假案例中，会计师事务所未能勤勉尽责却已成为普遍现象。

以深交所上市公司浙江步森服饰股份有限公司（简称"步森股份"）收购广西康华农业股份有限公司（简称"康华农业"）一案中涉及的康华农业财务舞弊案为例。

2014 年 8 月 22 日，步森股份公告了《重大资产置换和资产出售及发行股份购买资产并募集配套资金暨关联交易报告书（草案）》，该草案中披露了被收购标的康华农业 2011 年至 2014 年 4 月 30 日期间的主要财务数据，该财务舞弊案所牵涉数据均在这个报告期内出现。⊖

2016 年 2 月 14 日，中国证监会公布的《行政处罚决定书》（〔2016〕21 号）认定，康华农业 2011 年、2012 年、2013 年和 2014 年 1 月至 4 月虚构对广西万里种业有限公司营业收入 12,068,133 元、12,008,957.8 元、12,203,897 元、9,579,332 元；2012 年、2013 年虚构应收万里种业款项 889,915 元、776,000 元；2012 年、2013 年虚构应收三亚金稻谷南繁种业有限公司款项 1,762,182 元、2,007,900 元。康华农业 2011 年虚增银行存款 163,948,934.5 元，2012 年虚增银行存款 309,704,967.33 元，2013 年虚增银行存款 418,598,990.8 元，2014 年 1 月至 4 月虚增银行存款 498,034,904.17 元。㊀

⊖ 资料来源：深交所官网"步森股份《重大资产置换和资产出售及发行股份购买资产并募集配套资金暨关联交易报告书（草案）》"。

㊀ 资料来源：中国证监会官网"中国证监会行政处罚决定书（广西康华农业股份有限公司、李艳、章楠等 15 名责任人员）"。

2017 年 5 月 23 日，中国证监会公布的《行政处罚决定书》（〔2017〕55 号）对立信会计师事务所以及签字注册会计师进行处罚，该处罚决定书中披露了该案更多细节，"立信所审计函证康华农业账面主要银行账户广西桂林漓江农村合作银行榕湖支行账户 2011 年、2012 年、2013 年末和 2014 年 4 月末银行存款金额时，银行回函确认的康华农业该账户 2011 年末银行存款金额与康华农业账面金额相差 62,777,843.86 元。对该不符事项，立信所核对康华农业账面金额与康华农业提供的银行对账单金额后，对康华农业账面金额予以了确认，未实施恰当的进一步审计程序"。在此次的处罚决定书中披露的有关银行存款的审计程序尤其引人关注，对于高达 6200 余万元的差异，注册会计师未保持应有的职业谨慎和应有关注，而未安排项目组人员亲自前往银行打印对账单更是审计程序上明显的失职，未能做到勤勉尽责。㊀

在证监会发布的《中国证监会市场禁入决定书（李艳、章楠、蒋燕）》（〔2016〕3 号）中，监管机构对此案的定性为系统性造假："康华农业为实现借壳上市目的，有组织地进行了系统性财务造假，各期财务报表虚增资产均达到当期披露资产总额的 45% 以上，各期财务报表虚增营业收入均达到当期披露营业收入的 30% 以上，造假金额巨大，造假手段恶劣，情节严重。"㊁

由康华农业案可以看出，在企业进行有组织的系统性造假时往往是无法将所有证据掩盖的。但是，如果注册会计师未能勤勉尽责地将实质性工作程序执行到位，则有可能漏掉极为重要的造假证据，以至于形成错误判断，最终给投资者和自身造成巨大损失。

四、如何选择会计师事务所

会计师行业从业人员数量众多，不具备胜任能力的注册会计师或许

㊀ 资料来源：中国证监会官网"中国证监会行政处罚决定书（立信会计师事务所、王云成、肖常和）"。

㊁ 资料来源：中国证监会官网"《中国证监会市场禁入决定书（李艳、章楠、蒋燕）》"。

仍在从事 IPO 业务。因此，拟 IPO 企业在选择会计师事务所前，需要对该行业的业务逻辑有一定了解，而后结合会计师团队的过往经验进行综合判断。

（一）会计师事务所的业务逻辑

《中华人民共和国合伙企业法》中规定了以专业知识和专门技能为客户提供有偿服务的专业服务机构，可以设立为特殊的普通合伙企业。对于特殊的普通合伙企业而言，一个合伙人或者数个合伙人在执业活动中因故意或者重大过失造成合伙企业债务的，应当承担无限责任或者无限连带责任，其他合伙人以其在合伙企业中的财产份额为限承担责任。基于此，多数会计师事务所选择了特殊的普通合伙企业这一组织形式。

但在实际案例中，特殊的普通合伙企业的风险隔离措施仍是不足够的。当会计师事务所因某项目受到监管机构的重大处罚时，该事务所的行业声誉会受到较大影响，其承做的所有在审项目（含 IPO）都会受到影响，这种风险是所有拟 IPO 企业都不愿遇到却又无法完全规避的。当前，国内业务量排名前列的事务所因业务体量较大，导致审核风险频发，因此给拟 IPO 企业的审核节奏带来了较大影响。

2023 年 2 月 17 日，中国证监会修订后发布了《中国证券监督管理委员会行政许可实施程序规定》，从形式上看，证券公司、证券服务机构及其有关人员被立案调查的情况不再对企业 IPO 业务的受理与审核挂钩，但这是在中介机构违法违规成本大幅提高的背景之下形成的机制。对于拟 IPO 企业而言，选择风险偏好较低、市场声誉较好的中介机构是为上策。

在 IPO 市场中，会计师事务所风险频发或许与品牌所的迅速扩张有关。品牌所为占领市场兼并了过多不具备足够胜任能力的外部团队，在业务承接环节乃至承做环节仍以原外部团队为主，最终由总所签署合同并出具审计报告。具体来说，品牌较大的会计师事务所总所一般集中在北京、上海、深圳及广州等超一线城市或一线城市，这些事务所为了拓展全国业务，常会在其他省份组建分支机构，当涉及具体的审计业务时，出于人工、差旅等成本的考虑，一般以全部或部分工作由当地分所人员参与执行为多。

在当前的会计师行业中，总所与分所之间既有采取统一核算方式的，也有采取独立核算方式的。采取统一核算方式具有执业质量相对稳定的优点；采取不同团队独立核算方式具有灵活度高、市场竞争力强的优点，但风险累积的可能性更大，可类比券商的"包干"制度。

拟 IPO 企业需要掌握的信息是，独立核算的会计师事务所合伙人对 IPO 项目的推进拥有极大权限，但当该合伙人无法胜任时，总所对其的影响力可能有限。

（二）团队过往经验很重要

会计师事务所行业人员的总体流动性很大，但这种流动性主要集中在经验尚浅的低职级员工层面，合伙人以上级别的人员流动性反而不大。合伙人流动性低使得拟 IPO 企业对会计师团队过往经验的考察变成了可能。

拟 IPO 企业对会计师团队的考察可集中在专业性和弹性两个维度。专业性维度相对较易考察，可通过考察会计师团队过往成功的 IPO 案例进行判断，这些信息通过公开渠道查询即可；弹性维度相对较难考察，拟 IPO 企业可以通过直接提问的方式进行了解，例如前文提到的会计师事务所不会轻易修正本所曾经出具的审计报告，但以 IPO 审计业务为主的会计师事务所则会具有更大的弹性，因此拟 IPO 企业不妨以此类问题进行提问。

在实务中，还有更为具体的方式分辨会计师团队是否具备丰富的 IPO 实务经验。例如，在 IPO 实务中会有这样一种现象，跟踪辅导发行人多年的会计师事务所却始终没有为发行人出具过年度审计报告，但该会计师事务所却又会持续按照 IPO 标准协助发行人进行整改。出现这种情况主要是由于企业年审的审计标准与 IPO 审计标准存在差异，并且，与 IPO 相关的法律法规和窗口指导意见可能会出现新的要求，在漫长的辅导过程中如果该会计师事务所曾为发行人出具过审计报告，就很可能遇到前文提到的不易更正本所出具的审计报告的两难事项，反而不利于之后的 IPO 业务推进。因此，比提问"弹性问题"更为有效的是考察备选会计师团队是否有预先规避难点问题的能力。

（三）转介绍而来的会计师事务所往往更为可靠

有一种转介绍方式是先确定券商，而后由券商推荐其他中介机构的方式，这种方式在实务中比较常见，且在这种方式下转介绍过来的会计师事务所一般都能够满足 IPO 业务的基本要求。这主要是由于能力较强的券商团队一般都会有合作较好的优秀会计师团队，而能力有所欠缺的券商团队则更需要能力较强的会计师团队做支撑。在实务中常出现券商团队与发行人分手后，其推荐的会计师团队陪伴发行人 IPO 成功的案例。

另外一种转介绍方式是来自已经成功完成 IPO 的上市公司的推荐，在这种情况下被推荐的会计师团队的能力往往值得信赖。

除了以上两种转介绍方式外，有的拟 IPO 企业还会选择朋友、熟人介绍的方式，但这些方式介绍而来的会计师事务所却有可能无法合意。这主要是由 IPO 业务的复杂性导致的，介绍人如果没有 IPO 经验，就有可能将 IPO 审计与年度审计的工作难度画等号，其推荐的会计师事务所可能并不具备 IPO 审计工作的胜任能力。

第二节　律师事务所概述

律师事务所是律师的执业机构，律师事务所及律师的执业受司法行政部门监督，并接受当地律师协会的自律管理。在 IPO 业务中，律师事务所是中介机构中的"三驾马车"之一，全程参与到与 IPO 有关的尽职调查、申报文件制作以及问询回复等环节。

一、律师事务所的业务范围

律师事务所的业务范围是从事法律服务相关的经营活动，由律师事务所统一接受委托后，承办律师开展具体业务的执行。执业律师可从事的业务范围十分广泛，包括接受自然人、法人或者其他组织的委托，担任法律顾问；接受民事案件、行政案件当事人的委托，担任代理人，参加诉讼；接受刑事案件犯罪嫌疑人的委托，为其提供法律咨询，代理申诉、控告，为被逮捕的犯罪嫌疑人申请取保候审，接受犯罪嫌疑人、被告人的委托或者人民法院的指定，担任辩护人，接受自诉案件自诉人、公诉案件被害人或者其近亲属的委托，担任代理人，参加诉讼；接受委托，代理各类诉讼案件的申诉；接受委托，参加调解、仲裁活动；接受委托，提供非诉讼法律服务；解答有关法律的询问、代写诉讼文书和有关法律事务的其他文书。㊀

律师事务所传统的法律服务业务以诉讼法律业务为主，一般分类上将诉讼法律业务之外的业务统称为非诉讼法律业务，律师事务所针对IPO业务提供的法律服务即属于非诉讼法律业务，在更详细的分类上属于证券法律业务。

拟IPO企业在上市过程中有可能会因业务纠纷或劳动合同纠纷等事项接触到诉讼法律业务，但更多的是对非诉讼法律业务的需求，具体包括聘用常年法律顾问以及聘用IPO阶段的发行人律师等。

二、律师事务所从事证券法律业务的制度体系

我国证券律师的发展历程与国内证券市场的发展近乎同步，自20世纪90年代初即由司法部、证监会等监管机构制定系列制度进行管理。

当前有效的制度最早可追溯到证监会及司法部于2007年3月9日发布的《律师事务所从事证券法律业务管理办法》，该管理办法规定，律师事务所接受当事人委托，为其证券发行、上市和交易等证券业务活动，提供的制作、出具法律意见书等文件的法律服务，需遵照本办法的规定执行。㊁

2010年10月20日，证监会及司法部发布《律师事务所证券法律业务执业规则（试行）》，要求律师事务所及其指派的律师从事证券法律业务开展核查和验证、制作和出具法律意见书等执业活动时适用本规则。㊂

2015年10月，中华全国律师协会汇编发布了《律师从事证券法律业

㊀ 资料来源：《中华人民共和国律师法》。
㊁ 资料来源：中国证监会官网"【第41号令】《律师事务所从事证券法律业务管理办法》"。
㊂ 资料来源：中国证监会官网"【第33号公告】《律师事务所证券法律业务执业规则（试行）》"。

务尽职调查操作指引》，该指引主要包括证券法律业务尽职调查的基本方法和基本内容，以指导律师从事证券法律业务中的尽职调查工作，规范律师事务所及其指派的律师的执业行为，保障律师依法履行职责并完善律师执业风险防范机制。①

2020年7月24日，中国证监会、工业和信息化部、司法部及财政部共同公布的《证券服务机构从事证券服务业务备案管理规定》涵盖了对律师事务所从事证券服务业务的备案要求，该备案规定自2020年8月24日起施行。律师事务所的相关备案信息在证监会网站"政务信息"栏目下"证券服务机构监管"之"律师事务所"栏目中公示，截至2023年6月2日，全国范围内完成首次备案的律师事务所已达894家。②

2022年1月28日，证监会、司法部及中华全国律师协会联合发布《监管规则适用指引——法律类第2号：律师事务所从事首次公开发行股票并上市法律业务执业细则》，该细则对律师事务所接受拟在中华人民共和国境内首次公开发行股票并上市公司的委托，指派本所律师对发行人首发的相关法律事项进行核查和验证，制作并出具法律意见书等文件的法律服务业务做出了更为详细的规定。③

三、律师事务所在IPO过程中的具体工作内容

拟IPO企业在发行上市过程中与律师事务所产生的交互机会比较多，以下对企业上市过程中出现频次较高的发行人律师和保荐机构/主承销商律师分别进行介绍。

（一）发行人律师

发行人律师特指接受拟IPO企业委托，完成企业发行并上市等相关法

---

① 资料来源："《律师从事证券法律业务尽职调查操作指引》"。
② 资料来源：中国证监会官网"从事证券法律业务律师事务所备案基本信息情况表（截至2023年6月2日）"。
③ 资料来源：中国证监会官方网站《监管规则适用指引——法律类第2号：律师事务所从事首次公开发行股票并上市法律业务执业细则》"。

律服务工作的律师事务所及其委派的律师团队。

以创业板为例，根据《公开发行证券的公司信息披露内容与格式准则第 29 号——首次公开发行股票并在创业板上市申请文件（2020 年修订）》的要求，需由发行人律师发表意见的创业板 IPO 申报文件（见表 4-4）。

表 4-4　需由发行人律师发表意见的创业板 IPO 申报文件列表

序号	文件名称
1	《3-3-1 法律意见书》
2	《3-3-2 律师工作报告》
3	《3-3-3 关于发行人董事、监事、高级管理人员、发行人控股股东和实际控制人在相关文件上签名盖章的真实性的鉴证意见》
4	《3-3-4 关于申请电子文件与预留原件一致的鉴证意见》
5	《7-1-2 发行人律师就 7-1-1 清单所列产权证书出具的鉴证意见》
6	申报材料中提交的所有复印件与原件一致的鉴证意见

在审核过程中，律师事务所需针对审核机构提出的问题进行答复，每次答复的内容都会以《补充法律意见书》的形式进行提交。

从申请文件的数量上来看，律师事务所需准备的文件少于券商和会计师事务所，但在 IPO 实务中，需由律师事务所完成的工作覆盖面非常广泛。具体而言，拟 IPO 企业完成股份制改造的过程主要在律师事务所的指导下完成；各中介机构在尽职调查过程中发现的法律瑕疵以律师事务所的整改意见为准；拟 IPO 企业历次股东大会、董事会及监事会文件（即"三会文件"）需要在律师事务所的指导下梳理；律师事务所还会参与调查董事、监事、高级管理人员以及主要股东的关联企业认定与穿透、资金流水核查、法律纠纷以及犯罪记录等诸多细节工作。

总体来说，律师事务所在 IPO 过程中所承担的工作任务多具有一次性的特征，即主要工作内容完成后就无须再随着申报报告期的更新而进行大幅度的修正，因此律师事务所的工作量较证券公司和会计师事务所要少一些。

除了传统的尽职调查与申报文件制作工作外，律师事务所已开始参与到拟 IPO 企业招股说明书的撰写过程中。2021 年 12 月 10 日，沈阳富创精密设备股份有限公司（简称"富创精密"）科创板 IPO 申请获得受理，中国证监会于 2022 年 8 月 10 日出具了《关于同意沈阳富创精密设备股份有限公司首次公开发行股票注册的批复》。在富创精密 IPO 过程中，北京市中伦律师事务所委派五名律师参与了"招股说明书撰写及验证笔录编制"工作，并一度成为市场关注的焦点。㊀

2022 年 1 月 28 日，中国证监会正式发布了《关于注册制下提高招股说明书信息披露质量的指导意见》，该意见明确要求"保荐人应当建立健全招股说明书信息披露质量复核把关机制。鼓励通过编制招股说明书验证笔录等方式提升招股说明书信息披露质量。律师可以会同保荐人起草招股说明书，提升招股说明书的规范性"。该意见的出台为律师事务所参与到发行人招股说明书编制过程中提供了制度依据，同时明确了在当前的监管导向下，律师事务所参与招股说明书撰写有利于提升上市公司信息披露质量，让招股说明书成为普通投资者愿意看、看得懂的信息披露文件。随着富创精密成功发行上市，预计未来将有更多的类似案例出现，律师事务所在 IPO 业务中的工作内容将会有所拓宽。㊁

（二）保荐机构/主承销商律师

在一些 IPO 项目中，由于尽职调查工作相对复杂，保荐机构为加强对法律事项的尽职调查工作以控制法律风险，会聘请第三方的律师事务所担任保荐机构/主承销商律师；同理，保荐机构为加强对财务事项的尽职调查工作以控制财务风险，会聘请第三方的会计师事务所担任保荐机构/主承销商会计师。例如，中集天达控股有限公司（简称"中集天达"）的创业板 IPO 申请于 2021 年 9 月 28 日被受理，其选定的保荐机构/主承销商为中金公司，在该项目历次申报的发行保荐书中载明了中金公司聘请北京市竞天公诚（深圳）律师事务所担任本次证券发行的保荐机构/主承销商律师，聘请立信会计师事务所（特殊普通合伙）担任本次证券发行的保荐机构/主承销商会计师的情况。㊂

㊀ 资料来源：上交所发行上市审核板块之项目动态——"沈阳富创精密设备股份有限公司"。

㊁ 资料来源：中国证监会官网"【第 27 号公告】《关于注册制下提高招股说明书信息披露质量的指导意见》"。

㊂ 资料来源：深交所官网"关于中集天达控股有限公司首次公开发行股票并在创业板上市的发行保荐书"。

在实务中，保荐机构/主承销商律师出现的频率高于保荐机构/主承销商会计师，这两种情况都属于中国证监会于 2018 年 6 月 27 日发布的《关于加强证券公司在投资银行类业务中聘请第三方等廉洁从业风险防控的意见》（〔2018〕22 号）的约束对象，该意见规定证券公司应恪守独立履责、勤勉尽责义务，根据法规规定和客观需要合理使用第三方服务，不得将法定职责予以外包，证券公司依法应当承担的责任不因聘请第三方而减轻或免除。同时，证券公司在投资银行类业务中直接或间接有偿聘请第三方的，只能以自有资金支付聘请费用，并在监管机构要求的申请文件中披露聘请的必要性、第三方的基本情况、资格资质、具体服务内容和实际控制人（如有），以及聘请第三方的定价方式、实际支付费用、支付方式和资金来源。⊖

需指出的是，聘请保荐机构/主承销商律师会大幅增加证券公司的项目执行成本，因而此类机构在某些复杂度高且收费水平较高的项目中才会出现，多数拟 IPO 企业并不会直接接触到。

四、如何选择律师事务所

律师事务所的业务范围极为广泛，许多律师事务所不以非诉讼业务作为主要业务来源，因此拟 IPO 企业选择律师事务所的方法相对简单，只需着重关注该律师事务所以及具体的执业律师以往的项目经验即可。

这主要是由于证券法律业务具有一定的复杂性，且综合性较强，律师事务所需要用较长的时间才能建立完善的承做流程及审核体系，因而具有先发优势的律师事务所在 IPO 业务板块发展迅速，且多数已经建立了较高的行业壁垒。当前，提供 IPO 服务的律师事务所已经具有了较高的行业集中度，主要以数家头部律师事务所为主，拟 IPO 企业可从品牌效应以及团队承做经验的角度综合进行选择。

⊖ 资料来源：中国证监会官网"【第 22 号公告】《关于加强证券公司在投资银行类业务中聘请第三方等廉洁从业风险防控的意见》"。

第三节　资产评估机构概述

资产评估机构是《招股说明书》上签字的证券服务机构之一，虽然工作量较保荐机构、会计师事务所及律师事务所少，但在中介机构中具有同等重要的地位。

作为证券服务机构，资产评估机构需按照《证券服务机构从事证券服务业务备案管理规定》的要求进行备案，相关备案信息在中国资产评估协会官方网站公示。截至 2023 年 2 月 28 日，全国范围内完成从事证券服务业务资产评估机构备案的资产评估机构达 281 家。㊀

拟 IPO 企业在上市阶段与资产评估机构发生的业务交集相对集中，主要为股份制改造阶段以及对历史沿革中发生的瑕疵行为补充确认部分。相较而言，股份制改造阶段的评估逻辑相对清晰，而作为补充确认手段的评估复核或追溯评估则相对复杂一些，既可能是对某次交易的作价依据进行补充确认，也可能是由于以往的出资流程存在瑕疵，需要资产评估机构对相关事项予以事后追溯确认。

一、通过评估复核验证资产定价依据

三博脑科医院管理集团股份有限公司（简称"三博脑科"）的创业板 IPO 申请于 2020 年 12 月 30 日被受理，在三博脑科于 2021 年 7 月 29 日披露的《首次公开发行股票并在创业板上市申请文件的第二轮审核问询函之回复报告》中提及，2019 年 6 月，洛阳北方企业集团有限公司下属洛阳医院整体权益在北京产权交易所挂牌转让，三博脑科通过洛阳三博摘牌成功。但是，由于洛阳三博彼时尚未完成相关医疗机构资质的申请，不能开展医疗经营业务，故未能承接、使用洛阳医院的资产、人员和业务。因新设医疗机构存在获批为非营利性医疗机构的可能，为避免公司主体内存在非营利性医疗机构从而影响上市，三博脑科通过对外转让洛阳三博的控

㊀　资料来源：中国资产评估协会官网"从事证券服务业务资产评估机构备案名单及基本信息（截至 2023 年 2 月 28 日）"。

股权的方式予以应对。

三博脑科就此次资产出售履行了评估程序。2020 年 12 月 23 日，开元资产评估有限公司出具《资产评估报告》（开元评报字〔2020〕914 号），确认以 2020 年 11 月 30 日为评估基准日，洛阳三博股东全部权益评估值为 6,949.98 万元；2021 年 8 月 30 日，沃克森（北京）国际资产评估有限公司出具《评估报告复核意见》（沃克森国际咨报字〔2021〕第 0408 号），对前述评估进行了复核，出具了认为前次评估的经济行为合法、评估报告结论基本合理等情况的意见。[一]

值得注意的是，开元资产评估有限公司出具的《资产评估报告》所选取的评估基准日为 2020 年 11 月 30 日，而沃克森（北京）国际资产评估有限公司出具《评估报告复核意见》的时点是在 2021 年 8 月 30 日，距上次评估时间尚不足 1 年。依据《资产评估执业准则——资产评估报告》第十条之规定："资产评估报告应当明确评估结论的使用有效期。通常，只有当评估基准日与经济行为实现日相距不超过一年时，才可以使用资产评估报告。"[二]由此可以推断，三博脑科所使用的第一份评估报告或许并未能够打消审核机构对定价依据等相关事项的疑虑，因此需要通过评估复核的方式对前次定价依据进行二次确认。

2021 年 9 月 15 日，三博脑科的创业板 IPO 申请通过了上市委会议审议。

二、通过追溯评估进行瑕疵整改

孚能科技（赣州）股份有限公司（简称"孚能科技"）的科创板 IPO 申请于 2019 年 9 月 16 日被受理，并于 2020 年 3 月 31 日经科创板上市委会议审议通过。

2019 年 12 月 4 日，孚能科技披露了《关于孚能科技（赣州）股份有限公司首次公开发行股票并在科创板上市申请文件的审核问询函之回复报告》，该次问询回复显示审核机构关注到孚能科技在其成立过程中存在的

[一] 资料来源：深交所发行上市审核信息公开网站之项目动态——"三博脑科医院管理集团股份有限公司"。

[二] 资料来源：中国资产评估协会官网。

与资产评估有关的瑕疵事项，要求孚能科技解释"专利出资两次评估差异较大的原因，出资瑕疵涉及金额较大事项的影响，是否构成虚假出资"。

该事项的具体过程为：2009年12月3日，美国孚能与满园建设签署《关于设立新能源中外合资企业的合资协议》，约定成立孚能有限（发行人前身），注册资本为人民币25,000万元，其中美国孚能以其享有的"新型锰酸锂材料及其动力锂离子电池"专利及专有技术许可使用权作价人民币17,500万元出资，占注册资本总额的70%。2010年1月22日，上海立信资产评估有限公司出具《美国FARASIS ENERGY, INC."新型锰酸锂材料及其动力锂离子电池"专利和专有技术的独占许可使用权作价投资无形资产评估报告书》（信资评报字〔2010〕第78号），相关专利和专有技术的独占许可使用权评估价值为人民币18,618万元。

2017年11月，发行人拟进行融资并计划于国内上市。为夯实注册资本，发行人对前述美国孚能用于出资的无形资产进行了追溯评估。根据追溯评估报告，美国孚能2010年出资的独占许可使用权追溯评估值为6,659.83万元，与当时作价出资金额17,500万元存在差异10,840.17万元，美国孚能主动采用专利和现金补足出资的形式，补足出资差异额10,840.17万元。

美国孚能用于出资的无形资产在两次评估中的差异非常大，该现象受到了审核机构的持续关注。最终，该发行人通过论证程序合规性，以及采用有权部门事后确认的方式，得出美国孚能不存在虚假出资的结论，即得出的结论为："美国孚能事后补出资系为夯实注册资本，为企业自主、自愿经营行为。"

由三博脑科以及孚能科技的IPO案例可见，评估事项虽属于低频需求，但评估程序在企业发展过程中具有重要意义。并且，评估程序在评估复核以及追溯评估环节存在一定难度，因此建议有资本运作远期规划的企业，在需要有评估程序支撑时一定不要吝惜相应的费用支出。

在遴选资产评估机构方面，由于会计师事务所与资产评估机构的业务交流更为频繁，一般建议拟IPO企业充分听取会计师事务所意见后再进行综合判断。

企业把握 IPO 推进节奏的方法

第二章介绍了 IPO 涉及的工作内容（事件），第三章及第四章详细描述了企业 IPO 过程中各中介机构（人物）的画像。拟 IPO 企业在明确工作任务并与中介团队建立合作后，各方就进入到新的阶段，即不再是纯粹的甲乙方关系，而是成为合作团队，一起将企业成功推向 IPO。

本章着重介绍拟 IPO 企业推进 IPO 节奏的方法，具体为：拟 IPO 企业通过加强各类角色之间的沟通，提升工作效率；实际控制人通过突破认知边界，坚定上市信心；拟 IPO 企业与中介机构明确各阶段工作任务，对里程碑事件树立合理预期，把控 IPO 推进节奏。

第一节 理解各角色之间沟通的重要性

IPO 进展是否顺畅，能否按照既定计划完成里程碑事件，需要看拟 IPO 企业与各中介机构花费多长时间度过内耗阶段。内耗阶段的沟通成本极高，各方在相互试探底线的过程中既浪费了时间，又无法建立互信，导致 IPO 推进迟迟无法进入正轨。

事实上，在 IPO 启动会开始的那一刻，各相关方就应意识到上市工作已经正式开始，而如何才能够驱动各方迅速进入到高效沟通状态，就要先对 IPO 实务中的沟通层次理论有所了解。

一、IPO 实务中的沟通层次理论

IPO 的目标是企业与各证券服务机构共同明确的，但在合作初期，各相关方对企业上市有关的信息却不是互通的。具体来说，拟 IPO 企业对自身的财务状况和可能存在的难点问题更加知根知底；各证券服务机构对 IPO 流程及监管关注要点更为清晰。通过有效的方式，使各方达成相互理解，并进行高效的信息互通，就是沟通的目标。

结合奥托·夏莫提出的"U 型理论"，可将 IPO 实务中的沟通分为四个阶段，分别是自说自话、刚性讨论、柔性交流及集体创造。对于拟 IPO 企业和各证券服务机构而言，有效沟通是一种重要的业务能力，掌握沟通层次理论可使拟 IPO 企业和各证券服务机构迅速掌握对手方的语言逻辑，进而帮助己方构思对策，以得到更佳的沟通结果。

（一）自说自话阶段

"U 型理论"将此阶段命名为"下载"，沟通的双方在此阶段都停留在机械化地"听"到对方的语言，但又都处在心灵封闭的状态。也就是说，沟通双方只是在做语言文字的呆板碰撞，双方都在专注于输出己方的意见，却并未对对方的意见进行理解，也没有交流的欲望。

典型场景是，在首次 IPO 中介协调会后，券商根据以往经验制作了一份模板化的"IPO 推进时间表"，各相关方在看到一份操作性不强的时间表时，第一时间可能并不会有开展讨论的想法，而仅会回复"收到"。

（二）刚性讨论阶段

"U 型理论"将此阶段命名为"争论"，沟通的双方在此阶段能够理解对方传递信息的含义，但当相关的信息与己方立场相矛盾时，都仅从自己的角度摆明立场不让步，此时双方虽有交流却没有思维的交互，这种硬碰硬的交流方式往往不能解决具体问题。

典型的场景是，拟 IPO 企业迅速组织各证券服务机构进行第二次中介协调会，在券商第一稿时间表的基础上，讨论会计师事务所在报告期截止日后多久能够出具审计报告，以及律师事务所能否同步完成法律意见书及出具律师工作报告。

在这种场景下，由于会计师事务所和律师事务所对拟 IPO 企业的基础信息尚没有全面了解，并不具备判断相关申报文件出具时间的基础。并且，由于各方讨论的内容发生在相对久远的未来，导致会计师事务所和律师事务所可能会使用常规的回复方案，通过列举具体核查工作的预计耗时、事务所内部三级复核机制的预计耗时以及各中介机构的工作成果互为前提等情况，表明无法按当前时间节点如期完成或无法预知完成时间等。

这种场景在拟 IPO 企业与各证券服务机构尚不熟悉、合作关系尚不稳固时经常发生，是一种形式上开会、实质上"踢皮球"的低效沟通状态。

（三）柔性交流阶段

"U 型理论"将此阶段命名为"对话"，沟通的双方在此阶段都能够将自己与对方视作拥有共同目标的合作伙伴，并在共同的目标体系之下通过迭代思考的方式理解对方的诉求和边界。双方在这个阶段已经能够开放自己的思维，尝试理解和感受对方的立场，并在此过程中达成一致意见。

接续各相关方在 IPO 合作之初确定时间表的典型场景，各方在第二阶段均依据自身立场表明工作所需的具体时间，以及某些节点工作的完成顺序，这属于矛盾提出的阶段；为达成 IPO 项目申报的共同目标，终究会在柔性交流后迎来一方或多方的妥协，各方在某一版本时间表上形成一致意见，这属于矛盾解决的阶段。

在 IPO 实务中，柔性交流阶段一般是各相关方能够达到的最高的沟通层次，该阶段的交流方式足以确保 IPO 项目执行得稳步高效，能够帮助各方实现企业发行上市的目标。

(四)集体创造阶段

"U 型理论"将此阶段命名为"自然流现",这是一种相对理想化的状态。沟通的双方在此阶段能够感受到对方的心境,倾听者愿意站在信息输出者的角度看待问题,在倾听的同时,还能够结合自己的逻辑和经验,与信息输出者共同整理出问题的解决方案。

在 IPO 实务中,由于企业与各中介机构是临时结合的,不同机构的视角不同,各自担负的职责也不同,因此各方很难达到集体创造这一理想化的沟通层次。

二、财务总监及董事会秘书负责 IPO 事项组织和沟通

财务总监及董事会秘书兼具对内协调和对外沟通的职责,因此是负责 IPO 事项组织的最适宜人选,同时也是 IPO 项目执行小组里的主沟通方。

从对内关系的角度来看,财务总监及董事会秘书是对接企业所有内部部门的接口。例如,在员工社保、公积金问题上,财务总监及董事会秘书会与人力资源部、财务部发生交集;在获取合法合规证明时,财务总监及董事会秘书会与法务部门、销售部门进行沟通;在论证公司的科技属性时,财务总监及董事会秘书又会与研发部门产生联系。

从与外部机构对接的角度来看,财务总监及董事会秘书是企业一方与各中介机构交互最多的人员,同时财务总监及董事会秘书还需要协调银行、客户及供应商,为与 IPO 有关的核查提供帮助。

(一)统一各方的话语体系是主沟通方要完成的首要任务

证券服务机构的从业人员在各自领域工作一段时间后,会习惯性地使用只有自己行业内甚至是公司内才能听得懂的表述或缩写,例如外资背景的会计师事务所会使用"TB(Trial Balance)"代表试算平衡表,用"PBC(Provided by Client)list"代表需要客户提供资料的清单等。此外,还有一些常见的词汇,在中介机构特定的、严谨的话语体系下具有唯一意义,但与日常交流的习惯有一定差别,例如律师提到的"应、应该"就是指"必

须",而非"可以、可能"。

同样地,拟 IPO 企业的人员在向中介机构介绍公司业务时,时常也会习惯性地使用工作中常用的缩写,有时为了避免商业秘密泄露,还会对一些项目内容使用简称代替,导致信息的可理解性进一步下降。比较降低工作效率的场景是,中介机构从业人员在合作初期为了不失表面的专业性,一般会先将听不懂的内容记录下来,而在事后对相关内容进行查证求实,最后择机在下一次访谈中补充询问。

事实上,拟 IPO 企业没有听懂的某中介机构的术语,其他中介机构可能也听不懂,而各中介机构又很可能都没有听懂拟 IPO 企业的一些表述,但很多时候这一层窗户纸在合作初期却难以被捅破,于是整体工作效率不知不觉就降了下来,各方话语体系的不一致正是造成这种现象的根源。

作为主要沟通角色的财务总监及董事会秘书,需要在 IPO 启动之初就重视和理解统一话语体系的重要性,并可通过三个层面的努力加以改善。

1. 发起并全程参与到各相关方语言体系的统一过程中

如各中介机构属于初次合作,互相之间的语言体系往往会有较大差别,例如不同券商的质量控制部门以及内核部门对立项、内核流程的具体要求会有所差别,不同会计师事务所内部的"一审、二审、三审"代表的具体时间节点也可能存在差别。

主沟通方可在 IPO 项目启动初期,请中介机构将各自内部的工作流程向其他方做介绍,介绍的内容包括具体工作的常规使用时间以及工作完成的先后顺序等。主沟通方负责汇总文字版的流程图供各方参考,这种方式有助于不同中介机构在计划自身工作量时能够站在整体的角度统筹时间。

主沟通方应与各中介机构一起,有包容性地去理解各方专长领域的不同,并客观认识到在初步交流过程中相互之间存在信息差的事实,例如,券商行业内普遍熟知的"券商之家"以制作 IPO 申报文件闻名,但拟 IPO 企业、会计师和律师与其没有打过交道却是极为正常的事情。事实上,信息同步所需耗费的时间并不多,例如解释清楚"券商之家"的具体指代以及功能只需几句话。

2. 将经筛选的外部信息同步给公司内部核心人员

财务总监及董事会秘书往往是最先融入中介机构话语体系的企业人员。在整个 IPO 过程中，大多数信息只需企业的财务总监及董事会秘书理解即可，而部分重要的信息或涉及执行层面的信息则需要同步给公司其他核心人员。

财务总监及董事会秘书对内主要起到"翻译"和"培训"的作用，使公司内部核心人员既能够理解"报告期""上市辅导""股份制改造"等概念，也能够理解股权激励价格和赋予比例的计算逻辑。同步了重要信息后，公司内部核心人员才能够更加清晰地理解公司的上市预期，这将有利于报告期内的业绩达成，也有利于股权激励等措施产生更佳的效果。

一些企业在 IPO 期间会限制有关发行上市事项的信息流通范围，尤其不愿和普通员工过多交流，有的拟 IPO 企业甚至出现做完股权激励后反而有大量骨干员工离职的现象。出现这种现象正是由于公司内部核心人员对 IPO 事项不理解，导致员工对公司上市形势产生误判，甚至可能将股权激励理解为摊派筹资任务。有鉴于此，财务总监及董事会秘书应结合自身实际情况在公司内部提前进行沟通和修正。

3. 协助公司内部员工与外部各中介机构之间的信息同步

财务总监及董事会秘书可提前将本行业涉及的特有词汇进行整理，并提示公司内部员工在向中介机构进行业务介绍时尽量避免不加解释地直接使用。同时，财务总监及董事会秘书可建议各中介机构在项目初期即养成不讲缩写以及不懂就问的工作习惯。

各相关方的业务内容虽有较大区别，但工作逻辑往往是相通的，财务总监及董事会秘书可引导各相关方在 IPO 过程中主动修正自身话语体系，减少交流障碍。

共同对近期 IPO 案例进行讨论是较容易统一各方话语体系的方法。当讨论与自己不相关的案例时，各方往往能够站在更加客观的角度对问题进行分析，有助于各方互通的话语体系的自然形成。

（二）主沟通方需要了解各方的能力边界

企业 IPO 过程中遇到的任务多种多样，有些任务在监管机构出具的各类指引中有明确规定，如需由会计师事务所出具审计报告等，而有些任务并没有明确的负责人或没有明确的核查标准，而这些任务在 IPO 执行过程中又非常普遍，这就要求财务总监及董事会秘书能够客观识别各相关方的能力边界，以找到更优的任务完成方式。

1. 理解各中介机构的能力是有限的

证券公司、会计师事务所及律师事务所等证券服务机构的出现，是金融行业分工细化的结果，各中介机构在独立执业的过程中，已逐渐形成了独属于自己的专业领域，而专业领域往往有限定的业务范围。

以创业板 IPO 为例，在申报文件中包括由会计师事务所出具的《5-2-3 注册会计师对差异情况出具的意见》，该文件的具体用途是对"原始报表与申报报表的差异进行说明"，该文件的出具在会计师事务所的任务范围内，这一点是十分明确的。但这个文件还涉及隐性的工作内容，拟 IPO 企业的财务部门会因财务数据出现差异而需要同税务部门沟通税务处理方案。

这种情况下，拟 IPO 企业一般会期待券商或会计师能够提供指导。但实务中可能发生的场景是，在经过多轮沟通后，财务总监及董事会秘书突然发现，派驻 IPO 项目现场的券商业务人员及会计师事务所业务人员并没有与税务部门直接交流的经验，因此难以提供具有可行性的指导方案。

实际上，该类问题的出现是由于拟 IPO 企业对券商以及会计师事务所业务人员的能力边界产生了误解，以至于提出了超出中介机构能力范围的诉求。

2. 明确各相关方的底线要求

仍以创业板为例，在《公开发行证券的公司信息披露内容与格式准则第 29 号——首次公开发行股票并在创业板上市申请文件（2020 年修订）》中列明了企业申报创业板 IPO 的申请文件目录以及文件制作要求，该准则第三条规定："本准则附件规定的申请文件目录是对发行申请文件的最低要求。中国证券监督管理委员会（以下简称中国证监会）和交易所根据审核需要可以要求发行人、保荐人和相关证券服务机构补充文件。"该准则中明确了已列明的文件列表为拟 IPO 企业制作申报文件时的最低要求，无法提交已列明文件的企业是无法完成 IPO 申报的。㊀

创业板 IPO 文件的格式准则明确了申报文件的底线，而各中介机构在最终出具核查意见前同样有各自的底线要求，拟 IPO 企业的财务总监及董事会秘书应当尽早在纷繁复杂的工作任务中明确哪些是必须予以完成的底线要求，并将这些事项列为轻重缓急中的"重"和"急"，以真正提高工作效率。

三、注重激发券商团队的辅助沟通能力

在 IPO 各方角色中，甲方是发行人，乙方是券商、会计师事务所、律师事务所以及资产评估机构等提供证券服务的第三方。从这个角度来看，券商的角色仅是中介机构之一，券商与会计师事务所、律师事务所以及资产评估机构之间仅是因有共同的甲方才产生合作关系。但是，券商在多家证券服务机构中具有一定特殊性，适合成为企业在 IPO 推动过程中的重要辅助。

（一）券商在 IPO 执行过程中承担组织协调任务的政策依据

中国证监会于 2023 年 2 月 17 日修订后发布了《证券发行上市保荐业务管理办法》，该办法规定，"保荐机构应当组织协调证券服务机构及其签字人员参与证券发行上市的相关工作。发行人为证券发行上市聘用的会计师事务所、律师事务所、资产评估机构以及其他证券服务机构，保荐机构有充分理由认为其专业能力存在明显缺陷的，可以向发行人建议更换""对发行人申请文件、证券发行募集文件中有证券服务机构及其签字人员出具专业意见的内容，保荐机构可以合理信赖，对相关内容应当保持职业怀疑、运用职业判断进行分析，存在重大异常、前后重大矛盾，或者与保荐机构获得的信息存在重大差异的，保荐机构应当对有关事项进行调查、复

㊀ 资料来源：中国证监会官网"【第 32 号公告】《公开发行证券的公司信息披露内容与格式准则第 29 号——首次公开发行股票并在创业板上市申请文件（2020 年修订）》"。

核，并可聘请其他证券服务机构提供专业服务"。可见，券商在 IPO 执行过程中承担组织协调任务是有政策依据的。○

（二）券商的业务能力更为综合，与其他中介机构交集较多

在所有 IPO 中介机构中，券商的工作内容最为全面，在财务、法律以及业务维度都有专人负责尽职调查工作。依据《证券发行上市保荐业务管理办法》的规定，券商对于其他证券服务机构及其签字人员的工作成果虽可"合理信赖"，但仍应保持"职业怀疑"，这就要求券商所选派的团队成员具备更为综合的能力。

由于券商对其他中介机构的工作成果有复核的权限，从工作关系上来看，券商与其他中介机构之间是一对多的合作关系，因此具备成为拟 IPO 企业主要辅助方的客观条件。

（三）券商受到的制度约束更多

证券公司的设立和经营都在证监系统的直接监管之下，在与 IPO 有关的责任认定维度上，券商受到的制度约束更多。

中国证监会于 2022 年在系统内印发了《证券公司投资银行类业务内部控制现场检查工作指引》，该指引中明确了投行项目撤否率高以及投行执业质量评价低等多种情况都会触发监管机构开展现场检查。监管机构将对检查发现的问题依法严肃处理，落实好穿透式监管、全链条问责要求，持续压实证券公司责任，督促其树立正确的发展理念，更好服务资本市场高质量发展。○由此可见，券商在执业过程中受到行业监管机构的监管更为直接，责任承担更为明确。

此外，券商是证券服务机构中收入实现最为后置的，从这个角度来看，券商应是所有中介机构中最为看重拟 IPO 企业成功上市预期的。因而券商团队往往更愿意同其他中介机构保持密切沟通，以确保风险可控，提高上市成功率。

○ 资料来源：中国证监会官网"【第 170 号令】《证券发行上市保荐业务管理办法》"。
○ 资料来源：中国证监会官网"证监会进一步规范强化投行内控现场检查"。

第二节　企业实控人需修正的认知偏差

企业发展的天花板与实控人的认知边界具有高度相关性，而 IPO 正是一个企业突破自身发展瓶颈的重要尝试，在这个过程中，企业实控人的重要性无可替代。

企业实控人往往在某个领域具有专长，做事专注且偏执，或许正因如此才能够带领企业逐步发展壮大，但盈亏同源，企业实控人却时常成为 IPO 过程中的短板，因实控人的不当行为导致 IPO 折戟的案例不胜枚举。

仍以资金占用为例，企业实控人一般是该类不规范行为的具体实施方和最终受益方，而每当资金占用行为被查实后，企业实控人可能依然会认为自身虽有过错但性质并不严重，会提出"作为公司大股东，自己并无损害公司利益的主观故意"等类似主张。企业实控人的这种思维方式是一种典型的认知偏差，即企业实控人将其个人财产与企业法人的独立财产产生了混淆，这种认知偏差将直接导致企业财务内控不规范的情况迟迟无法得到改正，最终延缓上市进程。

本节内容旨在提示企业实控人尽快修正自身认知偏差，既要坚定上市决心，又能理解补齐短板的重要性。企业实控人可以将 IPO 的过程理解为企业合规化改造项目，其本人就是项目负责人。

一、企业实控人认知偏差的根源

IPO 是企业发展过程中的备选项，企业最终是否会走上 IPO 之路，需要企业实控人做出抉择。在抉择前，企业实控人还需要想明白两个问题：其一是"要不要"上市，其二是"能不能"上市。"要不要"往往源于客观压力，"能不能"则是一种主观认知，企业实控人时常需要面对的认知偏差就藏在这两个问题之中。

（一）以客观压力为主的问题：未来要不要上市

企业通过 IPO 上市能够为广大公众投资人提供良好的投资渠道，与此同时企业自身也能够借助上市公司平台进一步扩大经营规模，进一步对就业、纳税产生积极的正向反馈作用，这是一举多得的好事。

企业实控人在考虑是否要启动 IPO 时，除了前述积极正向的愿景外，存量投资人的收益诉求、核心人员的财富梦想以及公司的资金需求等客观压力同样是实控人必须纳入思考范围的重要因素。

从第一轮融资开始，企业会不断与投资机构谈判投资条款，相关的博弈过程最终都会落实在"对赌条款"中，各式"对赌条款"是企业后续进行多轮融资并最终启动 IPO 的主要压力来源之一；除投资人带来的压力外，跟随企业实控人多年的企业核心人员同样会有实现财富增值的诉求，对于企业核心人员而言，股权变现的需求以及增加现金收入的期望，往往要在企业完成 IPO 上市后才能够被满足；IPO 是企业拥有的一次重要的大额资金注入的机会，可以迅速减轻企业快速发展过程中遇到的资金紧缺问题。

诸多的现实压力是企业实控人做出抉择前需要予以考虑的问题。但是，投资人、企业核心人员以及其他相关方的利益诉求并不完全相同，因此各方在对 IPO 事项提出建议时难免会带有偏向性，这种偏向性如在企业实控人的认知中先入为主，便有可能形成一套难以更改的思维模型，并最终导致认知偏差。

（二）以主观认知为主的问题：当下能不能上市

在"要不要"上市的问题上，企业实控人需考虑的是上市之重，而在"能不能"上市的问题上，企业实控人需要认识的则是上市之难。在确定上市目标后，企业实控人面前的问题就会转化成如何看清企业当前经营状态与上市标准之间的差距。

A 股各板块都有明确的上市标准，拟 IPO 企业通过补齐与某板块上市标准之间的差距即可申报，逻辑相对清晰，理论上拟 IPO 企业能否顺利上市不应存在过多预料之外的因素。

但在实务中，有的拟 IPO 企业已多次申报，还有的拟 IPO 企业曾多次变更拟上市板块。这些客观案例的存在说明，一些企业及企业实控人在面对"能不能"上市的问题时可能并不知道自身与哪一个上市板块的条件最为匹配。

这些现象既说明我国多层次资本市场存在一定的复杂性，也说明许多企业及企业实控人在主观认知维度上可能存在偏差。一般情况下，常见的认知偏差分为三种：第一种是外部错误信息带来的信息不对称；第二种是内部错误估计导致的过度焦虑；第三种是工作量预计失真带来的投入不足。

二、突破信息不对称带来的外部失真信息

企业上市遵循"木桶理论"，即短板问题应最先得到解决，如拟IPO企业在核心问题上踩了红线，就可能使所有努力都付诸东流，因此，企业IPO能否成功，不仅在于做对什么，更在于没有做错什么。许多中介机构在执业过程中十分重视对失败案例的分析，通过对核心问题的梳理，从失败案例中汲取经验教训，做到"未胜先知败"。

IPO实务中，企业实控人与中介机构的思维方式往往是相逆的。具体而言，证券服务机构注重规避风险，企业实控人则期待实现突破；证券服务机构注重从失败案例中汲取教训，企业实控人则主张从成功案例中复制经验，尤其是存在同样短板问题的企业成功上市后，企业实控人更愿意相信成功经验具有可复制性。

中介机构重视失败案例的教训，企业实控人注重成功案例的借鉴意义，两者代表了不同的思维逻辑。从对企业IPO的影响来看，重视失败案例的教训可使拟IPO企业避免产生过多扣分项，重视成功案例的经验则有可能导致拟IPO企业在条件不具备时盲目冲击IPO。

不可否认的是，其他人的成功经验如能拿来就用，则必然会成为企业IPO的捷径。但是，由于时间性差异的存在，使得一些前人的"成功经验"成为失真的信息源。

（一）具有普遍性的"成功者幻象"

当企业发展到可以筹划IPO的体量时，企业实控人周围的信息来源往

往很多，包括有成功 IPO 经验的上市公司实际控制人、投资人或中介机构高管（简称为"外部智囊团"）等。当周围的信息量过度冗余时，企业实控人往往会从大的逻辑上求同存异，并将提炼出来的共性经验作为参考。这些共性经验在宏观逻辑上虽无问题，但由于外部智囊团的叙事习惯以及时间性差异的存在，导致这些经验难以用于指导 IPO 实务，即他人的成功经验仅仅是"成功者幻象"。

1. 关于"空气和水"的叙事逻辑

外部智囊团一般是愿意与拟 IPO 企业实控人分享 IPO 心路历程的，但外部智囊团在复盘成功经验时，常会着重讲述商业模式的重要性，或者公关能力或攻关能力的突出，往往较少讲解如何克服困难。因此，这些经验往往宏观有余而细节不足，常会忽略许多如"空气和水"一般的核心要素。这些要素对于外部智囊团而言可能俯拾皆是，因而在重述 IPO 历程时将之略去了，但对于拟 IPO 企业而言，这些"空气和水"却可能是"天堑"般的障碍。正是由于信息中缺少了对"空气和水"的解析，而宏观逻辑又是趋同的，因此可能导致拟 IPO 企业实控人听到的各类成功案例似乎都长成了一个模样。

大多数拟 IPO 企业都是依靠为客户提供个性化服务而获得收益的，因此我们相信企业实控人能够理解 IPO 一事的个性化特征。对于外部智囊团分享的成功学经验，企业实控人可借鉴其逻辑，但更应尽早找到属于自己的"空气和水"。

2. 成功经验可能随时间流逝而迅速失效

时间性差异是使过往成功案例成为"成功者幻象"的第二个原因，即过去的成功经验可能已随时间流逝而迅速失效了，即便是同一家拟 IPO 企业，不同时间申报 IPO 的结果也可能存在较大差别。

在 IPO 实务中，拟 IPO 企业需要在证券服务机构的辅导下完成合规化整改，在此过程中，独属于拟 IPO 企业的问题清单将会逐步浮现，这些清单中的问题可能是外部智囊团不曾遇到或者解决方案已经发生了变化的。对于拟 IPO 企业而言，最有效的解决方案往往是"向内求"，充分借助专业中介机构的力量，找寻最佳解决方案。

另需指出的是，外部智囊团一般对拟 IPO 企业的理解比较有限，没有躬身入局者，在 IPO 一事上是没有发言权的。

在第二章第三节中对 IPO 不同环节存在的时间窗口进行了介绍，而时间窗口之所以存在，核心原因之一就是政策存在变化，而这种变化往往不能提前确定也无法重复，因而如三只松鼠、甘李药业以及生物谷等 IPO 案例的成功经验在当下已不具备可复制性。

(二)"幸存者偏差"中失败者不语的真相

企业 IPO 过程中遇到的困难及应对方案往往具有更强的参考意义，如对外部智囊团提问"如果重来一次，哪方面工作能够做得更好？"这类问题答案的价值往往更大一些。

1."幸存者偏差"：无法返航的飞行员的意见更具价值

"幸存者偏差"源自这样一个故事。第二次世界大战期间，美国军方邀请哥伦比亚大学教授亚伯拉罕·沃德（Abraham Wald）利用其专业知识提供建议。沃德教授在统计返回营地战机身上的弹孔后发现，机翼上弹孔最多，似乎是最容易被击中的位置，而相较之下，机尾的弹孔则少很多，但沃德教授最终给出的结论是"强化机尾防护"，因统计样本中只涵盖平安返航的飞机。并且，机翼被击中的情况下仍能返航，说明现有防护有效，更为重要的是，并非机尾不易被击中，而是因为机尾被击中的飞机早已无法返航。这个故事后来被引申为一个定义，即"幸存者偏差"。

"幸存者偏差"的核心在于没有成功返航的飞行员已经没有了发言权，如果他们仍有提出建议的机会，那么一定会要求军方大力加强对机尾的防护措施，而这正是失败者不语的真相。

在 IPO 实务中，一个个被否决或者终止的 IPO 案例正如一架架没有安全返航的飞机，它们身上的致命伤才是新出发的飞机更需要重视的。"幸存者偏差"的故事指出，成功的机会可能就藏在沉默的失败案例之中，只是由于失败者总是沉默不语，所以经验教训才不为人所知。未返航的飞机没办法发言，就如 IPO 失败的企业不愿意多讲，重要信息的缺失造成了双方行动的不对称。

A 股各板块全面实行股票发行注册制制度之后，每一单 IPO 项目的主要申报材料、问询及回复等信息都已能够从公开渠道查询。最终被否或终止案例的价值即在于监管机构多轮反复问询的问题，如该 IPO 失败项目曾经历了现场核查或现场督导，监管机构现场关注和查实的问题的价值更大，这些信息在下一轮的问询回复中同样会进行披露，其 IPO 失败的原因或许正在其中。

2. 创鑫激光 IPO 终止案例的启示

深圳市创鑫激光股份有限公司（简称"创鑫激光"）曾申报科创板 IPO，其在终止注册后变成了沉默的大多数，创鑫激光 IPO 失败的教训沉积在历次的问询文件中。经整理，该案例涉及的关于关联方及关联交易的事项对存在类似问题的拟 IPO 企业具有一定警示意义。

复盘创鑫激光的 IPO 过程，公司实际控制人蒋峰隐瞒其通过第三人实际控制深圳爱可为激光技术有限公司（简称"爱可为"）的事实是审核关注的焦点之一。该事件的具体过程如下所述。

2019 年 4 月 2 日，创鑫激光科创板 IPO 申请由上交所受理，招股说明书中未将爱可为作为关联方披露，也未将创鑫激光与爱可为之间的交易披露为关联交易。

2019 年 7 月 9 日，上交所收到关于创鑫激光涉嫌隐瞒董事长蒋峰通过第三人控制爱可为等事项的举报信。

2019 年 7 月 11 日，上交所发出举报核查函，要求创鑫激光的中介机构就举报线索进行核查。

2019 年 7 月 16 日，经与蒋峰当面访谈确认后，中介机构提交首次举报信核查回复，认为举报情况不属实，爱可为并非蒋峰通过第三人控制的公司。

2019 年 7 月 18 日，创鑫激光及中介机构代表与上交所当面沟通时，蒋峰否认实际控制爱可为。

2019 年 9 月 17 日，在上交所要求进一步核查的情况下，中介机构再次提交了举报信核查回复。此次回复中提及，中介机构于 2019 年 8 月 27 日对蒋峰进行了第二次访谈，蒋峰承认其报告期内通过第三人实际控制爱可为的事实。

2020年3月31日，证监会公开发布《关于对深圳市创鑫激光股份有限公司及控股股东、实际控制人蒋峰采取责令公开说明措施的决定》，监管机构在该决定中逐项对上述事件的脉络进行了梳理。[一]

除了创鑫激光及其实控人受到中国证监会的监管措施外，该项目的保荐代表人、签字会计师以及签字律师后续都受到了上交所的监管警示。[二]

创鑫激光于2019年11月14日通过了科创板上市委会议审议，并在中国证监会及上交所监管措施公布后于2020年4月14日发布了《深圳市创鑫激光股份有限公司关于关联方披露存在问题的公开说明》，但创鑫激光最终于2020年10月23日撤回申请材料，发行注册程序终止。[三]

创鑫激光IPO终止的全部原因已不可考，但在挖掘这一"失败"案例时，企业实控人蓄意隐瞒关联方及关联交易的行为是不容忽视的，创鑫激光与爱可为交易金额仅为十余万元，但这仍触发了审核机构的重点关注。

创鑫激光IPO失败案例对于其他拟IPO企业的借鉴意义至少体现在两个方面：其一是关联交易金额无论大小，如实披露是底线；其二是在遇到审核问询时，蓄意隐瞒属于错上加错，极为不智。

三、克服内部错误估计导致的焦虑感

在IPO实务中，两次乃至三次冲击IPO并最终获得成功的案例并不罕见，这些企业在经过第一次的失败后，能够明确自身存在的短板，因而可以针对短板问题进行整改，以提高第二次或第三次申报的成功率。

而从相反的角度来看，企业第二次申报成功上市说明其第一次申报时准备不足，企业第三次申报成功上市则可能说明其第二次申报时仍未完成全面整改。

[一] 资料来源：中国证监会官网"《关于对深圳市创鑫激光股份有限公司及控股股东、实际控制人蒋峰采取责令公开说明措施的决定》"。

[二] 资料来源：上交所官网科创板股票审核板块之"自律监管—监管措施"部分，警示函日期为2020年4月21日。

[三] 资料来源：上交所发行上市审核板块之项目动态——"深圳市创鑫激光股份有限公司"。

那么，为何企业在第一次乃至第二次申报时不能够进行全面整改，而一定要经历过一次或两次失败才能够认识到不足呢？这种带病闯关的现象，或许正是源于内部错误估计导致的焦虑感。

（一）IPO 启动前的焦虑：在净利润、专利数量等指标不足时急于申报

在第二章第一节中曾提到在 IPO 实务中总结得来的"358"原则，即 A 股不同板块 IPO 申报企业的净利润水平有一定的统计规律，其中北交所以 3000 万元以上净利润企业为主，科创板和创业板以 5000 万元以上净利润企业为主，主板则以 8000 万元以上净利润企业为主。

认识到统计规律后，部分企业通过提前确认收入甚至是虚增收入的方式使自身的净利润水平符合所申报板块的"要求"，但这种速成的财务指标往往经不起推敲，这类企业即便侥幸上市，其伪造的指标也难以维持太久，随着上市之后因净利润下滑或其他事项受到监管关注乃至处罚的财务造假案例已不是个案。

2022 年 11 月 18 日，广东紫晶信息存储技术股份有限公司（简称"*ST 紫晶"）及泽达易盛（天津）科技股份有限公司（简称"泽达易盛"）分别收到了中国证监会下发的《行政处罚及市场禁入事先告知书》，两家科创板上市公司被查实的问题很类似，两者都存在欺诈发行和信息披露违规，中国证监会对上市公司及相关责任人进行了责任认定后予以处罚。⊖

除净利润指标外，有的拟 IPO 企业为了补全自身的科技属性，在报告期内突击申报专利，而这种突击申请的行为往往难以奏效，审核机构真正关注的是企业自身的真实科技属性以及核心专利为公司带来的营业收入规模，仅从形式上满足专利的数量要求并不能达到预期效果。

拟 IPO 企业及其实控人需认识到净利润以及专利数量等指标应是日积月累的经营成果，而不是可以在短时间内以人为操控的方式进行补完的事项。只有当拟 IPO 企业的各项业绩指标已达到或预期可达到上市要求时，

⊖ 资料来源：上交所官网"广东紫晶信息存储技术股份有限公司关于收到中国证券监督管理委员会《行政处罚及市场禁入事先告知书》的公告"及"泽达易盛（天津）科技股份有限公司关于收到中国证监会《行政处罚及市场禁入事先告知书》的公告"。

才是企业真正适于启动 IPO 的时间。

（二）IPO 启动后的焦虑：企业实控人急于"出场"把控上市节奏

企业实控人在做出是否上市的抉择时，既要面对投资者退出的压力，又要面对公司核心人员财富增值的期望，还要面对日常经营现金流不足的紧张，这些要素导致的焦虑感是拟 IPO 企业在尚未达到 IPO 条件时盲目启动 IPO 的重要原因之一。

IPO 启动前的焦虑感往往导致企业仓促启动上市筹备工作，而当 IPO 启动后，企业实控人面对的焦虑感同样可能会对企业发行上市造成不利影响。

IPO 启动后，各证券服务机构会对拟 IPO 企业进行全方位的合规化改造，但是，实务中有些合规问题只能以时间换空间的方式进行解决，但这可能会导致申报报告期的延后，这种情况一般都会对企业实控人的既定预期造成挑战，毕竟"时间是最大的成本"。

当 IPO 推进节奏将出现重大变化时，急于求成的心态会促使企业实控人过早出场把控 IPO 推进节奏。各证券服务机构考虑到企业实控人的甲方身份，有可能会默契地采取相对柔性的迂回方案，各方在"踢皮球"的过程中将时间耗费掉，在达到"时间换空间"的效果后再继续推进。

但是，前述情况非常考验中介机构的沟通能力，一旦沟通不畅，将导致企业实控人做出更换中介机构团队的决定，而当新任中介机构入场且完成尽职调查后，"时间换空间"的效果往往早已满足，被换掉的中介机构只能默默反思不应承接过于早期的项目。

企业实控人相当于海上航行的船长，其本职工作应当是负责大船的航向，而非修补甲板。企业实控人如果事必躬亲，则说明财务总监及董事会秘书的人才体系没有搭建好。在 IPO 一事上，企业实控人应事前做好充分授权，IPO 启动后不再急于出场，避免因为焦虑心急而使各方陷入"踢皮球式"的死循环。

四、修正工作量预计不足带来投入过低的情况

在 IPO 推进过程中，常会出现企业方人力资源及资金投入不足的情

况，这主要是由于拟 IPO 企业及企业实控人对发行上市工作量及工作节奏的了解有限，导致无法预先做好人力资源规划及资金规划。

对于拟 IPO 企业而言，与 IPO 有关的各项投入最终都会体现为资金花费，因此在预计总的工作量或总投入时可以用资金花费量作为统计标准。总体来看，企业 IPO 过程中的资金花费可分为显性支出和隐性支出两类：显性支出的体量可控，且可通过公开渠道查询费率；而隐性支出却因企业而异，一些拟 IPO 企业可能在整改过程中发生大额成本支出，导致现金流紧张，甚至影响到 IPO 申报。

（一）以证券服务机构费用为主的显性支出

拟 IPO 企业显性的费用支出以证券服务机构的费用为主，这些费用又可分为计入资本公积的 IPO 发行费用以及报告期内费用化的前期中介机构费用。

1. IPO 发行费用的构成

中国证监会于 2010 年发布的《上市公司执行企业会计准则监管问题解答》（第 4 期）中对于"上市公司在发行权益性证券过程中发生的各种交易费用及其他费用"的执行口径进行了解读，具体为"上市公司为发行权益性证券发生的承销费、保荐费、上网发行费、招股说明书印刷费、申报会计师费、律师费、评估费等与发行权益性证券直接相关的新增外部费用，应自所发行权益性证券的发行收入中扣减，在权益性证券发行有溢价的情况下，自溢价收入中扣除，在权益性证券发行无溢价或溢价金额不足以扣减的情况下，应当冲减盈余公积和未分配利润；发行权益性证券过程中发生的广告费、路演及财经公关费、上市酒会费等其他费用应在发生时计入当期损益"。⊖

2020 年 11 月 13 日，中国证监会发布《监管规则适用指引——会计类第 1 号》，《上市公司执行企业会计准则监管问题解答》（第 1 至 8 期）同

⊖ 参考文献：秦文娇.《上市公司执行企业会计准则监管问题解答》（第 1～4 期）解读 [J]. 财会通讯，2010（28）：108-114.

时废止，但在新规中并未对发行费用做出另行规定，因而实务中一般延续 2010 年问题解答中的做法。⊖

根据《证券发行与承销管理办法》（2023 年 2 月修订），发行人应在发行后披露保荐费用、承销费用、其他中介费用等发行费用信息。⊜一般在上市阶段的《招股说明书》或《上市公告书》中会详细列明本次新股发行上市过程中的发行费用明细，拟 IPO 企业可通过公开信息查询的方式了解当前各证券服务机构的收费水平。

以 2022 年 10 月 10 日完成发行上市的科创板上市公司富创精密为例，本次发行募集资金总额 365,791.07 万元，扣除发行费用后，募集资金净额为 339,481.12 万元，即本次富创精密公开发行新股的发行费用（不含增值税）合计为 26,309.95 万元（见表 5-1）。

表 5-1 富创精密科创板 IPO 的发行费用总额及明细构成 （单位：万元）

内容	发行费用金额（不含税）
保荐及承销费	20,705.16
审计及验资费	1,278.30
律师费（包括发行人律师费用、招股说明书撰写及验证笔录编制律师费用）	3,750.00
用于本次发行的信息披露费	462.26
发行手续费及其他费用	114.23
合计	**26,309.95**

资料来源：上交所官网"沈阳富创精密设备股份有限公司首次公开发行股票科创板上市公告书"。

由表 5-1 可见，富创精密科创板 IPO 的发行费用主要为支付给券商、会计师事务所、律师事务所的费用，支付给若干家报刊的信息披露费用相对较少，支付给交易所及登记结算公司的合计费用最少，但即便是最少的费用，数量级也是百万级的，发行费用的合计金额更是高达 2.63 亿元。如此体量的发行费用对于大多数上市前的企业而言都是天文数字，因而只有 IPO 发行成功，使用募集资金支付才是唯一的可行方案。从费用

⊖ 资料来源：中国证监会官网《监管规则适用指引——会计类第 1 号》。

⊜ 资料来源：中国证监会官网【第 208 号令】《证券发行与承销管理办法》。

发生的逻辑上看，包括中介机构费用、信息披露费用以及发行手续费等在内的发行费用是全体投资人共同支付的，因此使用募集资金支付具有合理性。

在实务中，各证券服务机构协助拟 IPO 企业整改的时间较久，时间跨度超过 1 年的情况十分常见，从权责发生制的角度来看，拟 IPO 企业应将各证券服务机构当年的服务费用计入当期损益。并且，从中介机构的内部业绩考核角度来看，各中介机构往往有提前实现收入的需求，因而多数中介机构在 IPO 前期都会收取少量费用，而这部分费用并不包含在前述公告的发行费用之中。

2. 前期中介费用的收费逻辑

显性支出还有第二部分，即拟 IPO 企业提前支付给中介机构的部分服务费用。证券服务机构在 IPO 推进前期有收取一定费用的诉求，而拟 IPO 企业则希望将尽量多的费用计入发行费用。对于企业方来说，前期节省的每一笔中介费用除可缓解资金压力外，还将增厚报告期的净利润水平，考虑到发行阶段的市盈率乘数效应，拟 IPO 企业节省的每一元钱都将有可能对应若干倍的融资金额。

会计师事务所一般会将首次申报的 IPO 审计服务做整体报价，如在审核期间内财务数据过期，则按期增加费用。会计师事务所的审计费用往往会在发行完成后收取，在 IPO 推进过程中出具的股份制改造审计报告、验资及验资复核报告等一般会在当期收取费用。

律师事务所一般将与 IPO 有关的法律服务做整体报价，并将大部分费用在发行完成后收取。

资产评估机构在 IPO 阶段出具的正式文件数量较少，一般情况下会在当期收取费用。

券商的收费逻辑较为特别，券商为拟 IPO 企业提供的服务内容包括上市辅导、股份制改造财务顾问、发行保荐、上市保荐以及新股承销等，其中可前置收取的为上市辅导以及股改阶段的服务费用。但在实务中，因券商对优质 IPO 项目的竞争较为激烈，有时会出现前端收费较低甚至零收费的情况。

(二)以上市团队搭建成本、IPO 执行费用及合规成本为主的隐性支出

除构成清晰的显性支出外，企业在上市过程中还会面临较大金额的隐性支出，这部分支出一般只能在 IPO 申报期内做费用化处理，是拟 IPO 企业在上市过程中必须严肃对待的成本。隐性支出主要包括企业为 IPO 而负担的上市团队搭建成本、IPO 执行费用以及各类合规成本等。

上市团队搭建成本较易理解，拟 IPO 企业在历史发展过程中并没有证券类人才的需求，因此在 IPO 阶段需要对外进行招聘。但是，符合要求的人才往往比较昂贵，为减少现金支出，许多拟 IPO 企业会通过股权激励的方式招揽人才。

IPO 执行费用一般指与 IPO 有关的差旅费、银行询证费乃至快递费等，由于 IPO 执行期十分漫长，这些单笔金额较小的费用同样会逐渐累积成为较大金额的费用支出。此外，如果拟 IPO 企业遇到现场检查或现场督导等事项，相关成本会继续加大。

在所有隐性支出中，IPO 合规成本的金额常常是最大的。IPO 合规成本主要包括企业需补缴的税款、社保、公积金以及对应的滞纳金等，这部分支出的体量与企业过往运营中的不合规程度呈正相关。

与 IPO 有关的隐性支出种类繁多且金额大小难以准确预判，拟 IPO 企业及企业实控人需在 IPO 启动阶段做好资金规划，尽可能留出提前量，以避免在上市推进过程中出现现金流紧张的情况。

第三节　企业 IPO 推进的缓急之道

当 IPO 正式启动后，有两个重要的控制表格将伴随企业上市全程：一个是《申报文件及重要底稿控制表》，其作用是确保 IPO 申报文件的完整性，对尽职调查环节应当获取的关键底稿和文件起到查缺补漏的作用，该文件一般由券商统筹跟进；另一个文件是《时间表》，其作用是确保重要的节点性事件或里程碑事件能够如期完成，该文件一般由拟 IPO 企业和券

商共同维护。这两个文件的共同作用是使 IPO 推进过程保持恰当的节奏，当缓则缓，当急则急。

《孙子兵法·军争篇》中的用兵之法包括"其疾如风，其徐如林，侵掠如火，不动如山"，这四句讲的正是节奏，是缓急。成功 IPO 的信念应持续贯穿发行上市全程，对应不动如山；在全面整改阶段，涉及相互磨合、整改的事项应当打好基础，徐徐展开，对应其徐如林；在节奏紧张的 IPO 申报材料制作阶段，应当做好冲刺准备，加快节奏，对应侵掠如火；当进入到审核阶段，则要及时、准确、完整地回复审核机构的多轮问询，对应其疾如风。

一、耐心度过漫长的 IPO 准备期

IPO 申报文件被受理前的时间都可被称为 IPO 准备期，在此期间最重要的时间节点是财务报告截止日，如拟 IPO 企业以 2020～2022 年度为报告期，则财务报告截止日为 2022 年 12 月 31 日，在此截止日之前属于"求缓"的整改阶段，截止日之后则进入"取急"的申报文件制作阶段。

（一）与 IPO 中介机构合作关系尚不稳定的摸底期

摸底期通常时间较短，一般发生在甲乙方尚未签署合同的合作初期，在这个阶段，拟 IPO 企业尚在考察中介机构是否足以胜任，中介机构也会通过初步尽职调查的方式判断拟 IPO 企业是否具备上市前景，双方一般在相互评价中度过摸底期。摸底期一般以甲乙方签署具有约束力的正式合同或框架协议为截止标志。

在摸底期内，拟 IPO 企业需注意与中介机构的沟通方式，既要暴露真实问题，又要表明整改的决心。同时，可参照对等性、专业性以及稳定性的券商选取标准，对各中介机构的适配度进行考察。

需要指出的是，拟 IPO 企业与证券服务机构在摸底期的交流应把握"度"，避免出现两类情形。第一种情形是，拟 IPO 企业在合作初期尚不熟悉证券服务机构的工作方式，因而在资料提供和问题解释方面常会有所戒

备，使得中介机构在此阶段获得的信息量十分有限，无法制订有针对性的工作计划；而相对应地，有时企业会存在第二种极端情形，即主动暴露的问题过多且表述常存在夸大之处，有时直接超出了证券服务机构人员的心理预期，导致在开始阶段就注定无法达成合作。

（二）耗费大量时间的整改阶段

拟 IPO 企业与中介机构在摸底期的工作量主要是初步尽职调查，双方在确认合作关系之后，即会快速进入到全面尽职调查阶段，工作任务的颗粒度也随之变细，工作内容转为以合规化整改为主。全面尽职调查阶段的工作量十分巨大，需耗费大量时间。

从工作逻辑来看，各相关方在整改阶段的任务主线是"发现问题"和"解决问题"，实务中一般通过执行常规核查发现问题，再通过对异常事项独立分析的方式完成专项问题的解决。

伴随着对拟 IPO 企业存在的不合规问题的发现和解决，各相关方可逐步确认"真实报告期"，并依此确定具体的工作节奏。需指出的是，除因触碰发行条件的问题外，报告期的确认是有一定弹性的，具体与拟 IPO 企业自身整改工作的速度有关。

1. 常规工作任务十分繁重

IPO 的常规工作量巨大，并且，在法律法规以及各中介机构的要求中，许多节点事项往往具有先后顺序，因此只能按部就班来做，如同建设一幢大楼，建筑工人只能逐层建设直至封顶，无法搭建空中楼阁。

对于会计师事务所而言，虽以 IPO 目标进场，但其工作顺序一般是先对过去三年逐年执行年报审计程序，这个过程需要会计师事务所花费大量的时间去执行实质性工作程序。一般情况下，可比照上市公司的年审进度大体估计 IPO 审计用时。在实务中，每年的 3 月、4 月是上市公司集中披露年度报告的时间，因此可以推断一般上市公司的年度审计流程大约需耗时 3 个月。考虑到刚刚启动 IPO 的企业在财务规范性方面普遍较弱，其年度审计流程会花费比上市公司年审更长的时间。因此，在不考虑其他因素的前提下会计师事务所执行 3 个年度的年报审计程序至少需要耗时 9 个月。

对于券商而言,在漫长的尽职调查过程中,券商会派驻数名业务人员常驻在拟 IPO 企业现场,这些业务人员将依照《保荐人尽职调查工作准则》开展尽职调查以及工作底稿收集等工作。同时,作为 IPO 项目团队的"班长",券商还需要兼顾辅助财务总监和董事会秘书与其他中介机构、监管机构或外部相关方进行沟通的职责。此外,按照监管要求,券商对其他证券服务机构的工作成功可以合理信赖,但依然要有专业怀疑的能力,而"专业怀疑"是要基于具体的工作量才能够提出的。

对于律师事务所而言,IPO 过程中涉及的法律工作同样繁重,在遇到某些企业纷繁复杂的关联关系时,中介机构需按照审核机构的要求,对于拟 IPO 企业的控制权以及关联关系进行"穿透"核查,这类工作内容复杂且难以量化估计。同时,律师事务所需对拟 IPO 企业的法律状态进行持续关注,以防在临近申报时出现重大诉讼、处罚等可能导致无法按时申报的重大不利事项。

以上列举的仅是各中介机构的常规工作内容,需要指出的是,受限于企业财务部和证券部的人员数量,拟 IPO 企业配合提供基础资料的能力是存在上限的。因此,这些巨大工作量的工作内容并没有办法通过中介机构的人海战术加以解决,如同使用人力挖掘直径 1 米的深井,由于工作面有限,100 人的工作效率不见得比 10 个人的工作效率高。

2. 专项问题十分复杂且受关注程度较高

各中介机构在全面尽职调查过程中的常规工作量已然较大,需耗费大量时间。而除了常规工作外,还存在数量众多的计划外工作,这些即是需要各方相互配合进行解决的专项问题。

券商出具的 IPO 申报文件中包含了一份《保荐工作报告》,券商在该报告中会列举在尽职调查过程中发现和关注的主要问题以及对主要问题的研究、分析,并重点说明对主要问题的解决情况。此外,券商业务团队还会在该文件中对内核部门关注的主要问题进行逐项说明,并对内核部门的意见进行具体落实。一般情况下,券商在《保荐工作报告》中列明的事项通常是专项问题。

专项问题往往较为复杂,有的问题涉及独立性,有的问题涉及同业竞争和关联交易，还有的问题可能涉及收入实现或坏账准备计提等。有的专项问题可能触发多项整改事项，例如企业实控人占用公司资金的行为可以引申出内部控制有效性、关联交易以及是否存在体外资金循环等多个具体问题，这些引申出来的每一个问题都十分复杂且会受到审核机构的重点关注。

在专项问题的处理过程中，各方应成立专门小组，由中介机构共同讨论得出妥善的解决方案，并由拟 IPO 企业积极完成整改，各相关方应定期讨论专项问题所涉整改事项的推进情况。

需要指出的是，有关专项问题的整改工作往往是穿插在常规工作过程中同步进行的，因而各相关方都需要付出额外的时间和精力。但即便如此，有些难度较大的专项问题甚至会持续到 IPO 申报前都无法完全解决，这些专项问题最终可能导致拟 IPO 企业报告期顺延或在审期间被否决或终止。

（三）善用/慎用里程碑事件

IPO 准备期内最重要的具有不可逆性的节点事件可被称为里程碑事件。IPO 实务中认可度较高的里程碑事件包括股份制改造、上市辅导备案、三年一期审计报告出具以及辅导验收等。每当拟 IPO 企业完成一项里程碑事件，都意味着企业 IPO 又大踏步向前迈进了一步，而里程碑事件的不可逆性要求拟 IPO 企业和中介机构需要谨慎对待，在完成里程碑事件的同时不留隐患。

1. 股份制改造常作为企业 IPO 的第一个里程碑

现有法律法规对于有限责任公司与股份有限公司的管理口径存在一定差别，IPO 实务中一般在企业完成合规化改造后启动股份制改造。一般情况下，完成股份制改造的拟 IPO 企业合规性更强，其与过去存在的不合规问题基本能够做到新老划断。需要指出的是，股份制改造的过程虽是可逆的，但在实务中股份制改造完成后重新改制为有限责任公司的案例较为稀少，因此，我们仍可将股份制改造作为企业 IPO 路径中必经的不可逆的重要节点。

作为重要的里程碑事件，拟 IPO 企业应从选定股改基准日开始做好有关股份制改造的全面筹划，以确保股份制改造不对将来的发行上市产生负面影响。

为便于理解，我们在这里介绍一个虚拟案例。假设 A 有限责任公司拟申报 IPO，该公司在 IPO 准备过程中选定的股份制改造基准日为 2023 年 1 月 31 日，在当日 A 有限责任公司的权益表仅有 3 个数据，分别为实收资本 5000 万元，未分配利润 16,000 万元，所有者权益合计 21,000 万元，经评估后的净资产数值与账面净资产保持一致，最终全体股东确认按照 1∶0.9524 的比例折股。折股后，A 股份有限公司 20,000 万股（每股面值为 1 元），余额 1000 万元转入资本公积，公司注册资本由 5000 万元变更为 20,000 万元（见图 5-1）。

A 有限责任公司	2023 年 1 月 31 日
实收资本	5000
未分配利润	16,000
所有者权益合计	21,000

A 股份有限公司	2023 年 1 月 31 日
股本	20,000
资本公积	1000
未分配利润	0
股东权益合计	21,000

图 5-1　A 公司股份制改造折股过程示意图

注：图 5-1 中数据单位为万元，A 有限责任公司和 A 股份有限公司统称为 A 公司。

由图 5-1 可见，A 有限责任公司在整体变更为股份有限公司时，以前年度留存的未分配利润归零，同时由于折股比例较高，A 公司在股份制改造完成后留存的资本公积为 1000 万元，金额相对较小，导致 A 公司将面临财务数据追溯调整导致留存的资本公积被"击穿"的风险。

具体情况为，在会计师事务所为 A 公司出具的截至股份制改造基准日的净资产审计报告中，A 公司的历史财务数据已经确定，而如在未来的 IPO 核查过程中发现差错更正事项需追溯调整，则有可能调减 A 公司截至股份制改造基准日的净资产金额，但由于 A 公司留存的资本公积仅有 1000 万元，如调减金额超过 1000 万元，则有可能导致 A 公司在股份制改造当日存在出资不实的情形，即资本公积被"击穿"。

在 IPO 实务中，触发追溯调整事项的可能性较多，例如前期专项问题的解决方案发生变化、会计师事务所变更、审核机构问询引发的调整事项等。因此，A 公司在做股份制改造规划时，应提前预留足够的资本公积，不给此后的 IPO 推进留下过多压力。

因此，拟 IPO 企业启动股份制改造前，应对 IPO 全流程的工作任务做出系统性思考，真正做到"求缓"，切忌草率完成股份制改造。

2. 上市辅导是 IPO 申报正式启动的号角

2021 年 9 月 30 日，中国证监会发布了《首次公开发行股票并上市辅导监管规定》，该监管规定用于规范首次公开发行股票并上市的辅导监管工作。在此监管规定出台前，法规层面仅有 2020 年 6 月 12 日修订版本的《证券发行上市保荐业务管理办法》（证监会第 170 号令）对保荐机构开展辅导工作，以及对派出机构开展辅导验收做了原则性规定，实践中，各派出机构结合各自监管实践，对保荐机构的辅导工作进行监管。各地监管局对于上市辅导的监管要求各有特点，对不同板块的辅导要求不尽相同，导致不同地区的拟 IPO 企业面临的重难点问题有所差别。

《首次公开发行股票并上市辅导监管规定》对 IPO 实务中关注较多的问题进行了统一规定，具体包括辅导期原则上不少于三个月，以及辅导验收环节明确由验收机构进行现场检查等。

辅导工作对于提高拟上市企业规范运作水平，促进拟上市企业及其董事、监事、高级管理人员等全面掌握发行上市、规范运作等方面的法律法规和规则、知悉信息披露和履行承诺等方面的责任和义务，树立进入证券市场的诚信意识、自律意识和法治意识等方面发挥了重要作用。⊖

但是在实务中，部分拟 IPO 企业或许因面对较大对赌压力或上市需求较为急迫，在选择辅导备案时点或在执行辅导的实质性程序方面都存在一定失误，并最终对 IPO 推进造成不利影响。

（1）拟 IPO 企业应谨慎进入辅导期

拟 IPO 企业进入辅导期的情况通常有两种：第一种情况是中介机构进场时间较久后才提交上市辅导，例如在申报日前的 3～6 个月内提交辅导，因而总体的辅导时长相对较短；第二种情况则是中介机构进场不久后

⊖ 资料来源：中国证监会官网"【第 23 号公告】《首次公开发行股票并上市辅导监管规定》"。

即进入辅导期，因而总体的辅导时长相对较久，该种情况的主要标志为，企业已披露多期《辅导工作进展情况报告》却仍未提交申报。

在 IPO 实务中，第一种情况是 IPO 执行效率较高的常态做法，第二种情况则有可能是基于其他因素而做出的被动选择。例如，拟 IPO 企业在融资过程中与投资机构签署的对赌协议中存在与上市辅导节点挂钩的条款，就可能会导致第二种情况的出现。

值得注意的是，拟 IPO 企业在辅导过程中涉及信息披露义务，如辅导机构的名称以及辅导人员的姓名均在披露范围之内。企业进入辅导期后，如出现频繁更换辅导机构的情况，这些披露信息将有可能对拟 IPO 企业的上市推进带来不利影响。

（2）注重实质辅导，切实提高上市辅导质量

上市辅导的启动时点与 IPO 最终能否成功并无直接的关联，真正具有实质影响的是拟 IPO 企业合规化改造情况。《首次公开发行股票并上市辅导监管规定》中明确了验收机构现场检查的工作安排，提出验收机构可以合理安排现场工作时间，结合辅导验收过程中发现的问题，检查或抽查证券服务机构工作底稿。也就是说，与 IPO 审核有关的压力已传导到了地方证监局层面。

在第二章第三节中，曾提到三孚新科首次辅导验收未通过的案例即出现在《首次公开发行股票并上市辅导监管规定》执行之后。具体情况为，中国证监会广东监管局于 2020 年 3 月 24 日至 25 日对三孚新科进行了首次辅导验收。此次辅导验收暴露出三孚新科内部控制制度的设计及执行方面存在缺陷、三孚新科在辅导效果检验过程中的态度不够严肃等问题。中国证监会广东监管局针对民生证券在辅导三孚新科过程中出现的问题下发了《关于责成对广州三孚新材料科技股份有限公司 IPO 辅导工作有关问题进行整改的通知》，责令民生证券对此次辅导中暴露的问题进行整改，并决定首次辅导验收不予通过。

(四) 快节奏完成 IPO 申报文件制作

拟 IPO 企业在整改阶段以合规化改造为主线，各里程碑事件是主线上

必经的枢纽节点，整个阶段的关键词是"全面整改"；IPO 申报文件制作阶段则是确定以何种方式向未来的投资人展现自己，整个阶段的关键词是"充分表达"。

报告期截止日的 23 点 59 分 59 秒过去之后，拟 IPO 企业过去三年的经营情况已经基本确定，IPO 推进节奏已不再完全由拟 IPO 企业和中介机构控制。IPO 申报文件制作阶段除了任务重的特点之外，还增加了时间紧的特点。

在申报文件制作阶段，《时间表》上的待完成事项已经不多，《申报文件及重要底稿控制表》的重要性迅速提升。拟 IPO 企业及各中介机构需要将收发询证函、获取合法合规证明、供应商及客户走访等一系列工作提上日程并在短时间内密集完成，此时讲究一个"急"字。并且，相关工作在加快速度的同时还不能出错，在审期间被审核机构要求"重新撰写"或"全面修改、完善"的案例时有出现。

从时间维度上看，在不考虑财务数据有效期延长的前提下，财务数据有效期为 6 个月，所以申报文件制作的周期就在这 6 个月之内，此阶段的"急"是由于工作内容确定性大，但时间有限。

从工作内容上看，拟 IPO 企业需要与中介机构在短时间内共同完成各类并行或串行的工作任务，由于各方工作存在交叠，申报文件中的每一个数字都可能与数量众多的其他文件存在勾稽关系，每一项工作内容的完成都需要多轮的交叉复核，因此工作难度是现实存在的。

时间虽紧，任务虽重，但拟 IPO 企业已在专业中介机构的陪伴下完成了合规化改造，IPO 申报文件制作阶段是自我展示的重要时刻，此时应做到"取急"，巩固住前期的工作成果，并顺利完成申报。

二、当快则快的 IPO 审核期

拟 IPO 企业的发行申请文件被审核机构受理后即进入到 IPO 审核期，在这个阶段里，拟 IPO 企业将与各中介机构完成"接受并回复问询、接受并回复多轮问询（如有）、现场核查或现场督导（如有）、上市委会议、提交证监会注册以及注册完成"的流程。需要注意的是，在最终注册完成前的任何一个阶段，都有可能出现撤回或被否决的情况。

换言之，在 IPO 审核期，工作节奏不再由拟 IPO 企业和中介机构掌握，拟 IPO 企业或许仅剩下"撤回"和"不撤回"的选择权而已。

（一）拟 IPO 企业及中介机构需要在有限时间内完成多轮问询回复

IPO 项目在审期间的耗时有些类似围棋比赛，双方棋手有各自的计时装置，拟 IPO 企业每收到一次审核机构问询问题，属于自己的倒计时就会被打开。拟 IPO 企业及中介机构需要在有限时间内完成若干轮问询回复，这需要拟 IPO 企业及中介机构具有迅速的反应能力。

在深交所于 2023 年 2 月 17 日发布的《深圳证券交易所股票发行上市审核规则》中提到："发行人及其保荐人、证券服务机构回复本所审核问询的时间总计不超过三个月。自受理发行上市申请文件之日起，本所审核和中国证监会注册的时间总计不超过三个月。"[一] 上交所同日发布的《上海证券交易所股票发行上市审核规则》中有类似表述，基于该等审核规则中的相关要求，市场上将上交所及深交所的 IPO 审核周期定义为"3+3"原则，即发行人及中介机构回复交易所历次问询的总时长不能够超过 3 个月，交易所审核和证监会注册总耗用时间不超过 3 个月。

过往 IPO 案例中既有一轮问询后即提交上市委会议审议的案例，又有经历三轮以上问询后才提交上市委会议审议的案例。可以想象，随着问询轮次的增加，拟 IPO 企业及中介机构的回复压力将逐渐增强，如在有限时间内仍无法打消审核机构的疑虑，或许只能主动撤回 IPO 申请。

（二）快节奏通过 IPO 审核期可减少不确定性

拟 IPO 企业做出 IPO 申报决定时，往往是结合自身的经营情况、规范运作水平以及审核环境等因素综合做出的判断。但是，由于这些因素都是动态变化着的，拟 IPO 企业无法预判这些因素在 IPO 审核期内是否会出现变数。因此，当潜在风险或变化尚未显现时，快节奏通过 IPO 审核期或许是能够最大程度减少不确定性的方式。

[一] 资料来源：深交所官网"关于发布《深圳证券交易所股票发行上市审核规则》的通知"。

在 IPO 审核周期中,即便按照"3+3"的理想节奏进行,拟 IPO 企业仍需要在 6 个月后才能达成上市目标,而如考虑到拟 IPO 企业在审核期间较大概率发生的财务数据更新等事项,整个审核周期拉长到 1 年左右也是正常现象。拟 IPO 企业及中介机构往往难以预判一年后将发生的有利或不利变化。

因此,拟 IPO 企业应珍惜自己一侧的计时权,争取在外部环境发生不利变化前完成自身应当完成的既定动作,而后静观其变,以等待时间窗口的到来。需指出的是,所谓"其疾如风",并不是指一味的速度快和无孔不入,风在遇到阻挡时能够慢下来,积蓄力量以待时机,做到"当快则快"。

三、拟 IPO 企业参与控制 IPO 推进节奏的合理方式

从责任承担角度来看,各 IPO 中介机构独立发表意见并为其所发表的意见承担责任,因此拟 IPO 企业并没有办法控制其他中介机构的专业意见,而只能在合作过程中对工作推进节奏加以管理。

(一)善用 IPO 过程管理工具

《时间表》和《申报文件及重要底稿控制表》是贯穿拟 IPO 企业发行上市全程的过程管理工具,拟 IPO 企业可在中介机构协助下加深对这些文件所涉及内容的理解,快速提升自身对 IPO 推进的过程管理能力。

1. 具有共创属性的《时间表》

《时间表》是把控 IPO 节奏的重要工具,在 IPO 启动会结束后,各方的第一项任务即是对初步《时间表》中的重要时间节点达成共识。

在一些 IPO 项目中,《时间表》的制订工作被全部委托给了券商,但事实上,IPO《时间表》的制订应是一个共创的过程。例如,拟 IPO 企业可以首先向各中介机构介绍自身的利润规划和上市节奏预期,而后由各中介机构分别介绍内部工作流程及预期耗费的时间,如存在无法明确预估耗

费时间的事项，只需提出显示诚意的区间范围即可，以此方式确定的《时间表》方才具备最基础的过程管理能力。

同理，在 IPO 推进过程中如遇到导致时间节点延后的事项，同样需要由各相关方共同讨论后确定。只有把握好《时间表》的"共创"属性，拟 IPO 企业及中介机构在之后的合作过程中才能够更容易地达成同频的工作状态。

2. 代表工作完成度的《申报文件及重要底稿控制表》

企业 IPO 涉及的工作量非常大，初次筹划上市的拟 IPO 企业往往很难迅速掌握 IPO 推进过程的全貌。《申报文件及重要底稿控制表》为拟 IPO 企业提供了另一个思路，即从工作量累积的角度迅速掌握拟 IPO 企业及各中介机构的工作完成度。

需要指出的是，在控制表格中的许多工作任务是由几方共同完成的，因此拟 IPO 企业及中介机构应做好信息共享，防止工作重复造成时间上的浪费。此外，拟 IPO 企业还需要做到"抓大放小"，重点把握住主线工作任务的进展即可。

3. IPO 过程管理的"4W"方法

在 IPO 推进过程中，拟 IPO 企业遇到的每一项重要工作任务都可以依照"4W"方法进行管理。

（1）理解"任务意图"（Why）

无论是何种类型的工作任务，经办人员都需在执行前明确完成相关任务的具体意义。在 IPO 实务中，只有各方形成共识认为这是必须完成的工作任务，方可避免在任务执行过程中出现"踢皮球"的现象或表面上"尽力而为"的消极态度。知悉任务意图有利于各相关方统一思想，全力完成工作任务。

（2）明确"要做什么"（What）

拟 IPO 企业需将工作任务进行分解，明确工作步骤及任务执行过程中的注意事项。假定工作任务是制作某个申报文件，那么就需要知道该文件包含哪些内容，并确定需要何种基础资源才能完成。

（3）找到"胜任的人"（Who）

明确工作任务后，拟 IPO 企业就需要找到具备胜任能力的人和团队。在 IPO 团队中，拟 IPO 企业团队及各中介机构团队分别具有不同的能力范围，找到能力范围相符的人和团队可以提高工作任务完成度，反之则有可能降低工作完成度。

（4）确定"时效性"（When）

IPO 的每一项工作任务都具有时效性，因此拟 IPO 企业在确定工作任务的同时要明确"截止日"。在 IPO 推进过程中，虽多数事项可以并行，但主线工作任务总有汇聚到重要枢纽节点的时候，因此每一项工作任务都应有明确的截止时间点。

（二）保持正确前进方向的方法

企业发行上市是需要花费大量时间和精力的笨功夫，在漫长的筹备期里，各方在梳理问题、解决问题的过程中不断累积上市成功的可能性。

当我们在不了解 IPO 全貌时，包含焦虑、偏信在内的认知偏差都会纷纷找上门，而当企业完成发行上市后，就会发现上市过程是由按部就班的一系列工作所组成的。对于大多数初涉 IPO 的企业而言，最适合的 IPO 推进方案是确保当下前进方向的正确性，坚持按顺序完成既定工作任务，不急于做出选择。当各项工作成果累积到一定程度，潜在的选择机会自然会到来，此时拟 IPO 企业或许会恍然发现，过去曾经引起焦虑的问题随着自己经验的累积及认知维度的提升，已不再是问题了。

具体而言，当企业有 IPO 意向时，并不需要急于明确具体的上市通路，A 股、港股乃至美股等都可以是备选方案，但无论选择哪个上市区域，企业的合规化改造都是必须完成的工作。

随着合规化改造工作的进行，拟 IPO 企业将逐渐增加对各上市区域的了解，并能够结合自身业务模式、盈利能力以及合规水平判定自己更适合在哪个区域上市。

当选择 A 股区域 IPO 后，拟 IPO 企业并不需要在第一时间选择上市板块，而是要基于企业自身发展过程中累积下来的属性，确定在最自然的成长状态下，企业是属于"三创四新"，还是属于"专精特新"。

依此类推，"三创四新"企业在确定申报创业板之后，可能又会继续面临股份制改造时间点选择以及报告期确定等系列问题，拟 IPO 企业可继续沿着前述思维模式继续梳理。

拟 IPO 企业在每一步选择前都需要保持战略定力，正如图 5-2 所示，企业在发展至某个分岔口之前要走的路可能并无差别，因此，只需确保当下每走的一步都不出差错，就可以最大程度地实现落子无悔。

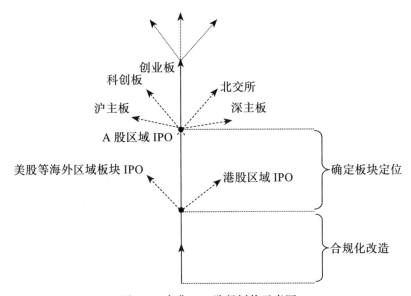

图 5-2　企业 IPO 路径树状示意图

后　　记

付梓之际,回顾本书写作的心路,以一篇小文记之。

求学时,我读的是理工科专业,一次偶然的机会听转系到金融专业的同学提到了一个叫作"投行"的行业,当时并没有意识到自己会和这个行业产生交集。

我毕业的第一份工作是在国际四大会计师事务所之一的毕马威(KPMG)做审计,由于事务所招聘时不限专业,这才给了我这样的理工科学生一个转行的机会。但在参加工作之初,我面对的知识体系以及思维逻辑都是全新的,而自己又不属于一点就透的类型,往往同事的工作已完成,我却只进行了很小的一部分。至今也还记得在分不清借方、贷方的时候,被要求做会计准则差异(GAAP difference)时的窘迫。

机缘巧合之下进入投行,先后经历了债市起飞、并购爆发和IPO热度回归,继而我被动地再经历了三次新的从头开始。每次转型之初,因为工作效率低下,只能用时间填补,所以每个项目似乎都要比其他人耗费更多的时间和精力。

一路走来,总觉得自己学东西学得慢,做项目做得苦,总是期待着突然有一天一觉醒来什么都懂了，能够知道自己在做什么，以及为什么要这么做，但是自己也清楚这并不现实，这种系统性思维不是一日之功。

有一天，我停下来细数自己的职业经历，竟然发现自己参与的项目都做成了，我似乎悟到了什么但又没办法完全抓住。于是，我做了一些反思，本书的写作过程也是我反思之旅的一部分。

求学和工作最大的区别是，工作没有指导书。这一点我是过了很久才接受的，但即使到了今天，我还是不适应的。在做审计工作的时候，尚有注册会计师的教材和《企业会计准则应用指南》中提供的示例作为参考，而债券、并购和IPO等投行工作是没有类似工具书可以参考的。

万事开头难，难在看不明白、听不懂、学不会。好在我是相信勤能补拙的，于是在许多项目上都下过苦功夫、笨功夫，或许正因为如此而契合了一点点"下学而上达"的意思，最终达到了先慢后快的效果。

这本书的写作同样也是笨功夫，为了佐证一个观点，我查询了许多案例，咨询了许多人，方才理顺逻辑。但是，头脑中清晰的故事脉络却在落笔之后再次散乱，在编辑的建议之下多轮修订方才最终成形，回头来看，修改的次数已经难以尽数了。

动笔至今，一年有余。写作之初以经验分享居多，而随着文字数量的增加，慢慢发现写作本身也是难得的学习精进的过程，以前不是那么确定的事情，通过搜集资料研究，变得更加确定了；以前凭直觉、经验做的事情，现在也找到了理论依据。更为重要的是，写作是站在回溯历史的视角来看待问题，可以发现IPO与其他业务之间也是有关联的，这些关联同样有脉络可寻。

在所有的投行业务类型中，IPO是持续时间最久、工作最为繁复的。在我的历次转型过程中，对IPO业务的适应时间是最长的，而我在IPO业务中得到的感受也是最多、最深的。同时，我对这项业务也有着最强烈的敬畏感。在本书成稿之后，每次看到政策变化或有新案例出现，我都会翻开书稿再细细检查，看是否有需要补充修订的地方，而每次翻看，又都会看到更多有待改进之处，因此写作的过程总是焦虑和兴奋不断交织着。如今终于成书，还是让我有小小满足感的。

写到这里，要表达许多谢意。

感谢爱人的陪伴、支持和怀胎十月的辛苦，感谢儿子的出生为这个小家庭带来的欢乐。

感谢朋友们容忍我的叨扰，在为我提供案例分析思路的同时，还肩负着查缺补漏的重任，让这本书得以更加贴近实务。

感谢机械工业出版社华章分社的编辑们，好的文章是改出来的，感谢她们不厌其烦地帮助我梳理文稿、打磨文字。

感谢北京大学国家发展研究院，在国发院求学期间，我意识到"知"和"行"是统一的整体，在提出问题的同时也应当为解决问题出一份力，这也是我写作本书的重要原因之一。

希望这是一本大家能够读得懂、用得上的书。如果读者朋友正在以拟IPO企业或证券服务机构的身份参与到IPO实务中，当读到一些内容的时候能够会心一笑："原来如此。"那就是我莫大的荣耀了。

最后，这本书同样是写给从业初期的自己，困扰自己多年的问题，答案原来就在自己的经历之中。

受作者水平所限，书中内容难免仍有疏漏，万请海涵。

屠博

2023年7月于北京

会计极速入职晋级

书号	定价	书名	作者	特点
66560	49	一看就懂的会计入门书	钟小灵	非常简单的会计入门书；丰富的实际应用举例，贴心提示注意事项，大量图解，通俗易懂，一看就会
44258	49	世界上最简单的会计书	（美）穆利斯 等	被读者誉为最真材实料的易懂又有用的会计入门书
71111	59	会计地图：一图掌控企业资金动态	（日）近藤哲朗 等	风靡日本的会计入门书，全面讲解企业的钱是怎么来的、是怎么花掉的，要想实现企业利润最大化，该如何利用会计常识开源和节流
59148	49	管理会计实践	郭永清	总结调查了近1000家企业问卷，教你构建全面管理会计图景，在实务中融会贯通地去应用和实践
70444	69	手把手教你编制高质量现金流量表：从入门到精通（第2版）	徐峥	模拟实务工作真实场景，说透现金流量表的编制原理与操作的基本思路
69271	59	真账实操学成本核算（第2版）	鲁爱民 等	作者是财务总监和会计专家；基本核算要点，手把手讲解；重点账务处理，举例综合演示
57492	49	房地产税收面对面（第3版）	朱光磊 等	作者是房地产从业者，结合自身工作经验和培训学员常遇问题写成，丰富案例
69322	59	中小企业税务与会计实务（第2版）	张海涛	厘清常见经济事项的会计和税务处理，对日常工作中容易遇到重点和难点财税事项，结合案例详细阐释
62827	49	降低税负：企业涉税风险防范与节税技巧实战	马昌尧	深度分析隐藏在企业中的涉税风险，详细介绍金三环境下如何合理节税。5大经营环节，97个常见经济事项，107个实操案例，带你活学活用税收法规和政策
42845	30	财务是个真实的谎言（珍藏版）	钟文庆	被读者誉为最生动易懂的财务书；作者是沃尔沃原财务总监
64673	79	全面预算管理：案例与实务指引（第2版）	龚巧莉	权威预算专家，精心点结多年工作经验/基本理论、实用案例、执行要点，一册讲清/大量现成的制度、图形、表单等工具，即改即用
61153	65	轻松合并财务报表：原理、过程与Excel实战	宋明月	87张大型实战图表，手把手教你用EXCEL做好合并报表工作；书中表格和合并报表的编制方法可直接用于工作实务！
70990	89	合并财务报表落地实操	蔺龙文	深入讲解合并原理、逻辑和实操要点；14个全景式实操案例
69178	169	财务报告与分析：一种国际化视角	丁远	从财务信息使用者角度解读财务与会计，强调创业者和创新的重要作用
69738	79	我在摩根的收益预测法：用Excel高效建模和预测业务利润	（日）熊野整	来自投资银行摩根士丹利的工作经验；详细的建模、预测及分析步骤；大量的经营模拟案例
64686	69	500强企业成本核算实务	范晓东	详细的成本核算逻辑和方法，全景展示先进500强企业的成本核算做法
60448	45	左手外贸右手英语	朱子斌	22年外贸老手，实录外贸成交秘诀，提示你陷阱和套路，告诉你方法和策略，大量范本和实例
70696	69	第一次做生意	丹牛	中小创业者的实战心经；赚到钱、活下去、管好人、走对路；实现从0到亿元营收跨越
70625	69	聪明人的个人成长	（美）史蒂夫·帕弗利纳	全球上亿用户一致践行的成长七原则，护航人生中每一个重要转变

财务知识轻松学

书号	定价	书名	作者	特点
71576	79	IPO财务透视：注册制下的方法、重点和案例	叶金福	大华会计师事务所合伙人作品，基于辅导IPO公司的实务经验，针对IPO中最常问询的财务主题，给出明确可操作的财务解决思路
58925	49	从报表看舞弊：财务报表分析与风险识别	叶金福	从财务舞弊和盈余管理的角度，融合工作实务中的体会、总结和思考，提供全新的报表分析思维和方法，黄世忠、夏草、梁春、苗润生、徐册推荐阅读
62368	79	一本书看透股权架构	李利威	126张股权结构图，9种可套用架构模型；挖出38个节税的点，避开95个法律的坑；蚂蚁金服、小米、华谊兄弟等30个真实案例
70557	89	一本书看透股权节税	李利威	零基础50个案例搞定股权税收
62606	79	财务诡计（原书第4版）	（美）施利特 等	畅销25年，告诉你如何通过财务报告发现会计造假和欺诈
58202	35	上市公司财务报表解读：从入门到精通（第3版）	景小勇	以万科公司财报为例，详细介绍分析财报必须了解的各项基本财务知识
67215	89	财务报表分析与股票估值（第2版）	郭永清	源自上海国家会计学院内部讲义，估值方法经过资本市场验证
58302	49	财务报表解读：教你快速学会分析一家公司	续芹	26家国内外上市公司财报分析案例，17家相关竞争对手、同行业分析，遍及教育、房地产等20个行业；通俗易懂，有趣有用
67559	79	500强企业财务分析实务（第2版）	李燕翔	作者将其在外企工作期间积攒下的财务分析方法倾囊而授，被业界称为最实用的管理会计书
67063	89	财务报表阅读与信贷分析实务（第2版）	崔宏	重点介绍商业银行授信风险管理工作中如何使用和分析财务信息
71348	79	财务报表分析：看透财务数字的逻辑与真相	谢士杰	立足报表间的关系和影响，系统描述财务分析思路以及虚假财报识别的技巧
58308	69	一本书看透信贷：信贷业务全流程深度剖析	何华平	作者长期从事信贷管理与风险模型开发，大量一手从业经验，结合法规、理论和实操融会贯通讲解
55845	68	内部审计工作法	谭丽丽 等	8家知名企业内部审计部长联手分享，从思维到方法，一手经验，全面展现
62193	49	财务分析：挖掘数字背后的商业价值	吴坚	著名外企财务总监的工作日志和思考笔记；财务分析视角侧重于为管理决策提供支持；提供财务管理和分析决策工具
66825	69	利润的12个定律	史永翔	15个行业冠军企业，亲身分享利润创造过程；带你重新理解客户、产品和销售方式
60011	79	一本书看透IPO	沈春晖	全面解析A股上市的操作和流程；大量方法、步骤和案例
65858	79	投行十讲	沈春晖	20年的投行老兵，带你透彻了解"投行是什么"和"怎么干投行"；权威讲解注册制、新证券法对投行的影响
68421	59	商学院学不到的66个财务真相	田茂永	萃取100多位财务总监经验
68080	79	中小企业融资：案例与实务指引	吴瑕	畅销10年，帮助了众多企业；有效融资的思路、方略和技巧；从实务层面，帮助中小企业解决融资难、融资贵问题
68640	79	规则：用规则的确定性应对结果的不确定性	龙波	华为21位前高管一手经验首次集中分享；从文化到组织，从流程到战略；让不确定变得可确定
69051	79	华为财经密码	杨爱国 等	揭示华为财经管理的核心思想和商业逻辑
68916	99	企业内部控制从懂到用	冯萌 等	完备的理论框架及丰富的现实案例，展示企业实操经验教训，提出切实解决方案
70094	129	李若山谈独立董事：对外懂事，对内独立	李若山	作者获评2010年度上市公司优秀独立董事；9个案例深度复盘独董工作要领；既有怎样发挥独董价值的系统思考，还有独董如何自我保护的实践经验
70738	79	财务智慧：如何理解数字的真正含义（原书第2版）	（美）伯曼 等	畅销15年，经典名著；4个维度，带你学会用财务术语交流，对财务数据提问，将财务信息用于工作